U0102355

中国社会科学院创新工程学术出版资助项目

理解中国丛书
Understanding China Series

中国社会巨变和治理

Great Change
and Social Governance in
Contemporary China

Edited by Li Peilin

李培林 主编

中国社会科学出版社
CHINA SOCIAL SCIENCES PRESS

图书在版编目（CIP）数据

中国社会巨变和治理／李培林主编 . —北京：中国社会科学
出版社，2014.7（2016.5 重印）
ISBN 978 – 7 – 5161 – 3917 – 2

Ⅰ.①中… Ⅱ.①李… Ⅲ.①社会变迁—研究—中国—现代
②社会管理—研究—中国—现代 Ⅳ.①D668②D63

中国版本图书馆 CIP 数据核字（2014）第 021632 号

出 版 人 赵剑英
责任编辑 王 茵
特约编辑 孙 萍 韩国茹
责任校对 王雪梅
责任印制 王 超

出 版 中国社会科学出版社
社 址 北京鼓楼西大街甲 158 号
邮 编 100720
网 址 http://www.csspw.cn
发 行 部 010 – 84083685
门 市 部 010 – 84029450
经 销 新华书店及其他书店

印刷装订 北京君升印刷有限公司
版 次 2014 年 7 月第 1 版
印 次 2016 年 5 月第 2 次印刷

开 本 710×1000 1/16
印 张 18
插 页 2
字 数 248 千字
定 价 42.00 元

《理解中国》丛书编委会

出版前言

自鸦片战争之始的近代中国，遭受落后挨打欺凌的命运使大多数中国人形成了这样一种文化心理：技不如人，制度不如人，文化不如人。改变"西强我弱"和重振中华雄风需要从文化批判和文化革新开始。于是，中国人"睁眼看世界"，学习日本、学习欧美以至学习苏俄。我们一直处于迫切改变落后挨打、积贫积弱、急于赶超这些西方列强的紧张与焦虑之中。可以说，在一百多年来强国梦、复兴梦的追寻中，我们注重的是了解他人、学习他人，而很少甚至没有去让人家了解自身，理解自身。这种情形事实上到了1978年中国改革开放后的现代化历史进程中亦无明显变化。20世纪80、90年代大量西方著作的译介就是很好的例证。这就是近代以来中国人对"中国与世界"关系的认识历史。

但与此并行的一面，就是近代以来中国人在强国梦、中华民族复兴梦的追求中，通过"物质（技术）批判"、"制度批判"、"文化批判"一直苦苦寻求着挽救亡国灭种、实现富国强民之"道"，这个"道"当然首先是一种思想，是旗帜，是灵魂。关键是什么样的思想、什么样的旗帜、什么样的灵魂可以救国、富国、强民。百多年来，中国人民在屈辱、失败、焦虑中不断探索、反复尝试，历经"中学为体，西学为用"、君主立宪实践的失败，西方资本主义政治道路的破产，以及20世纪90年代初世界社会主义的重大挫折，终于走出了中国革命胜利、民族独立解放之路，特别是将科学社会主义理论逻辑与中国社会发展历史逻辑结合在一起，走出了一条中国社会主义现代化之路——中国特色社会主义道路。经过最近三十多年的改革开放，我国社会主义市场经济快速发展，经济、政治、文化和社会建设取得伟大成就，综合国力、文化软实力和国际影响力大幅提升，中国特色社会主义取得了巨大成功，虽然还不完善，但可以说其体制制度基本成型。百年追梦的中国，正以更加坚定的道路自信、理论自信和制度自信的姿态，崛起于世界民族之林。

与此同时，我们应当看到，长期以来形成的认知、学习西方的文化心理习惯使我们在中国已然崛起、成为当今世界大国的现实状况下，还很少积极主动向世界各国人民展示自己——"历史的中国"和"当今现实的中国"。而西方人士和民族也深受中西文化交往中"西强中弱"的习惯性历史模式的影响，很少具备关于中国历史与当今发展的一般性认识，更谈不上对中国发展道路的了解，以及"中国理论"、"中国制度"对于中国的科学性、有效性以及对于人类文明的独特价值与贡献这样深层次问题的认知与理解。"自我认识展示"的缺位，也就使一些别有用心的不同政见人士抛出的"中国崩溃论"、"中国威胁论"、"中国国家资本主义"等甚嚣尘上。

可以说，在"摸着石头过河"的发展过程中，我们把更多的精力花在学习西方和认识世界上，并习惯用西方的经验和话语认识自己，而忽略了"自我认知"和"让别人认识自己"。我们以更加宽容、友好的心态融入世界时，自己却没有被客观真实地理解。因此，将中国特色社会主义的成功之"道"总结出来，讲好中国故事，讲述中国经验，用好国际表达，告诉世界一个真实的中国，让世界民众认识到，西方现代化模式并非人类历史进化的终点，中国特色社会主义亦是人类思想的宝贵财富，无疑是有正义感和责任心的学术文化研究者的一个十分重要的担当。

为此，中国社会科学院组织本院一流专家学者和部分院外专家编撰了《理解中国》丛书。这套丛书既有对中国道路、中国理论和中国制度总的梳理和介绍，又有从政治制度、人权、法治，经济体制、财经、金融，社会治理、社会保障、人口政策，价值观、宗教信仰、民族政策，农村问题、城镇化、工业化、生态，以及古代文明、文学、艺术等方面对当今中国发展作客观的描述与阐释，使中国具象呈现。

期待这套丛书的出版，不仅可以使国内读者更加正确地理解百多年中国现代化的发展历程，更加理性地看待当前面临的难题，增强全面深化改革的紧迫性和民族自信，凝聚改革发展的共识与力量，也可以增进国外读者对中国的了解与理解，为中国发展营造更好的国际环境。

2014 年 1 月 9 日

本书作者

李培林、陈光金（导论）

田丰（第一章）

李培林、张翼、尉建文、丁志宏（第二章）

张翼（第三章）

李培林、田丰（第四章）

田丰、张翼（第五章）

王俊秀（第六章）

潘屹（第七章）

目　录

社会结构变迁与社会治理体制创新

新社会群体的崛起与社会治理体制创新

社会心态变化与社会治理体制创新

社会政策体系改革与社会治理体制创新

导　论

社会治理成为中国发展的重大任务

国际金融危机之后，尽管经济形势还存在一些不确定因素，但中国的改革发展实际已经进入了一个新的成长阶段。加快社会治理步伐，为国民经济持续健康发展开掘新的动力源泉，为社会和谐稳定和国家长治久安建立广泛的社会基础，是中国在这个新成长阶段所面临的重大任务。

◇◇　第一节　社会治理问题的提出

社会治理的概念，是在中国社会发展的实践过程中提出来的。在国际社会发展的理论体系中，并不存在"社会建设"这个概念，现在"社会建设"在外文里一般被翻译成"社会发展"。在中国社会学的学术语言中，"社会建设"却并不是一个新概念。在 20 世纪 30—40 年代，"社会建设"曾经是一个热门话题。不过，当时所说的社会建设，主要是指社会事业的建设，尤其是教育、卫生、体育等事业的建设。今天我们所提出的"社会建设"，与 20 世纪 30—40 年代中国社会学所说的"社会建设"，并没有话语上的延续关系。应该说，我国改革开放以来社会建设概念的提出和社会建设体系的逐步形成，是实践发展的需要，也是完善中国特色社会主义理论体系的要求。

在提出"社会治理"之前，并不是说我国没有社会治理。"社会"过去更多时候是被看作一个包括了经济、政治和文化的大概念。如毛泽东同志在

《新民主主义论》里就说过，新民主主义的经济、政治、文化这三者相结合，就是我们要建设的新民主主义社会。各项社会治理工作，实际上是被包括在经济、政治、文化建设中，没有被作为一项独立的建设任务提出来。

1978 年改革开放以后，全国的工作重点从"阶级斗争"转移到经济建设，"经济建设"成为全国人民家喻户晓、耳熟能详的概念，经济建设工作本身取得了举世瞩目的伟大成就。然而，在经济建设不断取得进展和成就的同时，经济社会协调发展的现实要求也越来越突出。1982 年 12 月，全国人大五届五次会议决定，把实施了 5 个五年的《国民经济五年计划》改名为《国民经济和社会发展五年计划》，增加了"社会发展"内容，在对经济建设作出部署的同时，也对社会发展作出了相应部署。此后，从"六五计划"到"十二五规划"，中国社会发展的内容逐步充实，人口、就业、社会保障、收入分配、卫生健康、科技教育、生态环境、民主法治、社会治理、精神文明，都成了相对于"经济建设"的社会发展内容，并由此引申出经济社会协调发展的思想。在这个过程中，国家还针对一些重大社会发展难题，制定了各种专项的战略计划，逐步深化了对经济社会协调发展的思想认识。

进入 21 世纪以后，中国提出全面建设小康社会的目标，指出要到 2020 年达到"经济更加发展、民主更加健全、科教更加进步、文化更加繁荣、社会更加和谐、人民生活更加殷实"，在社会领域的目标就是"社会更加和谐"。2004 年党的十六届四中全会的决定，明确提出了"构建社会主义和谐社会"的重大战略思想和"社会建设"的概念。2005 年 2 月 19 日，胡锦涛总书记在中央党校省部级主要领导专题研讨班上，发表了关于构建社会主义和谐社会的重要讲话，全面阐述了构建社会主义和谐社会的思想来源、现实针对性、基本要求和战略部署，提出中国特色社会主义建设的总体布局，由原来的经济建设、政治建设、文化建设的三位一体，变为包括社会建设在内的四位一体新格局。2006 年，党的十六届六中全会作出了《中共中央关于构建社会主义和谐社会若干重大问题的决定》。2007 年党的十七大报告，首次以"加快推进以改善民生为重点的社会建设"为题，将"社会建设"单辟一节进行系统论述，"社会建设"成为中国特色社会主义建设总体布局的一个重要方面。2012 年党的十八大报告，从就业、教育、人民生活、社会保障、医疗健康和社会管理六个方面部署了全面建成小康社会的任务。

综上所述，可以说，"社会治理"概念的提出以及社会治理体系的初步形成，标志着中国对社会发展规律认识的深化，也丰富和完善了中国特色社会主义理论体系。

◇ 第二节 中国进入社会发展新阶段

经过 30 多年的改革、开放和发展，中国社会发生了巨大的变化，突出表现为经济体制深刻变革，社会结构深刻变动，利益格局深刻调整，思想观念深刻变化。由于这样一些重大变化，中国经济社会发展进入了一个新的阶段。加强社会治理，是适应这个新阶段经济社会发展要求的必然选择。

一 经济体制变革深刻改变了社会生活的组织方式

中国社会的巨大变化，最基础的是经济体制变革和社会结构变动。经济体制的深刻变革有两个重要的特征：一是经济运行机制的市场化，二是经济所有制成分的多样化，这两个特征的形成具有极为深远的社会影响。关于经济市场化已经达到的水平，学术界有不同的估计，低的估计是认为中国经济市场化程度达到 50%—60%，高的估计认为已经达到 70%—80%。无论怎样估计总体的市场化程度，目前中国劳动力就业市场化程度估计超过 80% 应当是符合实际的。在经济所有制构成变化方面，非国有经济的规模已经超过国有经济。根据国家统计局发布的 2008 年第二次全国经济普查数据，在全国企业实收资本中，国家资本占 33.4%，集体资本占 3.0%，法人资本占 25.5%，个人资本占 22.9%，港澳台资本占 6.1%，外商资本占 9.1%。同时，在国内生产总值的所有制构成中，非公有制经济（含个体经济）所占比重也已经超过 60%。这些变化从根本上瓦解了计划经济时代形成的"单位制"，绝大多数社会成员从"单位人"转变为市场化时代的"社会人"，粗略估计目前大约有 70% 以上的从业人员，是在"单位制"组织之外就业。这就意味着，在计划经济时代由国家通过单位承担的社会职能，现在必须由国家与社会共同承担。

二 社会结构和利益格局的变化对社会体制产生深刻影响

社会结构和利益格局有四个大的变化，对我国社会体制产生了深刻而长远的影响。

1. 城乡结构的变化

改革开放以来，两亿多世世代代的农民离开了耕作的土地，甚至离开了生活的村庄，转变为从事二、三产业的工人，农业劳动者在总就业人口中所占比重，从 1978 年的 70.5% 下降到 2010 年的 38% 左右，这是世界上最大规模的城市化过程。如何使转变了职业的农民，能够在社会体制上融入城市生活，成为今后社会发展的重大挑战。城市化是工业化之后，我国发展新的推动力，但也是一种新的压力。

2. 收入分配结构的变化

改革开放 30 多年，我国从一个收入分配均等化程度很高的国家转变成一个在国际比较中收入差距很大的国家。衡量收入分配均等化程度的基尼系数，从改革初期的 0.2 左右上升到 0.5 左右。收入差距的扩大、分配不公以及与此相联系的腐败问题，成为引发很多社会问题的深层原因。如何调整收入分配结构、建立公平合理的收入分配秩序，成为建立有效的竞争机制、发挥国内消费对经济的拉动作用、维护社会和谐稳定的一项重要任务。

3. 人口结构和家庭结构的变化

我国采取的严格控制人口增长政策，使我国人口的再生产模式从高出生率、低死亡率、高增长率转型为低出生率、低死亡率和低增长率。人口净增长量的大规模减少，为经济的发展和生活水平的普遍提高提供了有利条件，但也加速了老龄化过程。2008 年中国 65 岁及以上老年人占总人口的比例已经达到 8.3%，一些大城市（如上海）的老龄化水平已经超过 20%。与此同时，城市和农村的家庭结构都在发生根本性的变化，我国几千年来家庭代际的金字塔结构，在城市里已经开始转变为 4—2—1 倒金字塔结构，长期以来传统的代际养老模式已经难以为继，迅速建立覆盖城乡的基本养老保险体制成为当务之急。养老保障的费用将形成未来财政的巨大压力，依靠延长工龄减缓压力的可能选择与就业的要求发生冲突，而依靠土地财政补贴又不是长远之计。

三 经济增长支持因素的变化迫使我国转变发展方式

经过 30 多年的发展历程，到现阶段，支持中国经济持续快速增长的政治、经济和社会因素，都发生了很大变化，迫使我国转变发展方式。

1. 改革动力发生的变化

经济体制改革使社会活力得到前所未有的释放，这是过去 30 多年中国经济得以持续快速增长的重要动力源泉。不过，随着社会主义市场经济体制的建立,经济领域的改革主要是进一步深化以及完善市场经济体制,在一些触动既有利益格局的改革方面,较难形成建立在普惠原则上的改革共识。所以,改革的深化,要从经济领域向社会领域扩展和延伸,要通过共享发展成果和提供新的发展机会的社会改革,进一步调动社会各方面力量,为我国的发展提供新的动力。

2. 劳动力供求关系发生的变化

人口结构变化产生的所谓"人口红利",即劳动年龄人口占总人口比重较大,抚养率比较低,为经济发展创造了有利人口条件。据测算,过去 30 多年中,"人口红利"对中国经济增长的贡献达到 27% 左右。随着人口结构的变化,劳动年龄人口比例不断下降,劳动年龄人口的增长率在逐步减低,预计在 2015—2020 年期间将会转变为负增长。中国未来可能会在失业率仍然较高的情况下,更加频繁地出现"民工荒"。随着劳动力供求关系的变化和新生代农民工成为产业大军的主体,农民工对工资水平和劳动权益保护的要求及预期会快速提升,如何提高产品的技术含量以消化增加的劳动成本,以及如何建立和谐的劳资关系,将成为社会发展的重要议题。

3. 经济增长主要拉动因素的变化

在投资、出口和国内消费这三驾拉动经济增长的马车中,投资和出口的作用在过去的 30 多年中不断增强,而国内消费的拉动作用却在不断降低。2008 年国际金融危机的冲击以及危机后国际贸易保护主义的普遍强化,非常明确地表明,高投资、高出口、高增长的发展模式,从长远来看是难以为继的,我们必须采取措施扩大国内消费,使未来拉动经济增长的主要因素,建立在国内消费的基础上。

4. 资源、能源和环境条件的变化

资源、能源和环境方面的高消耗,是过去 30 多年中国经济增长的重要方式。土地、矿产、能源和水等资源的快速开发利用，一方面推动了经济的增长，另一方面也使今后的可持续增长面临日益巨大的约束，并且还引发和累积起种种社会矛盾——近几年不断爆发的与土地和环境问题相关的大规模群体性事件都是严峻的警示。国际社会对碳排放量越来越严格的限制，以及我国越来越紧张的资源紧缺局面（如水资源），都逼迫我们必须转变发展方式。

所有这些情况都表明，未来中国经济的持续发展，需要转变发展方式，形成新的经济增长动力，开辟新的发展前景。

四　中国经济社会发展进入新成长阶段

"新成长阶段"最突出的含义是，新一轮增长周期的推动力，与过去相比将发生明显变化，将更加依赖于转变发展方式、加快城市化进程、扩大国内消费和实行全面的社会改革。

1. 工业化、城市化进程进入中期加速的新成长阶段

根据国际经验，国内生产总值中农业增加值比重下降到5%以下、就业结构中农业劳动者比重下降到30%以下、人口城市化水平超过50%，标志着经济社会结构重大转型时期的到来。在中国国内生产总值构成中，农业增加值的比重2010年已下降到10%以下，2015年将下降到6%左右；在就业结构中，农业劳动者的比重2010年已下降到38%以下，2015年将下降到33%左右；在人口的城乡构成中，2010年城镇常住人口比重达到48%左右，2012年已超过50%的结构转换临界点，2015年将达到53%左右。这些指标表明，中国总体上已经进入工业化、城市化进程的中期加速阶段，城市化将继工业化之后，成为我国发展的重要推动力量。

2. 人民生活进入大众消费的新成长阶段

1978—2000 年，我国用了 20 多年的时间，使人均 GDP 从不到 300 美元增加到 800 多美元，但人均 GDP 在 2003 年突破 1000 美元后，2006 年突破 2000 美元，2008 年突破 3000 美元，2012 年更是突破了 6000 美元。这表明我国人均产出和收入进入倍增时期，居民消费升级将成为常态。从现实情况看，住房和汽车等大额家庭消费开始进入普及阶段，教育、医疗、通信、旅游、文化等消费支出的比例迅速增加。这些特征都表明，中国总体上开始进入大众消费的新成长阶段。如果大众的实际消费能力能够水涨船高，那么，国内消费需求拉动经济发展的作用将会大大增强。

3. 国民教育进入大众教育的新成长阶段

中国已经实现了普及 9 年义务教育，职业教育和专业学位教育迅速发展，高等教育毛入学率 2009 年达到 24% 左右，迈入大众化阶段，整个国民的素质显著提高，15 岁及以上人口中的文盲率从 1982 年的 22.81% 下降到 2008 年的 7.77%。总的来说，中国正从人口大国和人力资源大国向人力资源强国转变，大众教育的新成长阶段已经到来，教育消费增长势头强劲，受金融危机影响很小。

4. 社会保障进入构建全民安全网的新成长阶段

近几年来，中国社会保障扩大覆盖面的工作进展快速，覆盖城乡的最低生活保障体系基本建立，以城镇职工医疗保险、城镇居民医疗保险和新型农村合作医疗为主干的覆盖全民的医疗保障体系初步形成，覆盖城乡的养老保障体系快速推进，到 2020 年以基本养老保险、基本医疗保险和最低生活保障三项制度为支柱的覆盖城乡的社会保障体系将基本形成。全民安全网的建立，将对保障人民生活、稳定未来消费预期、提高即期消费能力，都会起到关键性的作用。

5. 改革从以经济体制改革为主进入到以社会改革为主的全面改革新阶段

30多年来，中国体制机制改革的重点领域一直是经济体制改革，尽管在其他领域也进行了不同程度的改革，但经济体制改革相对而言最为全面彻底，由此释放出了巨大的市场力量，显著地促进了国民经济的发展。当前，社会主义市场经济体制已经基本建立，但经济社会结构的巨大变迁要求进一步深化各方面的体制机制改革，要求改革从经济改革扩展为全面改革。当前比较突出的改革任务是，要进行涵盖劳动就业、收入分配、社会保障、城乡社会建设、社会治理、事业单位运行、社区组织、社会组织的社会改革。

在"新成长阶段"，加快城市化进程、发展社会事业、扩大公共服务、完善社会保障体制、深化社会体制的改革，成为推动经济社会发展的重要任务。

综上所述，"社会治理"和"社会建设"是一种新的理念和新的途径，这种理念和途径的提出，是为了适应我国发展进入新阶段的客观要求，为了应对我国发展出现的新的重大挑战，为了把握新成长阶段的发展机遇，为了寻求新的发展动力和开辟新的发展前景。

◇◇ 第三节　社会治理的重点领域

从宏观上看，社会治理首先应当从三个方面切入，即基本民生建设、社会事业建设和社会安全建设。它们是社会治理的重点领域，构成一个相对完整的系统。

一　基本民生建设

把基本民生建设视为社会治理的重点领域之一，是社会治理的目标所决定的。基本民生建设的最重要领域是劳动就业、收入分配和社会保障。它们的发展始终是关系到人民生存和发展的民生大计，是关系到社会公平、正义的大事，是社会文明进步的基本标志。

当前，中国劳动就业问题主要包括城镇新增劳动力就业、农村剩余劳动力转移和失业劳动力再就业、劳动力素质提升、就业结构调整升级以及建立全国统一劳动力市场等。解决好劳动就业问题，既体现着公民劳动就业权利的实现，也是国民经济实现健康持续发展的重要保证。近年来，中国在劳动就业方面作出了巨大的努力，但经济活动人口中的失业问题仍然比较严重。因此，解决好失业问题是就业工作的第一步。在此前提之下，结合中国经济结构亟须调整的经济发展总形势，劳动就业工作需要把加强劳动力培训、提高劳动力素质作为第二项重要任务。应当说，如果用受教育水平来测量，中国劳动力的素质是在不断提高的。据统计，到 2007 年，全国 15—64 岁劳动年龄人口平均受教育年限为 8.90 年，亦即接近初中水平。但从经济发展和经济结构调整对劳动力素质的要求来看，初中水平仍然是不够的，从世界上一些国家的经验看，当一国的经济发展进入中等水平阶段时，国民教育应当从普及初中向普及高中发展，同时推动高等教育大众化。除了通过发展普通国民教育来提高未来劳动力素质外，大力发展劳动培训、提高存量劳动力素质也是一个关键。国家的劳动培训投入不足是当前中国劳动培训的瓶颈。据统计，2003 年，在 OECD 的 26 个成员国中，公共财政用于就业的支出占 GDP 的比重超过 1% 的国家有 16 个，美国的这一比重达到 0.68%，而 2007 年中国的该比重仅为 0.23%。最后，劳动就业工作的第三项重要任务，是进一步改革人口流动管理体制，消除计划经济时代遗留下来的各种制约劳动力正常流动以及侵害流动劳动力的基本社会权利的制度性藩篱，健全和完善全国统一的劳动力市场。

中国收入分配问题的焦点是差距过大，这一点已经成为中国社会的广泛共识。近年来，中国在缩小收入差距方面做了不少工作，包括城乡扶贫开发战略、西部大开发战略，多次提高最低工资水平，取消农业税费，提高个人所得税起征点，加大对农户和城乡贫困住户的转移支付力度，但是这些措施在缩小收入不平等方面看来收效并不显著，不平等扩大的趋势没有得到根本扭转。究其原因，关键在于中国的初次分配不平等问题日趋严重。反思中国收入不平等问题不断加剧的过程，并对照国际上一些收入分配不平等程度相对较低国家的经验，收入分配调节需要三种重要机制共同发挥作用。第一种是经济机制，亦即经济增长和经济结构调整，国民经济增长增大了可供分配的"蛋糕"，经济结构调整导致了就业结构和职业结构的变化，扩大了中产阶级规模，降低了财产性收入在国民收入中所占份额，从而有助于缩小收入分配差距。第二种是国家再分配机制，主要包括税收与各种转移支付。许多国家的经验表明，良好的国家再分配体制机制在缩小收入差距上的效果都相当明显。第三种是社会性机制，最主要的是社会相关利益群体集体参与收入分配的决定，包括工会运动的发展以及工资集体协商制度的建立和有效运作。因此，现阶段中国社会治理工作在调节收入分配、缩小收入差距方面的重要任务，首先就是要真正建立起上述三大机制并使其正常、合理、有效地发挥作用。当然，中国的收入分配还具有转型期特征，特别是收入分配秩序混乱，规模巨大的灰色甚至非法收入，以及某些垄断行业的不合理高收入，不仅加剧了收入不平等问题，而且对国民社会心态造成了负面的影响。因此，理顺和规范收入分配秩序也是当前收入分配领域社会治理的一项重要任务。

中国社会保障建设从种类上看已经相对齐全，但存在着尚未实现全民覆盖、水平较低以及各项目发展不平衡、断裂或者"碎片化"的问题。还要注意到，中国现行社会保障体系在落实转移支付时还具有某种程度的收入分配逆向调节效果。有鉴于此，中国社会保障制度和体系建设的下一步工作，一是继续扩大覆盖面；二是根据经济发展水平不断提高保障水平；三是逐步建构相对统一的全国城乡保障体系；四是提高社会保障供给的公平公正性，解决目前社会保障存在的逆向调节问题。此外，住房问题近期已经成为反响巨大的社会问题，从表面看，是房价过高导致需要购房者买不起，实质问题则是缺少对保障性住房与市场化房产供给的合理规划和管理，因此房产政策改革的方向应当是以此为突破口，促使房地产业健康发展。

二 一般社会事业建设

所谓一般性社会事业，主要包括教育、科技、卫生和文化事业。在现代社会，这些社会事业的发展，具有很强的外部效益，是提高国民素质、增强国家创新能力、提升国家软实力的公共品或准公共品，是经济社会现代化的根基性事业。在不同社会事业领域，社会治理的模式应当有所不同。教育和卫生事业的发展关系到一个社会的机会结构，需要更多地重视公平。科技和文化事业大体可以分为基础部门与应用部门，基础部门的发展需要国家更多投入，应用部门则可以主要通过市场开发获得发展。我们着重讨论教育事业发展问题。

客观地说，对于教育事业的发展，国家给予了高度重视。1993 年，中共中央、国务院制定颁布了第一个《中国教育改革和发展纲要》（中发〔1993〕3 号）；2010 年 6 月，中共中央政治局召开会议，审议并通过了《国家中长期教育改革和发展规划纲要（2010—2020 年）》，对中国未来十年教育事业发展进行了科学规划和部署。未来十年是实现把中国从人力资源大国建设成人力资源强国重大战略的关键时期。

三　社会安全建设

良好的社会秩序和有保障的社会安全是经济社会发展的基本社会条件。中国现阶段处于经济快速发展时期，也是社会矛盾冲突多发时期，各种可能引发社会安全问题和影响社会秩序的社会风险不断地累积起来。当前影响中国社会安全稳定的社会问题，大体可以分为三类。第一类是各种刑事犯罪。改革开放以来，各种刑事犯罪的发生率始终居高不下。统计表明，1978—2008 年，全国法院一审刑事案件数从 14.7 万件增加到 76.8 万件，年均增长 8.59%，每万人口的一审刑事案件数从 1.53 件上升到 5.78 件。尤其是从 1997 年以来，此类案件前所未有地连续 11 年维持着增长趋势。第二类是各种具有人为性质的生产生活安全灾难。近年来，各种重大生产安全事故（尤其是矿难）、食品药品质量事故以及环境污染事故不断发生，造成了巨大的生命财产损失和广泛的社会信心损失。环境污染事故导致的安全问题也不可忽视，而且经过二三十年的累积，近两年这种灾难也进入多发阶段。第三类是各种深嵌在转型期社会结构之中的利益矛盾和冲突，突出表现为劳资矛盾冲突呈高发态势，信访和群体性事件的发生率也居高不下。

对于第一类具有常态性质的社会安全问题，可以通过加大公安打击力度来加以控制，而对于后两类问题和矛盾，则需要更多的治本之策来治理。这些问题和矛盾得以产生的最主要原因，乃是社会转型时期各种利益主体追逐利益的行为失范以及由此引发的社会利益关系失衡和冲突。因此，中国要从根本上改变社会安全稳定的严峻形势，就必须针对这些引发各种重大社会安全问题的深层次问题进行治理，走出政府"维稳"工作日益强化而社会不稳定形势日益严峻的循环。社会安全建设是社会治理的重要组成部分，同时也涉及政治建设、经济建设和文化建设，因而是一项综合的复杂系统工程。除了各种日常性质的"维稳"工作之外，更重要的是要从改革和制度创新角度构建社会安全建设体系，一方面要增加规范供给，弥补转型造成的规范断裂，消除各种利用规范断裂谋求非正当利益的行为空间；另一方面要强化社会规范的统一约束力，解决规范缺席性质的社会失范，尤其要致力于消除破坏性的规范变通或潜规则对显规则的替代，切断这种失范与强势利益获得之间的联系，从而消除因社会利益关系失衡而导致非常态社会矛盾冲突的根源。同时还要增强新社会规范的整合作用，建立合理有效的社会心理疏导机制，缩小各种负面社会情绪和心态放大社会问题与矛盾的效应。

◇ 第四节　社会治理的资源保障

社会治理是一项庞大的系统工程，需要大量资源投入。这种投入并不是纯粹的资源消耗，而是生产性的投入，其产出是人民福利的共同增长，是社会结构转型过程的优化，也是经济社会持续健康发展的新动力和源泉。经过三十多年的发展，中国已经具备了一定条件来满足社会治理资源投入需求。现在的关键是资源的适度动员和合理配置。当然，社会治理所需要的资源投入，并不只是物质性的，还需要有大量的人力资源投入和组织资源支持。

一　财力资源是社会治理的物质保证

从国际经验看，财力资源的动员应当包括两个部分，即国家公共资源和社会资源。国家公共资源对社会治理的投入，是社会治理最重要的财力资源保证。改革开放以来，中国政府投入社会发展领域的公共资源一直呈增长趋势，例如，社会文教支出占国家财政总支出的比重，从 1978 年的

13.1%上升到了 2006 年的 26.8%。然而从社会治理的需要来说，中国公共资源的投入仍然不足。据经合组织统计，2005 年，经合组织 26 个成员国公共财政社会净支出相当于国民总收入的比重平均为 25.5%，低于 10% 的国家只有韩国与墨西哥，其余 24 国的该比重都在 20% 以上，最高的为法国达到 35.3%。而据《中国统计年鉴 2009》提供的数据，在各项公共财政支出中，大概有 4 项支出明显属于社会支出，即教育支出、社会保障和就业支出、医疗卫生支出及城乡社区事务支出，2008 年此 4 项支出合计 22777.7 亿元，占财政总支出的 36.4%，相当于当年国民总收入的 7.5%，低于韩国 2005 年社会净支出占国民总收入 9.5% 的比重。按照社会治理的需要并且避免社会治理投入给国民经济造成过大压力的原则，应考虑在未来 5 年内逐步将中国社会净支出占国民总收入的比重提高到 12% 左右。为此需要进一步调整公共财政支出的结构。今后 5 年中，应当考虑将公共财政支出中的社会支出比重提高到 60% 左右，同时将经济建设支出、行政管理支出和其他支出的比重都控制在 15% 左右。从国际比较看，这样的结构有利于公共财政资源较多地投入社会治理。例如，2005 年，美国联邦、州和地方政府财政支出中，经济性支出占 8.4%，政府性支出占 6.5%，社会支出占 58.9%，国防支出占 10.2%，其他支出占 16.0%。

　　社会资源投入主要有三种来源，一是各种机构的内部社会治理投入，例如作为现代企业社会责任组成部分的企业社会责任投入；二是以成立各种民间非营利组织为途径和方式的社会投入，这些组织在启动以后一般可以通过非营利的有偿服务来自我维持和发展；三是各种形式的社会捐赠，包括慈善捐助。根据经合组织的统计，2008 年，该组织 26 个成员国的非公共社会总投入占国民总收入的比重平均达到 3.8%，净投入所占比重也达到 2.9%。目前，中国社会资源对社会治理的投入还比较有限。例如，据统计，2009 年中国慈善捐助总额 509 亿元，相当于 GDP 总量的 0.17%，相当于国家财政总收入的 0.75%，而 2008 年美国捐款总额达到 3000 亿美元，占当年美国 GDP 总量的 2% 左右，相当于美国财政总收入的 10%（王振耀，2010）。如何在体制机制方面进行改革创新，推动企业等机构的内部社会责任投入，发展民间社会组织，培育社会捐赠文化，畅通社会捐赠渠道，从而更好地动员社会资源投入社会治理，是中国加快社会治理步伐所迫切需要研究的一个重大课题。

二　人力资源是社会治理的行动力量

从社会治理角度来说，人力资源由专业性人力资源与志愿性人力资源组成。专业性人力资源具有职业化属性，他们来自政府相关部门、社会事业服务机构、基层社区组织以及民间社会组织专职人员队伍。就中国目前情况来说，政府相关机构工作人员、公共事业单位职工队伍、公共财政支持的群众团体和中介组织工作人员、城乡基层社区自治组织工作人员、民间社会组织专职工作人员，共同构成职业化的社会治理人力资源主体，总量在 4000 万人以上。这可以说是中国社会治理的基本人力资源，但从现代社会治理的需要看，真正意义上的社会治理专门人才队伍还有待培育和发展，关键是要加快培养专业社会工作者人才队伍。

志愿性人力资源由广大志愿者队伍提供。近年来，中国社会的志愿精神有了较大幅度的发展，志愿者人数迅速增长。据统计，到 2009 年，全国规范注册的志愿者总数已达 3047 万人（翟帆，2009）。从国际经验看，志愿者队伍是非常重要的社会凝聚力量。然而，与世界上许多国家相比，中国社会的志愿精神和志愿者队伍的发展都是比较滞后的，需要根据时代发展的需要，培育健全的志愿精神，加快发展志愿者队伍。

三　组织资源是社会治理的整合基础和效力保障

社会治理需要有组织支撑和组织整合。现有的各种组织，如各级党政机构、企事业单位、基层社区组织、人民团体、民间社会组织等，都是社会治理的组织资源。不过，不同类别的组织有其不同的主要组织目标，因而在社会治理系统工程的实施过程中所起的作用也是不同的。政府需要建构专门的社会治理部门，以便更好地统筹规划政府的社会治理工作。企业的组织功能是经济资源的市场化运作，目标是营利，一般而言，它们可以结合企业社会责任参与社会治理。各种公立的文教科研和医疗卫生事业单位一般与社会治理直接相关，是社会治理的重要组织资源之一，但它们也需要根据社会治理的理念和目标转型，其中的绝大多数必须确保服务于社会公共利益，提供质量日益提高的公共服务。基层社区自治组织直接面对着广大人民群众，能够直接动员人民群众广泛参与，提供了社会治理所需要的最重要的基层社会组织资源。官方社会组织和民间社会组织是社会治理的重要组织化平台，可以认为它们的主要组织功能就是社会治理，可以将它们统称为社会组织，与公立的文教科研和医疗卫生事业单位共同组成中国特色的第三部门。

各种官方社会组织一直以来发挥着联系党和政府与人民群众的桥梁和纽带的作用。在社会转型的过程中，这类组织也面临着转型的时代课题，亦即在继续发挥这种桥梁纽带作用的同时如何更好地为相关社会群体提供服务的问题。从各种统计数据来看，目前以妇联、工会、科协、红十字会、慈善协会、侨联台联、商会、个私协会、行业协会等为代表的官方和半官方社团，包括它们的基层组织在内，总计接近 160 万个。经过合理适度的职能转型，它们将成为中国社会治理的极为重要的组织资源。

民间社会组织的发展对于社会治理同样具有非常重要的意义。改革开放以来，随着经济市场化和政府机构改革的推进，中国社会的组织方式发生了巨大的变化，使得广大社会成员从计划经济时代的"单位人"转变为现在的"社会人"，提出了社会本身重新组织化的要求，除了城乡基层社区组织的发展之外，民间社会组织的发展就成为一种主要的替代组织方式。

据民政部门统计，到 2009 年，中国已经有 40 多万个在民政部门注册登记的民间社会组织，每十万人口拥有约 30 个组织，与 1988 年每百万人仅拥有 0.4 个民间组织相比扩大了 70 多倍。但是目前中国人口中的民间社会组织密度还是偏低，与民间社会组织较为发达的国家更是不能相比。例如，据统计，美国 2001 年有民间非营利组织 160 多万个，每十万人口约有 670 个；印度 2005 年有约 120 万个民间非营利组织，每十万人口约有 110 个；加拿大 2005 年有 8 万个经政府登记的民间组织，每十万人口约有 250 个；英国 2007 年有 50 万—70 万个民间组织，每十万人口有 830—1160 个。由于种种原因，中国社会还有一批在工商部门注册登记的民间非营利组织，另据估计还有上百万个未登记注册的草根组织。如果这些组织能够获得合法的民间社会组织身份，那么中国的民间社会组织密度将有实质性的提高，在未来 5—10 年之内，中国的民间社会组织密度达到每十万人口 100 个，应该是没有问题的。

◇ 第五节　社会治理的体制机制

根据社会治理的规律和要求，加快改革步伐，构筑起相关制度体系，是保证社会治理可持续推进的稳定基础。概括地说，社会治理相关制度体系包括三个层次的制度安排。

第一层次是社会治理基本法律体系。要进一步完善国家宪法和相关法律法规，构建现代公民权利体系，作为社会治理法律和制度体系的基础、目标和社会治理成效的检验标准。现代社会公民权利主要包括三个内容，一是民事权，即公民个人的基本人身权利和财产权；二是政治权，即公民的平等政治参与权；三是社会权，由获得经济福利、社会安全以及享有达到通行标准的文明生活等权利组成。中国现行宪法和法律总的来说对这三组公民权利都有一些规定，但还需要进一步整合，有些涉及公民平等权利的法律还需要进一步明确，尤其是涉及农业户籍人口的若干财产权利和平等政治参与权利，核心是要从法律的高度打破传统二元社会结构形成的城乡居民权利不平等。

第二个层次是构建直接规范社会治理实践的社会立法体系。从法理的角度看，与社会治理相关的立法都属于社会立法范畴，包括劳动就业和培训立法，反贫困、家庭补助、住宅立法，教育立法，医疗卫生事业立法，社会保障立法，社会组织立法，慈善事业立法，企业社会责任立法等。目前，中国社会立法需要解决的主要问题有两个：一是各领域立法的整合程度较低，与公平正义的基本要求还有距离，需要对现行法律、法规和政策进行清理、整合和完善，提升它们的公平正义水平；二是部分社会治理领域只有法规、条例、规划纲要甚至政策方案层级的规范，亟须上升到国家法律层级，例如在收入分配、劳动培训、住宅、医疗卫生事业、社会组织和企业社会责任等方面就是如此。社会组织立法尤为急迫，因为现行相关条例已经不适应中国社会组织发展的需要，并且对社会组织的发展形成了制约，应当尽早制定并颁布社会组织基本法，按照多元发展、独立自主、完全法治的要求培育民间组织的发展，重新审视社团管理的某些基本理念和制度规定，保障公民自由结社权利，改革双重管理体制，增加民间社会组织数量，提高民间社会组织质量，放宽入口管理，强化过程管理和监督。

第三个层次是社会治理保障制度或体系，其目标在于为社会治理的具体运行提供相关保障。在这一层次，有五项制度亟待改革和完善，即财税体制、投入体制、人才制度、政绩考核制度以及社会监督制度。与社会治理相关的财税体制改革，核心是向政府以外的社会治理参与主体提供税收支持，例如对机构和个人的慈善捐助和社会组织募集的资金给予税费减免待遇等。目前中国尚无制度化的相关财税制度安排，各地采取了一些特别审批的方式给予部分社会组织税收优惠，而能够享受优惠的多数是官方和半官方社会组织，民间社会组织则很少能够跻身优惠名单之列。这种制度不利于动员社会资源投入社会治理。投入体制主要是指公共资源尤其是国家财政预算对社会治理投资的制度化安排。总的来说，中国财政预算支出的法制化程度不高，一些社会治理领域的投入尚未被纳入政府财政预算体系，尤其是对民间社会组织的财政支持过少。人才制度建设的重点，一是为社会治理专业人才队伍（如社会工作人才队伍）的成长提供制度条件；二是把社会组织尤其民间社会组织员工的劳动就业、技术职称和社会保障等纳入全国统一的制度体系，保证社会组织能够吸引人才，留住人才，充分发挥人才的积极性。各级党委政府在社会治理实践中占有领导和主导地位，社会治理实践的成效很大程度上将取决于各级党委政府的重视程度和工作力度，因此有必要对政绩考核制度进行改革，重点是把社会治理纳入考核体系，并且占有较为重要的位置，从而形成足够的压力和动力，激励各级党委政府认真抓紧抓好社会治理工作。

总结世界各国的相关经验，社会治理的主要机制有以下四种：一是以广泛社会参与为主要形式的社会合作机制；二是以社会治理投入为导向的社会资源动员机制；三是以满足最真实、最迫切的社会治理需要为优先考虑的社会需求响应机制；四是以资源配置的成本效益和社会效益最大化为目标的社会竞争和监督机制。

一 社会参与合作机制

以广泛社会参与为主要形式的社会合作为社会治理提供不可或缺的社会化机制。这一机制强调社会治理过程的合作参与而不是对抗，强调社会资源的动员整合而不是使其在对抗中相互抵消。社会合作机制在逻辑上包括三个环节，即伙伴关系、利益表达和平等协商。

社会治理既需要国家及国有事业单位发挥主导作用，也需要企业单位、城乡社区、社会组织和公民个人作为重要主体广泛参与，为社会治理构建最为广泛的社会基础。这种社会基础的形成要以向这些社会参与主体赋权为条件，通过广泛社会赋权，让各种社会治理主体获得平等参与的机会和渠道，并在社会治理过程中形成一种伙伴关系。这种伙伴关系的社会属性，不只是简单的纵向层级控制，更包含着横向互动合作。在社会深刻分化的时代，这是动员社会资源和凝聚人心的最重要机制，能够有效激发全社会参与社会治理的活力。纵向层级控制在中国的制度体系和政治文化中有着根深蒂固的基础，必须加大制度改革力度，为横向互动合作的伙伴关系创造条件。

分析大量直接或间接地根源于利益矛盾的社会冲突事件，可以看到，利益分配不平等只是问题的一个方面，更严峻的是，不同利益群体的利益表达机制不充分、不合理和不平等，弱势利益群体缺少合适的利益表达渠道和机会，或者他们的诉求表达得不到倾听和合理回应，以致郁积成社会怨愤，导致所谓社会泄愤行为。因此，建立合法有效的利益表达、倾听和回应机制，是化解利益矛盾、减少利益冲突、促进社会合作的关键环节。尤其重要的是，要通过适当的制度安排，让社会利益表达社会化和组织化，从而实现利益表达的有序化和理性化。

利益表达机制建构起来以后，还需要有一种机制来保证表达出来的利益诉求得到合理的实现，这就是所谓的平等协商。平等协商正在成为越来越重要的促进社会团结合作的社会机制。这种机制强调参与协商的主体权利地位平等，通过协商恳谈增进不同主体之间的沟通理解，进而达成解决问题的共识。在平等协商的过程中，可能存在的利益诉求矛盾不是被强行压制，而是在沟通中得到表达，在协商中得到理解，在妥协中得到化解。并且，相应的问题解决方案由于是平等参与协商的主体自行达成的，而不是外部强加的，因而具有很强的社会合法性，人们没有理由在方案失败时归咎于外部因素，例如把矛头指向政府。更一般地说，平等协商不仅仅是协调利益关系的机制，也是处理社会生活中的各种公共事务的机制。这是一种新型的民主制度和机制，相比于西方典型的代议制民主，协商民主机制具有更广泛的适用性，尤其适用于基层社会的民主进程。从中国一些地方的实践来看，这种基于参与主体权利平等的民主协商机制能够产生较好的成效。

二　资源动员机制

社会治理所需求的资源主要来自两个方面：一是国家的公共资源；二是国内的各种社会资源。除此之外，还有两种资源也可以为社会治理所用，即发达国家政府的对外发展援助资金和境外非政府国际组织提供的资源。随着中国经济社会的发展，发达国家政府纷纷削减或者取消对中国的发展援助。至于境外非政府国际组织提供的资源，一方面主要由国内社会组织承接；另一方面一些非政府国际组织带有特殊的政治目的，以致其提供的资源为中国政府所不能接受。因此，虽然目前国内有一些社会组织尤其民间社会组织主要通过非政府国际组织获得资源支持，但总的来说，境外资源不可能成为中国社会治理的主要资源支持。中国社会治理的资源动员应当而且必须依靠国家的公共资源和国内社会资源。

国家对社会治理承担多重责任，除了政治领导、战略规划、制度和规范供给以及组织实施外，同样重要的是大力提供社会治理所需公共资源，组织对公共资源配置过程的监督和配置效益的评估，校正其中存在的偏差，解决其中存在的问题。国家在配置其所掌握的公共资源时，需要按照社会治理的战略和规划，确立社会治理投入长期增长机制，逐步提高社会治理公共投入占国家总财政支出的比重，力争在今后 10 年左右的时间里达到 60% 左右，最终形成国家公共资源主要配置于社会治理领域的公共投入机制。

国内社会资源是中国社会治理的另一重要资源来源。当然，从数量上说，社会资源不可能成为社会治理投入的主要来源，而只能是国家公共投入的一种重要补充，即使在捐赠文化发达的国家（如美国），情况也是如此。然而，对社会资源的动员具有超出其数量价值的政治和社会价值，这就是它从一个方面强有力地显示出社会治理的社会参与性。社会资源的构成复杂多样，但大体上可以包括三种主要类型，即企业组织履行企业社会责任的投入、非企业类机构和公民个人提供的慈善性社会捐献、各种机构和公民个人为组建民间社会组织尤其民办非企业单位和基金会而提供的初始投入。

在企业社会责任相关投入中，相当部分将被用于企业内部的社会责任需要，包括环保和生产安全投入以及员工福利保障投入，对此，国家需要制定相关法律和制度进行规范；其余部分是作为企业参与社区发展的投入，这种投入是志愿性的而不是强制性的，需要有相应的社会机制进行动员，并保证企业的社区参与行动产生其希望的成效。例如，企业应当可以在社区中选择合适的合作者，既可以是社区自治组织，也可以是活跃在社区中的其他社会组织，如果强行要求企业只能与某一类社区组织合作，而这样的组织又不能得到企业的信任，那么就会打击企业参与社区发展的积极性。此外，在动员企业参与社区发展时，还需要具有激励作用的制度安排相配合，其中最重要的是税收优惠考虑，其次就是资源流向知情权保障和社会声望激励。概括地说，志愿性参与、合作伙伴可选择以及制度性激励，是动员企业履行社会责任、参与社区发展的主要动员机制。

在动员非企业类机构和公民个人积极参与社会治理并提供捐赠方面，这些机制同样适用，稍有不同的可能仅仅是要把合作伙伴可选择机制转换成社会捐赠接受方可选择的机制。如果制度规定捐赠者只能向特定接受方提供捐赠，而这种接受方又不受信任，那么捐赠者将会选择少捐赠或者不捐赠。这已经成为世界慈善发展史所证明的一种规律。中国的慈善捐赠水平相对较低，既与社会慈善文化存在欠缺相关，也与捐赠动员机制不合理相关。迄今为止，国家只是授权为数极少的官方社会组织接受捐赠，并且这些组织接受的捐赠往往还要汇缴到政府相关部门进行集中统筹使用。这种做法不仅扼制了社会自身的发展，也对形成积极的社会捐赠文化造成了不利影响（张传文、宋海涛，2010）。

最后，对于各种民间组织尤其是民办非企业单位的成立来说，除了遵循自愿性原则并提供相关制度激励外，国家设置的准入门槛合情合理也是一个重要条件。目前，尽管国家已经认识到改革社会治理体制、培育和发展社会组织的必要性，但实际执行的相关制度规定仍在延续传统的国家控制社会的逻辑，而不是鼓励社会成长的逻辑，以致一些民间社会组织不能通过注册登记而获得法律上的合法性，一些民间社会组织为了获得这种合法性而被迫到工商部门登记注册，在从事非营利活动的同时还要承担营利性组织的其他责任，如纳税责任。这种状况同样不利于社会组织的发展，当然也就不利于社会资源的动员了。

三 需求响应机制

在以社会治理投入为主体的公共投入导向机制确立以后，投入社会治理的资源，应按适当比例配置在社会治理诸领域，重点是文教卫生、社会保障、就业保障、收入保障、住房保障、社会救助和城乡基层社区建设等领域。实际的配置安排，应当遵循三个基本原则，即公平公正原则、法制化原则和需求响应原则。公平公正原则要求国家提供人人可及的公共服务和产品，并且尽量缩小人们所获得的公共服务和产品的数量与质量差异。这一原则还要求，除了基本公共服务的均等化之外，其他公共服务和产品的提供也应做到基本公平公正。法制化原则强调的是社会治理公共投入的规范化和制度化，这需要通过相关社会立法来贯彻落实。社会治理资源投入遵循法制化原则，一方面保证其具有合法性和相对稳定性；另一方面则有助于防止其被挪用、盗用或不当使用。最后，无论是公平公正原则还是法制化原则，它们得以实现的前提是要坚持需求响应原则，这一机制性原则要求把社会治理资源投入到社会治理最真实、最迫切需要的地方，而不是对任何需求都作出同等的响应。显然，什么是最真实、最迫切的需求，应当根据社会治理的根本目标进行权衡，而不是根据各种利益相关方的力量强弱对比来确定，可见，需求响应原则的贯彻需要民主科学的决策机制作为保证。

中国对社会发展、社会治理领域资源配置规律的认识经历了一个曲折过程。改革前，在计划经济体制下，中国配置社会资源的主要力量是政府，但政府难以获得管理所需要的充分信息，完全用行政办法管理经济和社会事务，产生了低效率甚至无效率的后果。改革开放以后，中国逐步认识到市场机制是经济运行中最有效、最基础的资源配置方式，通过改革逐步建立了社会主义市场经济体制。在此基础上，政府工作更多地转向对经济进行宏观调控，消除经济发展的不稳定因素，正确处理好改革、发展和稳定之间的关系，为经济快速、稳定、持续增长提供了有效保证。但是，在社会发展领域，如医疗、教育等非营利和社会公益部门，一度认为也需要全面引进市场机制进行改革，由此导致了一些影响社会公益目标、群众的迫切需要得不到满足从而反映强烈的问题。这就促使我们逐渐认识到，社会发展领域有其特殊的配置社会资源的原则和力量。易言之，社会治理是基于特定社会结构和社会利益格局来配置所需资源的一种社会发展方式。可以说，社会需求响应机制是公平合理有效地配置社会治理资源的基本机制。

四　社会竞争和监督机制

社会治理涉及巨大的资源投入，这种资源的配置从宏观的角度来说应遵循以公平公正为原则的需求响应机制，但在微观上仍然有两个重大问题需要解决，一是如何确保所投入资源不被滥用、挪用或盗用；二是如何保证资源投入具有成本效益和社会效益。

要追求社会治理资源使用的成本效益和社会效益最大化，需要有适当的资源配置机制。从国际经验看，最有效的做法是在配置资源方面引入竞争机制。当然，这种竞争机制与纯粹的市场机制是有所不同的，在社会治理领域，相关资源的配置所追求的不是经济意义上的利润最大化，而是社会效益和成本效益，亦即追求在资源数量给定的情况下办尽可能多的事情，以及追求社会发展成效的最大化。因此，社会治理资源配置和使用的预算约束不会像在市场经济领域那样"硬"。在这个意义上，我们把旨在提高社会治理资源配置和使用效率的竞争机制称为社会竞争机制。典型的社会竞争机制是，资源供给者选择最有资格的资源使用者（例如社会组织），向其购买公共服务。"选择"一词意味着有多个同类型资源使用者存在，例如有多个提供同类社会服务的社会组织存在；而在资格方面，则至少包含三个内涵，一是资源使用方案的合理性和可行性，二是资源使用者自身资质和能力，三是资源使用者的社会公信力。社会竞争机制不是无限适用的，但应当通过各种形式尽量扩大其适用范围。

无论是公共资源还是社会资源的配置和使用，也无论通过何种方式来配置和使用社会治理资源，都需要真实、有效而全面的监督。社会监督是防止资源滥用、盗用或挪用的重要机制。除了政府相关部门的审计监管外，有效的社会监督制度可能更加重要。社会监督包括舆论监督、捐助者监督以及独立第三方审计等。在舆论监督方面，要加快改革新闻出版制度，调整媒体结构，支持民间媒体发展，对媒体行为和媒体管理都要通过立法予以规范。捐助者监督主要针对公众捐助的社会治理资源的使用，任何捐赠者都有权对他们所提供的资源的使用进行监督，只要他们提出要求，接受捐赠者都应当提供有关捐赠使用情况的信息，回应捐赠者的质疑，对此，必须从法律上予以确认并提供相应制度保障。独立第三方审计是应对机构内部审计以及政府审计部门审计可能遭遇公信力质疑的审计制度和机制，独立第三方审计确保审计者与被审计者之间没有关联利益，从而保证审计的独立性和公正性，在保证社会治理资源使用不被滥用、挪用和盗用方面具有独特的优势。对于社会资源的使用监督来说，独立第三方审计尤为重要；但公共资源的使用监督同样可以引入独立第三方审计。当然，独立第三方审计也要接受社会的监督。

◇ 第六节 社会治理的政策体系

政府的社会治理工作是通过公共社会政策来体现的。按照现在比较通行的划分方式，政府的公共政策被分成经济政策、政治政策、社会政策、文化政策等；其中的社会政策主要包括就业、社会保障、收入分配、教育、医疗、环保等方面的政策。应当说，在社会治理的实践中，中国已经形成了比较系统的社会政策。从近中期社会治理要求来说，中国的社会治理在逐步构建相关立法体系、制度框架的同时，需要在以下几个方面创新和完善相关政策，并且通过这些方面的政策实践，为社会立法体系和制度框架的建构和完善提供经验和方向。

第一，人口政策。坚持稳定低生育水平，提高人口素质，改善人口结构，对实行计划生育的群众采取优惠奖励扶助政策，积极应对人口老龄化，促进人口合理流动，保障流动人口合法权益，统筹解决人口问题，促进人的全面发展。

第二，就业和劳动关系政策。实行更加积极的促进就业政策，充分发挥市场的作用，建立统一开放、竞争有序、统筹城乡的劳动力市场，强化政府促进就业的服务职能，健全就业和劳动力培训服务体系，积极发展就业容量大的劳动密集型产业、服务业和中小企业，鼓励劳动者自主创业、自谋职业，促进多种形式就业，统筹做好城镇新增劳动力就业、大学生就业、农村富余劳动力转移就业、下岗失业人员再就业等工作。在劳动关系方面，建立政府、工会、企业三方协调劳动关系的机制，完善劳动争议纠纷的法律法规和调解仲裁办法，依法维护劳动者的合法权益，形成劳资两利、合作共赢的社会主义和谐劳动关系，促进社会团结。

第三，收入分配政策。实行按劳分配为主体、多种分配方式并存的分配制度，坚持各种生产要素按贡献参与分配。着力提高低收入者的收入水平，逐步扩大中等收入者比重，有效调节过高收入，坚决取缔非法收入，促进共同富裕。要理顺收入分配秩序，加强税收对收入分配的调节，加大政府的转移支付，努力缓解地区之间和部分成员之间收入分配差距扩大的趋势。在这里，尤其重要的是，要创新和制定社会力量参与收入分配调节的政策，包括有力支撑就工作条件、劳动报酬以及相关社会保险进行集体协商的政策，平衡劳动与资本的力量，解决初次分配过于不平等的问题。

第四，社会保障政策。完善社会保险、社会救助、社会福利和慈善事业相衔接的社会保障体系，逐步使这一体系覆盖城乡全体居民。完善城镇职工基本养老、基本医疗、失业、工伤、生育保险制度，推进机关事业单位养老保险制度改革，发展企业补充保险和商业保险，认真解决进城务工人员社会保障问题；加强社会福利事业建设，完善优扶保障机制和社会救助体系，重视保护妇女儿童权益，重视保护残疾人权益，支持社会慈善、社会捐赠、群众互助等社会扶助活动。在这里，需要高度重视的是，要对已经建立的社会保障制度进行整合，逐步解决目前广泛存在的同一种社会保障对不同社会群体有不同制度规定的问题。

第五，城乡管理政策。统筹城乡发展，贯彻工业反哺农业、城市支持农村的方针，逐步改变城乡二元结构，推进户籍、就业、社会保障、住房等领域有利于缩小城乡差距的改革，逐步消除农民进城务工的体制性障碍，在教育、医疗等社会发展领域加大对农村的倾斜，完善土地征用的补偿制度。

第六，科技和教育政策。贯彻科教兴国战略，坚持自主创新、重点跨越、支撑发展、引领未来的科技方针，不断增强企业创新能力，把能源、资源、环境、农业、信息等关键领域的重大技术开发放在优先位置，加快建设国家创新体系，推进科学普及。在教育领域，坚持教育优先发展，全面实施素质教育，强化政府对义务教育的保障责任，普及和巩固九年义务教育，大力发展职业教育，提高高等教育质量，高度重视教育体制中的机会公平，建设学习型社会。

第七，公共安全政策。建立包括社会治安、食品药品安全、生产安全、交通安全、防灾减灾等在内的公共安全体系，坚持依法治国，推进社会治安综合治理，实行宽严相济的刑事司法政策，依法打击各种犯罪活动，积极推进公共安全建设的公民参与，保障人权和人民生命财产，维护正常的社会秩序。

第八，环境保护政策。坚持保护优先、开发有序、控制不合理开发的环境政策，坚持预防为主、综合治理，强化从源头防治污染和保护生态，改变先污染后治理、边治理边污染的状况。发展循环经济，建设资源节约型、环境友好型社会，按照谁开发谁保护、谁受益谁补偿的原则，加快建立生态补偿机制。

社会结构变迁与社会治理体制创新

第 一 章

人口结构转型对社会治理的挑战

改革开放 30 多年来，中国经济发展取得了举世瞩目的巨大成就，经济总量跃居世界第二位，经济结构调整步伐加快，人民生活水平不断提高。中国社会结构与经济发展都发生了翻天覆地的变化。其间，由于计划生育政策的实施，以及育龄群众生育意愿和生育行为的转变，中国人口生育率长期保持在更替水平以下，少儿抚养比迅速下降，劳动年龄人口比例持续上升，形成了一个劳动力资源较为丰富、人口抚养比较低、有利于经济增长的"人口红利期"。根据有关专家学者的测算，中国经济高速增长起飞阶段，"人口红利"对经济增长贡献比例超过了 1/4（蔡昉、王德文，2005）。可见，社会结构，尤其是人口结构的变化，对经济发展的影响是不可忽视的。但是，在"人口红利"这个光环的背后，也隐藏着中国人口年龄结构变动带来的另外一个突出的社会问题——人口老龄化。

计划生育政策在较短时期内，通过降低出生人口数量，间接提高劳动年龄人口比例，产生巨大的人口红利，推动中国经济高速增长；也在较长的人口变动周期中，减少未来劳动年龄人口占总人口的比例，间接推动老龄人口比例的增加，增加老龄人口供养比例，加速人口老龄化进程，从而给中国未来经济社会发展埋下了可以预见的潜在风险。虽然中国现在仍然处于人口红利的黄金发展期，但是随着劳动年龄人口比例的下降和老龄人口比例的上升，人口红利窗口即将关闭，中国将面临"未富先老"危局（郭志刚，2012）。

在长期低生育水平的条件下，中国人口年龄结构发生着不可逆转的改变，老龄人口数量和比例不断增加。第六次全国人口普查显示，中国60岁及以上人口占总人口的13.26%，比2000年上升2.93个百分点（国家统计局，2011），目前已经进入深度人口老龄化阶段。中国人口老龄化快速加深的状况，也引起了国际社会的普遍关注，其中最为重要的一个问题是：在进入深度老龄化之后，中国既有劳动力优势不复存在，依赖廉价劳动力的经济发展模式难以为继，那么，中国应该如何应对人口老龄化和人口红利消失带来的负面影响？联合国在2006年发表的《中国人口老龄化——事实与数据》研究报告中，呼吁"各行业、各阶层改变态度、政策和做法，以便发挥老龄化的巨大潜力……凭借良好的社会政策，包括养老金和卫生服务，可以将老龄化转化为第二次人口红利，而不是负担"。那么，中国应对老龄化的社会经济发展之路究竟在何方？中国能否像联合国提出的那样凭借良好的社会政策将老龄化转化为第二次人口红利？

◇ 第一节　中国人口老龄化的阶段和特点

从世界范围来看，随着人口生育率的下降和人均预期寿命的延长，大多数发达国家都经历了从青年型人口结构向成年型人口结构，继而向老年型人口结构转变的过程，人口老龄化问题是世界各主要发达国家面临的普遍性问题。比如日本在20世纪70年代就进入老龄化社会，至今已有超过40年的历史。再如，意大利在2007年65岁及以上老龄人口比例就超过了总人口的20%。与其他国家不同的是，中国的人口老龄化过程是在计划生育政策影响下，在短短的30年内迅速发生的。因此，从中国老龄化变化过程及未来变动趋势来看，其变化过程更快，未来老龄化程度更高，而关键在于中国的经济增长与社会政策未能同步，远远落后于其他发达国家。根

据人口普查和人口预测数据具体来看，中国老龄人口变动态势和社会政策
取向可以划分为具有不同特点的 4 个阶段。

一 人口转变前期的老龄人口缓慢增长阶段（1980—1995 年）

随着人均预期寿命的不断延长，中国老龄人口在数量上不断增加。在
实施计划生育政策前期，由于出生人口的规模庞大，每年新增出生人口数
量远高于新增老龄人口数量。以 1982 年为例，当年新增出生人口超过 2300
万人，而同年 65 岁及以上老龄人口还不到 5000 万人。加之，进入老龄人口
的数量是相对固定的存活人口数量，因此，这一阶段的显著特征仍然是出
生人口规模较为庞大，老龄人口增长缓慢，致使老龄人口比例增长幅度相
对较低，这一状况一直持续到 20 世纪 90 年代中期。从 1982 年到 1995 年，
中国 65 岁及以上老龄人口比例从 4.9% 增加到 6.2%，仅增长了 1.3%，平
均每年增长 0.1%。

这一时期也是中国改革开放之后，从计划经济向市场经济过渡的经济
社会转型关键时期，中国经济保持了较高增长率。尽管当时处于劳动力人
口丰沛、抚养比较低的人口周期中，但僵化的经济体制和用工方式严重束
缚了劳动力优势的发挥和劳动生产率的提高，每年新增的劳动力人口非但
没有成为社会的有益补充，反而成为社会的负担。根据估算，当时中国农
村有高达两亿的隐性失业人口，而城镇失业人口从 1984 年的 235.7 万人增
加到 1996 年的 519 万人，其中失业青年从 195.9 万人增加到 310.2 万人，
充沛的人力资本没有得到有效的利用。

虽然 1995 年社会养老保险制度进行了多项改革，国务院颁布了《关于
深化企业职工养老保险制度改革的通知》，确定了养老保险基金由国家、企
业、个人三方负责的筹资模式，以及社会统筹和个人账户相结合的养老模
式，但新的社会养老保险制度在全国范围内仍处于起步试运行阶段。到

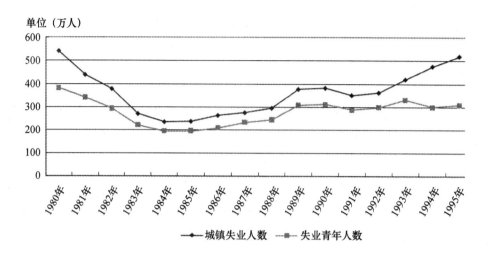

单位（万人）

● 城镇失业人数　■ 失业青年人数

图 1—1　1980—1995 年中国城镇失业人数和失业青年人数

1995 年年底，参加社会养老保险统筹的人数只有 8900 万人，且仅仅覆盖了以国有企业职工为主的人群。从社会政策角度来看，这一阶段社会整体从平均主义向强调效率过渡，迫切需要解决的是劳动年龄人口就业的问题，而老龄人口及其他弱势群体所面临的种种涉及社会公平的问题被强调效率的改革基调所掩盖，因而老龄人口相关的社会政策实际上是被削弱了，最为明显的表现是在城镇中计划经济时代就业与保障一体化的体制被打破，却没有形成全国统一的企业职工养老金制度。从 80 年代中期开始在农村地区试点的养老保险制度长期没有取得实质性进展，使得农村老年人在联产承包责任制之后长期处于以"家庭养老"为主的状态。

　　二　人口转变中后期的老龄人口比例稳步增长阶段（1995—2015 年）

　　进入 20 世纪 90 年代中期以后，在生育水平持续下降和出生人口数量锐减的情况下，老龄人口比例进入一个稳定增长阶段。这一阶段的显著特点是，老龄人口比例增加的原因来自两个不同的方面，一方面是老龄人口数量的增加；另一方面是出生人口数量的减少，而后者的影响显然更为突出，每年出生人口数量从 80 年代中后期最高的 2500 多万人下降到 90 年代中后期的 1400 万人左右。尽管每年新增出生人口数量仍然高于新增老龄人口数量，但其抵消老龄人口比例增长的效应大幅减少，故而可以看到老龄人口比例稳步增长。据统计，从 1995 年到 2010 年，65 岁及以上老龄人口比例从 6.2% 增加到 8.9%，2010 年年底 65 岁及以上老龄人口已接近 1.3 亿人，中国内地 31 个省份已有 26 个进入老龄型社会（图 1—2）。根据预测结果，到 2015 年，15—64 岁劳动年龄人口将达到峰值，接近 10 亿人，占总人口比例约为 72.7%，同时 65 岁及以上老龄人口比例将超过 10%（图 1—3），接近发达国家 20 世纪 80 年代的平均水平。2015 年前后，恰是人口年龄结构变动的拐点，也就是所谓的"人口红利"窗口关闭的开始（图 1—5）。

在 20 世纪 90 年代中后期的市场经济体制改革之后，中国充分发挥劳动力资源优势，实现了举世瞩目的中国速度，快速度过经济起飞阶段，经济总量跃居世界第二位。中国经济增长与老龄化在一定程度上可以归结为生育率下降带来的人口红利推动作用。人口红利在亚洲国家经济起飞过程中发挥了重要的推动作用。比如，日本经济起飞始于 20 世纪 50 年代初，实现了超过 20 年的高速增长，1950—1973 年，日本经济年平均增长率为 9.29%。1950 年 65 岁及以上老龄人口比例为 4.9%，到 1970 年，老龄化上升至 7.1%。可以说，在保持较长时期经济高增长之后进入老龄化社会，在新兴发达国家中具有较强的共性。但与日本不同的是，中国在人口老龄化的同时还面临着经济结构转型的严峻挑战。在日本进入老龄化社会的时候，其经济结构转型已基本完成，劳动生产率大幅提高，80 年代日本劳动生产率已超过美国。而当前中国劳动生产率显著落后于发达国家。中国在面临新增劳动年龄人口减少的同时，还需要着力调整经济结构、提高劳动生产率，这是中国与其他发达国家在老龄化的相似阶段存在的显著差别。

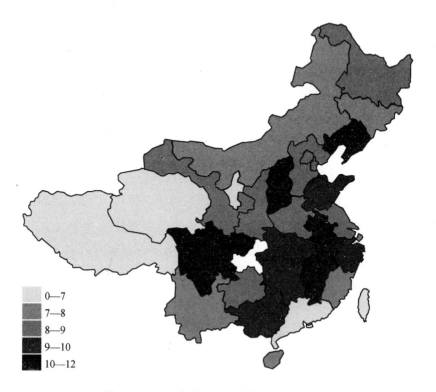

图1—2　2010年各省人口老龄化程度（%）

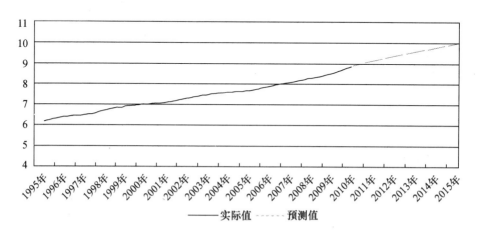

——实际值　┈┈┈ 预测值

图1—3　1995—2015年中国65岁及以上老龄人口所占比例的变动趋势

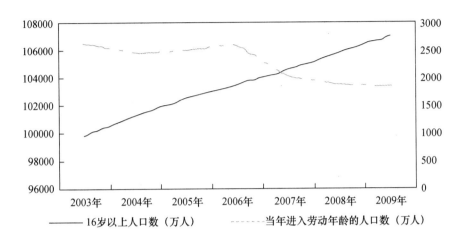

图1—4　2003—2009年中国16岁以上人口数量和新进入劳动年龄的人口数量

　　由于中国人口基数庞大，老龄人口问题早已成为国际社会关注的议题。世界银行早在1997年发布的《2020年的中国》报告中建议中国政府应当建立社会保障网络、强制性的个人养老金账户和提倡储蓄来应对未来庞大的老龄人口的养老问题。准确地说，从静止的视角来看，中国是"未富先老"，而从发展的角度来看，中国是"边富边老"。实际上，除了诸如美国之类吸纳了大量国外移民的国家和地区，大部分发达国家都经历了"边富边老"的过程，但运用良好的社会政策在很大程度上可以缓解人口老龄化的负面影响。德国和意大利在第一次世界大战之前的工业化过程中就出现了养老金保险，日本在20世纪60年代也实现了惠及全体国民的养老金。健全的社会政策不仅弥补了人口老龄化带来的风险，而且在贫富差距扩大和利益格局调整的过程中发挥了社会稳定器的关键作用。现阶段，中国在人口老龄化和贫富差距扩大的双重背景下，社会政策却存在明显不足，尤其是社会保障水平较低、统筹层次不高、覆盖面不全等问题直接影响到当前老龄人口的生活质量。

三 人口转变后期的老龄人口快速增长阶段（2015—2050年）

2015年之后，中国人口老龄化仍将保持快速增长势头，但这一阶段的显著特点是劳动年龄人口比例将出现拐点，从超过75%开始快速下降，同时，社会抚养比开始快速增加。从人口结构的视角来看，劳动年龄人口比例不断下降，出生人口数量趋于稳定，老龄人口持续增长共同带来的分母和分子效应，是这一阶段老龄人口比例变动的主要动因。根据联合国人口预测，中国老龄人口持续增长的势头将持续到2050年前后才能达到一个相对稳定的重度老龄化的平台期，2050年中国65岁及以上老龄人口数量将超过3.3亿人，占总人口的比例将超过25%。事实上，与其他国家相比，即便是老龄化程度不断加深，从老龄人口比例来看，2050年中国面临的状况并非十分可怕。联合国2009年人口报告显示，人口老龄化排名前十位的国家的老龄人口比例均已超过23%，其中日本（29.7%）、意大利（26.4%）、德国（25.7%）的老龄人口比例位居前三。由此可见，从2015年到2050年之间中国整体上属于"边富边老"的发展阶段。

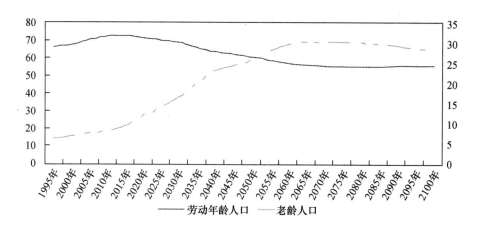

图1—5　1995—2100年劳动年龄人口和老龄人口比例变化

从国外人口老龄化过程中经济社会变动规律来看，"边富边老"这一阶段最显著的特点是劳动力人口数量减少和比例降低，以及非劳动力人口数量和比例增加带来人口抚养比的快速上升；对经济社会的影响则体现为劳动力供给的缩减和社会福利支出的增加，劳动力要素推动经济发展的效能减少，从而导致经济增长速度趋缓，甚至出现经济停滞和衰退。经常被提及的典型案例就是日本，在其进入老龄化社会后，经济增长一蹶不振，从20世纪90年代至今，其GDP实际增长率保持在1.5%左右，远低于进入老龄社会之前的经济增长速度。但人口老龄化程度的增加有其正面效果，潜藏着人口老龄化存在着倒逼经济结构转型升级的机制。同样以日本为例，20世纪60—70年代，日本仍然有大量劳动力从事第一产业，而人口老龄化与70年代之后日本第三产业的快速发展几乎同步。这意味着老龄化也有促进经济结构调整和劳动力产业转移的功用。因而，这一阶段的关键是如何妥善处置和利用人口老龄化的局面，持续调整和优化经济产业结构，保持经济的长期稳定增长。

在"边富边老"过程中，中国社会仍然面临着经济结构转型、利益格局调整和人口老龄化三方面的挑战。从发达国家经验来看，社会政策与经济政策发挥着同等重要的作用，主要体现在：（1）经济增长本身不能自动化解社会所面临的贫富差距扩大和人口老龄化所带来的风险。（2）进入老龄化社会之后，社会财富总量的增长速度将有所下降，通过社会政策实现利益分配公正性有利于构建和谐的社会秩序。（3）实施有助于人力资本积累的社会政策，能够更有效地维持稳定的经济增长速度。（4）公平、普惠的社会保障政策有助于维持社会稳定。因而，这一阶段国家应当投入大量资源，完善社会保障体制，尤其是要注重加大教育投入和补足养老金缺口。

四　后人口转变时期的老龄人口稳定阶段（2050—2100 年）

新中国成立后三次生育高峰出生的人口将在未来 40 年中陆续进入老龄

人口队列，而计划生育政策对人口队列波动的影响在 2050 年前后也将趋于稳定，因而根据现有的人口年龄结构可以估计出 2050 年前后老龄人口比例将达到峰值，65 岁及以上的老龄人口将达到人口总量的 1/4 强。在人均预期寿命保持相对稳定的情况下，唯一能够影响人口老龄化的变量就是出生人口数量。但出生人口数量对人口老龄化的影响也需要一个较长的时期才能显现出来。按照联合国 2011 年新颁布的全球人口展望最新版本的方案预测，2050 年之后较长一段时期内，到 2100 年之前，中国的老龄人口比例将长期在高位徘徊，即便有所波动也会保持在 25%—30% 的水平。由此，中国社会将成为一个以老龄化为常态的人口年龄结构类型。

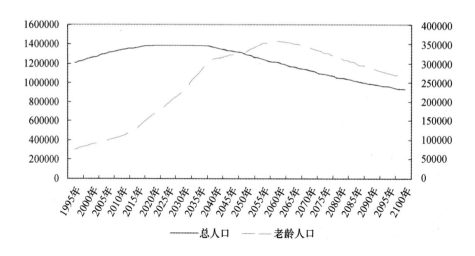

图 1—6 1995—2100 年总人口和老龄人口变化

至今，尚未有一个国家或者地区完全进入到稳定的老龄化社会阶段，无论是日本，还是德国，其人口老龄化仍然处于不断加深的态势中，故而无法从其他国家借鉴历史发展经验。但毋庸置疑的是，这一阶段所面临的总体态势将取决于前一阶段中国经济社会发展结果，即如若能够成功地实现经济结构转型并完善相关社会政策，中国将可能保持经济平稳增长和社会持续稳定，并有机会利用第二次人口红利。反之，则可能出现其他变数。

在工业社会之前，人们的人均预期寿命较短，老龄化社会根本不可能出现。老龄化社会事实上是人类社会发展，特别是科学技术发展所带来的社会成果。根据上文对人口老龄化阶段性的划分，不难看出目前中国社会处于向重度老龄化过渡的阶段，必然经历"未富先老"到"边富边老"的过程，并将在未来长期处于老龄化社会之中，老龄化社会的出现并非是短期现象。中国人口变动的基本特征是，1950—1990 年有三大出生高峰，年均出生规模保持在 2000 万以上的水平。他们之中年长者刚刚跨入老龄，而主要部分将在今后的 40 年陆续进入老龄，这就决定了中国的人口老龄化重度期是在 2050 年以后。所以，人口发展战略研究必须将视野覆盖整个 21 世纪，而关键是从现在到 21 世纪中叶，能否在实现经济转型的同时，实施有效的社会政策和对策，调整利益格局，健全社会保障体系，完善人口政策，以从容应对深度老龄社会的到来。

◇ 第二节　人口老龄化带来的挑战和问题

随着人口老龄化成为人类社会的常态，我们必须改变以往将老龄化社会视为"非典型"的社会特征的看法，将老龄化视为社会的长期"典型"特征。老龄化社会一方面是前所未有的，即便是西方发达国家也是在最近几十年才开始进入老龄化社会，我们以往对社会经验的观察和对经济规律的总结都是建立在"年轻""壮年"型社会基础之上，并无现成的经验和规律可以借鉴。与此同时，中国人口老龄化过程是一个伴随着利益格局深刻调整的过程，老龄人口不仅是一个年龄群体的概念，而且是一个社会群体不断分化的结果。从上述两个视角来看，沿着以往防止或者缓解人口老龄化对经济社会不利影响的分析逻辑，显然无法真正应对必然到来的老龄化社会。需要未雨绸缪的不仅是老龄化过程，而且是老龄化结果，即老龄化社会，因此，我们更应该关注如何在经济社会发展和利益调整过程中，确保老龄化社会的可持续发展，这才是中国应对人口老龄化的关键。而下列几个突出问题可能给老龄化社会的可持续发展带来重大挑战。

一　老龄人口社会地位较低可能影响社会稳定

老龄化社会顾名思义就是老龄人口占据主要部分的社会类型，与当前社会相比，常态化老龄社会具有显著不同，不仅体现在老龄人口数量和比例上的增加，更体现在下面三个方面：（1）老龄人口随着城市化的发展将主要集中在城市居住，形成社会运动所必需的规模人群聚集条件；（2）未来老龄人口的构成将主要是现阶段的青壮年人群，他们具有比现在老龄人口更好的人力资本和经济资本，能够掌握更多的社会资源，对经济社会的影响力将大幅增加；（3）未来老龄人口将具有更强的民主意识，他们的政治参与度必然更高，将成为左右社会政策乃至政治生活的重要力量。可见，确保老龄人口的社会地位将是维护社会稳定的关键。

当前社会结构中，老龄人口的社会地位处于明显的弱势，特别是在传统社会和家庭文化备受工业化、城市化和现代化冲击的背景下，人们更加注重自我独立性和现实利益，人力资本和经济资本均较弱、分散在城乡角落中的老龄人口社会地位每况愈下。根据中国社会科学院老年科研中心《老龄化小康指标体系》课题研究成果，老龄人口贫困化趋势日益加剧，表现为老年贫困率升高、收入水平降低，平均每 6 个老年人中就有 1 个贫困老人（朱庆芳，2005）。相关研究利用 2000 年人口普查数据和中国城乡老年人口状况一次性抽样调查资料分析发现 2000 年老年贫困人口数量为 921 万—1168 万人，贫困发生率为 7.1%—9.0%（王德文、张恺悌，2005）。由此可见，在社会阶层分化过程中，老龄人口的经济社会地位出现了明显的下降，属于比较典型的利益相对受损群体，甚至部分老龄人口已经沦为社会底层，其生活质量根本无法得到保证，这在一定程度上增加了社会动荡的可能。

二　城乡分割和人口流动使得农村老人遭遇困境

在城市化和工业化过程中，中国社会的一个显著特征就是大规模从农村到城镇，从中、西部地区到东部地区的人口流动。人口流动从本质上说是在市场化条件下，生产要素在全国范围内优化配置的结果，有利于中国经济增长和社会发展。根据国家统计局的数据，2010年流动人口2.21亿人，比2000年增加了1亿人。同时，东部沿海发达省份的常住人口所占比重增加，更多的人口从内陆西部往东部发达地区迁移、流动。由于城乡分割的制度导致城乡不同的就业方式、退休制度和社会保障政策等，形成了截然不同的城乡利益关系，城镇老龄人口与农村老龄人口境遇迥异。

到目前为止，中国城市化率超过50%，正从一个传统的农业国家逐步转化为现代化的工业国家，然而中国的农村社会仍然保持着农业社会的家庭养老模式。在农村家庭少子化、农业生产低收益率、农村青壮年人口大量流失等诸多背景下，传统的家庭养老模式开始瓦解和分化，仅由子女负责赡养老年父母的家庭养老模式显然难以为继，更谈不上让农村老龄人口走出困境。考虑到以青壮年为主的流动人口年龄结构，东部地区每新增一个青壮年流动人口，中西部地区就减少一个可以用来供养老人的青壮年劳动力。尽管东部地区和城市地区的生育水平长期低于中、西部地区和农村地区，但大规模的人口流动显然转变了这一地区利益格局，来自中、西部农村的劳动力人口不仅为东部地区的城市经济发展作出了贡献，而且极大地缓解了东部人口老龄化的趋势，但中、西部劳动力人口创造出来的价值却大部分被留在东部地区，从而导致中、西部农村地区人口养老面临着更大的压力。

三 人力资本不足限制了老龄社会生产力的提高

改革开放以来的经济发展成就在很大程度上得益于中国充沛的廉价劳动力供给，但随着老龄化社会的到来，中国在国际劳动力市场上的比较优势逐步丧失，劳动力实际价格日渐攀升、不断接近国际平均水平，"用工荒"开始出现并迅速蔓延等现象都说明依赖廉价劳动力的增长模式难以为继，人口老龄化对经济增长的负面影响逐渐显现。廉价劳动力优势导致中国企业对劳动力要素的过度依赖，陷入"比较优势陷阱"和低端产业的恶性循环，抑制了产业转型升级。有研究认为，中国社会生产力水平自20世纪90年代后期以来并无显著增长。一旦生产力增长开始减慢，新兴市场很难突破对廉价劳动力和资源的依赖，可能会深陷"中等收入陷阱"。过度依赖廉价劳动力增长模式的弊端越来越明显，科学技术创新能力不强，科技成果转化能力不够都直接影响到中国社会生产力水平的快速提高。在以人口老龄化为常态的社会中，劳动力供给显然难以达到支撑现有经济增长模式的要求，大量的老龄人口也不可能取代青壮年人口成为劳动力的主要来源。因而，从长远来看，解决老龄化社会经济发展问题的根本途径是转变经济增长方式，强调科学技术创新对经济增长的推动作用，通过科技进步和科技创新，促进社会生产力的不断提高，才是解决人口老龄化的关键所在。

中国对老龄社会的担忧来自于依赖廉价劳动力的增长模式下的惯性思维，认为老龄人口在丧失劳动能力之后，会成为社会的负担，故而强调劳动力供给不足是老龄社会带来的社会风险。而当今世界发达国家经济增长主要依赖于新知识和新技术的生产、扩散和应用，而技术进步和知识积累投射在人身上就是人力资本，拥有专业化的知识技能的劳动者才是经济增长的真正源泉。具有较高知识技能的劳动者即便进入老龄之后，仍然能够发挥自己的作用，而依靠体力的劳动者进入老龄之后其劳动能力大幅下降。可见，知识资本不足才是未来中国在老龄化社会到来之前转变经济增长模式面临的最大社会风险。因而，破解老龄化社会的关键是劳动者知识技能、人力资本和人才资源的积累程度。按照现有的人口队列，高考扩招一代在2040 年前后才将首次进入老龄人口的行列，高考扩招带来的知识资本累积效应才能体现。而中国恰恰又是当前世界上人才流失最为严重的国家。1978—2003 年，各类出国留学人员超过75% 尚未回国。1985 年以来，清华大学涉及高科技专业的毕业生80% 去了美国，北京大学这一比例也为76%。因而，积累具有高新知识技能的高素质人力资源才是规避老龄化社会风险的治本之策。

四 家庭功能弱化和社会养老保障机制不健全可能引发代际冲突

随着社会环境的变革和市场经济的发展，家庭功能日趋外化，以父权为基础的"孝"文化趋于衰落，对社会成员的约束力也逐渐减弱。按照常理，政府应当提供相应的公共服务，解决老龄人口面临的社会问题，但由于现有制度环境下，政府职能缺位，而市场资源相对有限。在"未富先老"背景下，家庭经济资源和社会资源的有限性无疑加剧了家庭内部和社会群体之间的代际冲突。从家庭内部来看，尊老爱幼的代际关系格局已经被"轻老重幼"的代际关系格局所取代，家庭资源代际分配严重扭曲，老年人处于被忽视、被排斥的境地。从社会群体之间来看，人口老龄化使得养老金体系面临巨大的财政危机。在福利国家的所有社会支出中，养老金是最大的一部分开支，一般都要占到总福利开支的1/5 至1/2、国内生产总值的5%—10%（刘骥，2007）。老龄人口作为养老金改革的获益者和青年人作为受损者之间的代际冲突难以避免。

通过社会保障制度的再次分配是缩小初次分配利益差距、缓解不同社会阶层利益冲突、避免老龄人口疏离社会主流现象日益严重的重要机制。尤其是在常态的老龄化社会中，多层次、全覆盖的社会养老保障机制能够起到增加社会认同和融合，避免社会分裂的积极作用。在一个老龄人口占据相当比例的社会中，出于老龄群体相对弱势的条件考虑，在他们退出劳动力市场之后，必须要重视社会保障机制的社会分层功能。首先，社会保障机制影响了老龄人口的经济收入状况，进而决定了老龄人群在社会中的总体经济地位。其次，社会保障机制还与劳动力市场、户籍壁垒等结合，形成了为中国所特有的社会分层机制，在体制内就业、具有非农户籍的人群具有较高水平的社会保障，进而比体制外老龄人口具有更高的社会经济地位，这就形成了老龄人群的内部阶层差异。根据现有数据推算，享有体制内社会保障的老龄人口所占比例不足10%，势必在未来引起社会群体间的分裂和对立。最后，社会保障机制潜藏着代际的利益冲突。因而，社会保障不仅仅是一个利益再分配机制，更是一个社会分层机制，社会养老保障机制不健全可能导致部分老龄群体被隔阂在主流社会之外，甚至落入社会底层，从而引发社会群体之间的利益冲突。

五 老龄产业和老龄服务业发展滞后，难以充分利用第二次人口红利

未来四五十年，我国老龄人口数量将处于持续攀升阶段，到2020年，中国60岁以上老龄人口将达到2.47亿人，平均每年增长700多万人；到2054年，老龄人口规模将达到顶峰，人口数量高达4.72亿，占总人口的33%以上，即每3个人中就有1个是老龄人口。由此可见，即便是不考虑经济增长和消费水平升高等影响因素，仅老龄人口基数的不断增加，到2050

年前后，老龄产业至少要增加 2.8 倍以上。根据经济社会发展的一般规律，进入人均收入 3000 美元阶段之后，随着人均收入的进一步提高，住房、汽车等大额消费将逐步从小众消费发展成为大众消费，老龄人口在消费总额中的比重将有所增加，老龄人口消费对经济增长的贡献将越来越显著。实际上，在发达国家，老龄人口始终是消费的主要人群之一，例如在日本，个人金融资产的 60% 以上由老龄人口拥有，老龄人口相关的产业发展也被称为"银发经济"。这意味着中国老龄人口消费的产品和服务市场潜力巨大，尤其是随着现代化、工业化和城市化的进程，老龄人口消费的种类、数量和品质均会有较大幅度的提升，老龄市场蕴涵的发展机遇终将呈现，可以把老龄化转化为第二次人口红利，使之成为支撑中国经济平稳增长、带动国内消费需求的重要力量。但长期以来，中国老龄产业和老龄服务业发展缺乏整体规划，福利色彩浓厚。相对于人口老龄化速度，产业发展较为缓慢，也未能体现出老龄人口消费需求增加带来的全面的社会经济效益。

从国外经验来看，老龄人口的护养和服务属于社会工作专业的领域，特别是在机构养老占据较大比例的国家和地区。美国劳工统计局的最新统计数字显示，美国 2010 年的社工数量达 65.05 万人，平均每 1000 人口就有社会工作者 2—3 人。随着老龄化程度的日益加重，尤其是高龄老年人口数量与比例的增加，根据曾毅的预测，如果保持现行生育政策不变，到 2080年前后，中国 80 岁以上高龄老人比例将超过 15%，其中相当比例属于空巢家庭和失能老人。高龄老人、空巢家庭和失能老人数量与比例的增加势必导致对老年人提供生活照料、精神慰藉、日常护理的社会服务需求大幅增加。受少子化和劳动年龄人口减少的影响，家庭养老的传统模式难以独挑大梁，势必要引入机构养老模式。国内目前社会工作专业技术人才严重匮乏，职业声望偏低，经济收入不高，人才培养和储备机制不完备，这些难以与即将到来的老龄化社会相适应，并直接影响到未来第二次人口红利的开发。

中国进入老龄化社会的时机在处于经济社会结构转型期、人口年龄结构变动的同时，整个社会也经历着改革开放以来最为复杂的利益格局调整，而老龄人口恰恰是社会人群中最为弱势的群体之一。在利益格局调整过程中，制定和实施合理的社会政策以保护老龄人口的根本利益不受侵害，合理开发和利用老龄人口资源，充分挖掘第二次人口红利，避免代际冲突，是确保老龄社会背景下经济社会平稳发展的战略关键。

◇ 第三节　老龄社会的治理对策

在工业化社会之前，人们的人均预期寿命远低于 60 岁，能够存活到老龄阶段的人口比例相对较低。在现代社会中，随着物质生产的极大丰富和科技水平的高度发达，人们存活年限越来越长，老龄人口比例也越来越高，才出现了所谓的老龄社会。因而，老龄社会的出现完全是人类文明发展的结果，社会不断发展与人口老龄化程度加深同步，是符合历史发展规律的客观产物。即便从部分地区和国家最初进入老龄社会开始计算，老龄社会的存在不过是短短几十年的时间。故而，从人类文明几千年的历史长河来看，老龄社会既是一个符合历史发展规律的客观结果，又是一个即将长期存在的新生事物。因此，中国应该在复杂的利益格局调整过程中，兼顾老龄社会的阶段性和长期性，为迎接老龄社会的到来，制定和实施符合历史发展客观规律的战略。

一　改变旧有观念，树立老龄社会的战略思维

社会剧烈变革往往会引发一些恐慌和担忧，一个社会从年轻型、成年型社会进入老龄社会同样如此，其原因在于在传统生产方式下，人们随着

身体机能的下降，创造社会财富的能力也相应降低，故而容易将老龄人口视为单一的社会财富消耗者，将老龄社会视为缺乏活力的社会类型。且现阶段，没有行之有效的应对人口老龄化的政策体系和对策措施，由此引发人们将老龄社会视为非常态的社会类型，并思考如何避免或者预防进入老龄社会，或者如何降低人口老龄化的程度。

从长远来看，随着人均预期寿命的延长和人口生育意愿的降低，人类社会难以避免进入和长期处于老龄社会阶段，历史发展的客观规律难以改变，人口老龄化已成为人类共同面对的课题。中国是世界上人口最多的国家，也将是世界上老年人口最多的国家，这就要求人们正视老龄社会的到来，必须将老龄人口视为社会发展的参与者和创造者，改变将老龄社会视为非常态社会的旧有观念，积极运用社会政策和经济手段，在利益格局调整过程中，着力解决老龄社会可能面临的不平衡、不协调和不可持续的问题，更好地促进经济长期平稳较快发展和社会和谐稳定。

二　完善机构设置，注重社会政策的连续性

中国作为世界上人口最多的国家，人口问题历来备受关注，人口政策对于国家发展至关重要。使用国家政策和控制手段调控人口，中国政府具有其他任何国家难以比拟的经验。从现阶段人口政策实施的经验来看，人口政策自实施之日起到取得成效，绝非一日之功，需要一个较长的时间周期，甚至是几代人的时间。而确保人口政策能够见效的关键是建立相应有执行力的行政机构，特别是在中央政府高度集权的制度设计下，缺乏一个能够整合相关职能和资源、提供组织和资金保障、统筹相应社会政策的行政机构将难以确保人口政策的顺畅运行，因此，必须在行政体制改革的过程中，建立相关的职能部门，积极迎接老龄化的到来。

计划生育政策有效地控制了人口增长，也加快了老龄社会的到来。从

结果来看，计划生育政策长期未能根据经济社会发展适度调整，实际上是透支了中国的人口红利，加剧了人口老龄化的程度，加快了老龄化社会的到来，造成"未富先老"的现状。从人口政策的教训中可以认识到，社会政策必须要按照事物发展的一般规律，根据人口发展的阶段性变化，及时、灵活地加以调整。从长远来看，所谓政策的连续性是指社会政策必须在尊重人口发展规律的基础上，科学合理地规划、管理和实施。但社会政策的连续性绝非一成不变，尤其是中国人口老龄化和经济社会发展有不同的发展阶段，每一个阶段的社会政策侧重点应有所不同。这种情况下，僵化的社会政策只会带来严重的经济社会后果，社会政策的连续性主要体现在社会政策与经济社会中长期发展的步调要一致。

三 保护老人权益，强调经济公平和社会公正

1996 年颁布的《中华人民共和国老年人权益保障法》第四条明确规定，国家保护老年人依法享有的权益，老年人有从国家和社会获得物质帮助的权利，有享受社会发展成果的权利。现阶段，在市场经济发展的过程中，确实存在重效率、轻公平的特征，老龄人口作为相对弱势的人群，在市场竞争中处于劣势，特别是在青壮年大量流失的广大农村地区，老龄人口的生活境况更为困难。随着经济社会的发展，中国必然需要从先富走向共富，从片面的追求效率转向强调经济公平和社会公正，而保护老龄人口权益，将是走向共同富裕和社会公正不可缺少的一环。

从一些发达国家的情况来看，老龄人口虽然在市场竞争中处于弱势，但在政治活动方面，由于其人口众多，比例较高，具有较强的共同利益，往往能够成为一股具有决定性的社会政治力量。而在现行经济社会制度下，一些国家和政党为了满足老龄人口的需要，不得不牺牲当代人的利益，甚至未来几代人的潜在利益，来谋求政治上的稳定（彭希哲等，2011）。这一

状况显然与中国经济社会长期可持续发展的目标不一致。因而，在一个可以预见的即将到来的老龄社会中，如果不未雨绸缪地将老龄人口置于经济公平和社会公正的制度环境下，势必将引发老龄人口与当代人之间的代际冲突和矛盾，不利于社会的长治久安。

四　积累人力资本，保障发展的可持续性

目前被社会大众热议的人口红利消失主要指的是劳动年龄人口和非劳动力年龄人口在数量和比例上的变化，从一个劳动年龄人口资源较为丰富的阶段过渡到一个劳动年龄人口相对短缺的阶段，故而出现"未富先老"的阶段性特征。这种观点暴露出社会大众对于当前发展模式的忧虑，即中国的经济仍然依靠劳动力价格比较优势的增长模式显然是难以为继的。可以说，人口条件的改变，倒逼中国发展模式的改变，迫切需要加大教育投入，将人口资源优势转化为人力资本优势；推动科技创新，增加科学技术和知识积累；通过提高劳动者的素质来提高全社会的劳动生产率，从而保持经济增长的稳定性。

未来经济增长模式将会出现从要素驱动型向创新驱动型转变，而具有专业技术和知识的人力资本是经济持续增长的源泉和动力。除了加大教育、科技投入积累人力资本之外，还应当注重挖掘老龄人口的人力资本潜力。从中国的现实情况来看，高校扩招后普遍接受高等教育的80后在2040年前后将陆续进入老龄阶段。届时，通过合理的社会政策，比如弹性退休制度和延长退休年龄等，充分利用和挖掘老龄人口的人力资本，充分利用老龄人口的第二次人口红利，能够在一定程度上弥补人力资本相对缺乏的境况。而这些政策并不适合在现阶段出台，其原因在于，一方面中国还未进入劳动力人口相对短缺的阶段，仍较为普遍地存在劳动力就业问题；另一方面，会打消作为新型经济发展模式主力军的青年人口参与组织管理和科技创新

的积极性，反而不利于维持经济社会发展的创新性和可持续性。

五 明晰养老权责，建立多层次的养老服务体系

随着家庭成员从外部获取资源能力的增强，家庭从生产单位逐步演变为消费单位，从经济政治共同体变为心理文化共同体，家庭对老龄人口的赡养功能外化并随之减弱，传统的家庭养老模式也随之变化。特别是考虑到未来几十年中国仍将面临大规模的城市化进程，人口流动势必进一步改变家庭的形态和功能。受到家庭核心化和少子化的影响，空巢家庭或者独居老龄人口家庭将会大量出现，回归家庭养老模式不太现实。而福利国家的社会养老模式在"未富先老"的经济社会背景下，可能引发财政危机和代际冲突。因此，必须在政府、社会、市场和家庭之间寻找到一条权责明晰的中间路线妥善解决老龄人口的养老问题。

养老作为基本民生问题，国家必须要加大经济和社会资源的投入力度，发挥国家在养老体系中的主导作用。国家作为政策制定者还要扮演好"家长"的角色：一是出台相应的优惠政策，要扶植和培养能够承担养老职责的社会组织，积极鼓励和支持社会力量参与到养老体系中；二是要制定市场准入和市场竞争规则，鼓励和支持市场力量投入养老产业。同时，还要发挥传统的家庭养老文化，为家庭养老提供相应资源和优惠，恢复家庭养老功能。总的来说，解决养老问题的关键是建立和健全多层次的社会养老保障体系，公平分配和有效利用经济与社会资源，准确界定国家、社会、市场和家庭在老龄社会中的角色、功能和边界，凝合政府、社会、市场和家庭的多方力量。

第 二 章

职业、阶层结构变迁与社会治理体制创新

◇ 第一节 职业阶层分析的文献回顾和数据说明

自 1978 年以来，随着市场化改革的深入，中国社会阶层结构发生了巨大变化。有些学者采用收入标准来划分阶级或阶层，有些学者则以消费水平或消费方式来进行阶级阶层划分，还有些学者以职业或职业声望来划分阶级或阶层。就他们各自所关注的研究问题而言，这些阶级阶层的分类都是有意义的，有助于人们对有关问题的深入分析（李春玲，2005）。但现在以职业分类为基础来划分阶级阶层，已成为社会学界阶级阶层划分的主流模式（李培林等，2004）。职业是包含各种经济社会资源占有和使用信息的指标。职业身份的改变影响和重构着职业结构，从而带动了社会阶层结构的变迁。

目前，在中国的职业结构研究中，学者们从全国、局部地区、民族、就业群体和国际比较等诸多方面进行了探讨（郭宇强，2009）。前期有些人也通过全国人口普查数据或大规模样本对中国职业结构的现状、特点和变迁都做了大量的研究（当代中国社会结构变迁研究课题组，2008；张翼，2011）。也有人从产业结构、经济发展水平、劳动力市场分割等方面对影响职业结构及其变迁的因素做了深入的探讨。

在利用职业结构来分析中国社会阶层的研究中，有关倒"丁字型"论

和"金字塔型"论的结论具有一定的代表性（陆学艺，2002；李强，2005）。比如说，李强（2005）采用国际社会经济地位指数的方法，利用2000年第五次人口普查（以下简称"五普"）的数据发现中国社会结构是倒"丁字型"。张翼、侯慧丽（2004）的研究发现与之类似。他们同样利用"五普"的数据，结合国际职业声望量表和每一种职业中高中及以上文化程度劳动者所占的比例，发现中国阶层结构还是一个底盘很庞大的"烛台"。陆学艺等人则以"十大社会阶层说"为基础，利用2005年1%人口抽样调查数据和"五普"的数据作比较得出，十大社会阶层分布呈现金字塔形状，中间阶层规模较小，农业劳动者仍占主体（陆学艺，2002；当代中国社会结构变迁研究课题组，2008）。

从研究结论上看，李强（2005）认为，改变倒"丁字型"结构的关键是实现群体结构或阶级结构的转变。首先要过渡到"金字塔型"，才能转变为"橄榄型"。关于这一点，学术界也有看法认为：中国的社会结构到底是倒"丁字型"的，还是正在由"金字塔型"向"橄榄型"过渡，是一个需要继续讨论的严峻的学术问题和实际问题（仇立平、顾辉，2007）。从使用数据来看，"五普"是他们最重要的数据来源。在过去十多年间，中国经济与社会发生了巨大的变化，社会阶层结构也随之发生一定转型。

那么，目前中国阶层结构到底呈现何种形态，与以前相比发生了哪些变化？这是本研究着重要回答的问题。我们的研究从社会分层的理论出发，从历时态角度，把市场转型和制度分割作为中国职业变迁的基本动力，来探究职业结构与社会阶层的变迁。一是利用1990年第四次人口普查（以下简称"四普"）、2000年第五次人口普查（以下简称"五普"）和2010年第六次人口普查（以下简称"六普"）的数据，描述1990—2010年在业人员职业结构的现状与特点；二是分析近十多年中国社会阶层变迁的新现象和新变化，从而揭示社会阶层结构变迁的新特点；三是在职业结构和社会阶层分析的基础上，对当前创新社会治理体制问题提出政策性建议。

一 文献回顾与分析框架

改革开放以来，以经济快速发展拉动的工业化和城镇化不但从根本上动摇了以往身份等级制度的基础，同时也建构起了一种基于市场差异化而进行的新社会分层机制（Bian，2002）。尤其是 1992 年之后市场经济制度的确立以及社会经济的快速发展，推动了转型中社会结构的变迁，在利益诉求和价值取向上重新塑造了中国的社会阶层。因此，只有对当前中国阶层结构状况进行比较全面的分析，才能在阶层路线意义的社会政策配置上，以及在社会建设和社会治理实践中，关注到各个阶层的利益诉求，引导各阶层人士共同致力于和谐社会建设。

1. 职业分层与社会流动

社会分层研究中，除了马克思主义的阶级理论和韦伯的多元分层理论之外，以职业为基础的分层理论也不应忽视（李强，2008）。把职业作为社会分层的一个重要标准，最早可以追溯到涂尔干。涂尔干认为，职业是现代国家和个人之间的协调力量，职业可以起到社会整合的作用（涂尔干，2000）。共同工作中产生的社会互动，使同一职业的工人之间易于生成合作意识和共享价值观。由各种专业化培训所导致的社会化，会产生同质化效果。专业责任和义务也使得就业者可以形成共同利益（涂尔干，2001）。涂尔干所阐述的社会分工和职业分层，不仅对后来的社会分层理论发展产生了重要的影响，而且也开创了功能主义社会分层理论的先河。

此后，布劳和邓肯（Blau & Duncan，1967）亦提出了以职业地位为基础的阶级分层模式。他们认为，资本主义社会阶层的变化速度太快，人们是否属于某一集团已无意义，唯一可以作为分层标准的只有职业。在当代社会中，如果阶级指的是人们所占据的经济角色以及他们对企业经营所发挥的作用的话，那么，这些作用更精确地反映在他们的特定职业上而非雇佣地位上。虽然职业并非包含了阶级概念的一切方面，但它是划分阶级或阶层的最重要指标。

新韦伯主义者戈德索普提出用市场状态与工作状态两种标准来共同划分阶级。在具体操作上，戈德索普首先以职业分类为基础，再根据市场状态把各类职业合并成几大阶级。戈德索普认为，这样分类的阶级反映出的是"职业功能和就业身份的高度分化"。"所谓的就业身份可以被看作职业定义的一个部分。"这样构建的阶级分类构架"融合了生产的技术关系和生产的社会关系"。因而，它所划分的职业与阶级"分享着市场和工作状态"（Goldthorpe，1987）。

在社会流动研究中，有两种传统长期占据主流地位：一派是代表着社会结构的渐变模式（gradational form）（Svalastoga，1959）；另一派代表着阶级模式（categorical form）（Glass，1954；Carlsson，1958）。倾向于渐变模式的学者认为，父母把他们的职业声望或社会经济状况传给了他们的子女。倾向于阶级模式的学者认为，父母把他们的阶级位置传给了他们的子女。在这两种分析模式之下，具体的职业通常作为分析不平等结构的起点，它们要么被加总转化成了宏大的阶级（阶级模式），要么被量化为人们的社会经济状况或声望（渐变模式）。在这个意义上，流动的研究就被简化成了阶级阶层的代际继承或阶级阶层位置的代际升迁或下降（张翼，2004）。

的确，这些简约化的做法能够解释社会流动的一些问题。但通过第三种解释作为补充，即将职业作为社会再生产的最基本途径，可能能够解释另外一些不平等问题。这是因为，无论是社会资源、文化资源还是经济资源，只要家庭存在，就会在父母的影响下将家庭的优势部分传递给子女。因此，职业在不平等的代际复制中扮演着重要角色。

阶级分析模式中的很多基本特征（比如利益的形成、文化的形成）之所以得以实现，不仅仅只是在阶级层面上，更是在职业层面上（Weeden &

Grusky，2005）。琼森和格伦斯基等（Jonsson & Grusky et al.，2009）人基于美国、瑞典、德国和日本四国具有代表性的、全国性的数据的分析发现：（1）职业是社会再生产的重要途径；（2）只有在职业层面上进行分析，才能够揭示社会流动中最为极端的刚性问题（extreme rigidities）；（3）传统的社会流动分析所揭示的宏大阶级的复制只是假象，实际上是职业复制。

综上分析，职业是现代社会中社会分层的主要载体，人们的阶层地位流动主要是在职业结构这一框架内进行的。职业结构变迁既是社会发展和社会变迁的结果，也是社会发展程度的重要标志。掌握中国当前的职业与阶层结构，对于构建和谐社会、进行社会治理具有重要现实意义。

2. 市场转型与制度分割

市场化和工业化是推动中国社会职业结构和社会阶层变迁的最主要推动力。工业化一方面促进了劳动分工的细化和专业化，导致了以技术等级或专业化程度为基础的职业分化体系；另一方面还产生了科层组织在数量和规模上的扩张——企业组织、政府组织和其他组织大量涌现。组织规模的不断膨胀，管理层级的逐日增多，对社会阶层结构产生了重大影响。

在市场化进程中，一系列制度设置对资源的分配及流向产生了影响。制度区隔与市场转型是当前中国社会结构形成的重要特征。市场转型发轫于商品市场，然后延伸到劳动力等要素市场。撒列尼等人（Szelenyi and Kostello，1996）以"市场渗透"的程度，即商品市场、劳动力市场以及资本市场是否存在，区分了三种社会经济类型。他们认为：1977—1985年处于地方市场发展的阶段；1986年步入混合经济阶段；1996年后全国性劳动力市场和资本市场出现，走向了"资本主义导向"的市场经济。

中国的市场演进过程和劳动力市场的制度性分割客观上挑战了社会分层的工业化逻辑。虽然伴随工业化程度的加深，职业分化越来越大，职业结构日趋合理，社会地位流动趋于常态，但这一过程却也伴随着劳动力市场的严重分割——与其他先发工业化国家和转型经济体不同的是，户籍与社会福利供给的制度性区隔在一定程度上阻滞了职业结构的分化（赖德胜，1996）。

在研究职业结构变迁时，劳动力市场分割理论强调人口职业结构的变化受劳动力市场职业分割和市场产业分割的限制（Piore，1987；Hodson，1983）。后来，学者们将劳动力市场的职业分割与产业分割联合起来考察人口职业结构的变动，在强调人口职业结构动态调整的同时关注产业变换与人口职业变动二者之间的耦合联动关系（Bagchi-Sen，1995）。李建民（2002）认为，中国的劳动力市场是多重分割交织在一起，即城乡分割、地区分割、部门分割、正式劳动力市场与从属劳动力市场的分割等。张展新（2004）认为，20世纪90年代以来，劳动力市场的城乡分割和国有与非国有部门分割不断弱化，在城乡分割、部门分割弱化的同时，城市劳动力市场出现了产业分割。这些因素都深刻地影响着职业结构的变化。

社会分层的学者则更强调宏观制度和市场化的发展对于职业结构和阶层分化的影响。功能主义的理论传统强调，经济—技术理性的发展，会从根本上改变阶层之间的关系，因而使得社会分层结构越来越具有开放性。当经济机制由再分配向市场转变时，以再分配机制为基础的社会群体会随着市场的发展而衰落，从而导致社会分层结构的重组或更替（李路路，2002）。制度主义的理论逻辑认为，社会分层结构的变化不应被看作是经济—技术理性的被动反映，无论是新中国成立以来还是改革开放以后，国家政策与重大制度的调整，对中国社会的分层与职业分化都产生重大的影响（Whyte and Parish，1984；Zhou，2004；李强，2008）。

1992年以来，中国经济步入了新的转型期。社会主义市场经济体制的逐步建立与日益完善，使经济运行的外部机制发生了根本改变。中国社会进入了以城市化为龙头、以基础产业和基础设施建设为主导、以加工制造与组装型工业为重点的工业化与服务发展新阶段。市场经济的发展正在深刻影响着人们的职业分布，促进职业结构的变化。另外，从社会层面来看，制约劳动力流动与就业的户籍制度和社会福利制度依然存在，它们依然影响职业结构的变化。

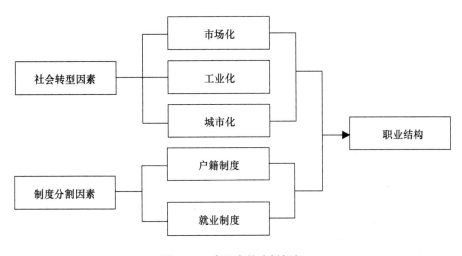

图 2—1　本研究的分析框架

综合以上分析，本研究的分析框架如图 2—1 所示。社会转型主要体现在经济发展中的市场化、工业化和城市化；制度分割则主要体现在影响人口流动的户籍制度和就业制度。具体而言，我们从整体职业结构、性别、城乡、地区和年龄等五个方面来分析以上诸因素如何影响职业结构及其变迁。

二　数据来源及其说明

1. 数据描述与说明

本研究数据来源于国家统计局 1990 年"四普"、2000 年"五普"和 2010 年"六普"。具体而言，"四普"数据来自《中国 1990 年人口普查资料》，为了与"五普"和"六普"的数据对比，城乡依照第二口径①。"五普"数据来自0.95%的原始抽样数据。"六普"数据来自2010年普查的数据汇总表。我们认为，只有在历时态的数据演化中，才能呈现出职业分化的基本趋势。

人口普查中，在业人口就是指为获取工资、实物报酬或经营收入而实际从事各种生产、经营和服务性活动的人口。人口普查一般从年龄、时间和内容三个维度来界定在业人口。

在年龄上，"四普""五普"和"六普"的规定有些差异。如"四普"统计的在业人口在15周岁以上，"五普"统计的经济活动人口也在15周岁以上，但在"六普"中，统计的在业人口是在16周岁以上。本书研究中，为了比较，在业人口的年龄统一规定为16周岁及以上的人口。

时间上，"四普""五普"和"六普"有些差异。"四普"中，在业人口包括在人口普查标准时间从事一定的社会劳动并取得报酬或者经营收入的人口以及在1990年6月30日有临时性工作，并在6月份从事社会劳动累计在16天及以上的人口。在"五普"和"六普"中，在业人口是指在10月25—31日，即普查标准时间前一周，从事过不少于一小时有收入的工作的人口。

在内容上，"四普""五普"和"六普"所指的在业人口都包括固定性、临时性或兼职工作，以及在职休假、培训、季节性歇业未工作的人。其中，"四普""五普"和"六普"也有些差异。在"四普"中，在业人口不包括全脱产进入大专院校、广播电视大学学习的人口。在"六普"中，

---

① 1990年第四次人口普查为了实现新旧口径的衔接，采用第一、第二两个口径来划分城乡。第二口径中的市人口是指设区的市的全部人口（不含市辖县人口）和不设区的市的街道人口（不含镇和乡人口）；镇人口是指不设区的市所辖镇内的居委会人口和县辖镇内的居委会人口（均不含村委会人口）；县人口是指上述市、镇人口以外的所有人口。在与第五次人口普查城乡人口划分标准比较时，均采用第二口径。具体参见高葆旺、王卫、邹德传、米清奎（2002）。

在业人口包括对于有正式学籍的在校学生利用课余时间或假期为取得收入而从事了工作的人口。①

2. 在业人口的变化

表2—1至表2—5显示的是本研究所用数据的基本特征。从表2—1可见，16岁及以上在业人口占全国16岁及以上人口的比例呈现下降的趋势，与1990年相比，2000年和2010年分别下降了4.97个百分点和11.38个百分点。

表2—1 16岁及以上在业人口在全国16岁及以上总人口中的比例状况②

年份	1990	2000	2010
16岁及以上在业人口	638523371	664314	71478429
16岁及以上人口	795864993	882672	103817124
百分比（%）	80.23	75.26	68.85

注：表中的"在业人口"不包括"不便分类的人口"，下同。

---

① 该部分资料主要来自"四普""五普"和"六普"人口普查表填写说明的汇总。

② 按照《未成年人保护法》及有关《劳动法》的规定，童工是指未满16周岁的用工，未成年人是指未满18周岁的人。设定童工的年龄界限是依据公民的行为能力的不同情形。《民法通则》第十一条规定18周岁以上的人是完全民事行为能力人，才是成年人。18周岁以下的均属于未成年人。但16周岁以上不满18周岁的人，能以自己的劳动收入为主要生活来源的，视为完全民事行为能力的人。所以，法律上设定童工为不满16周岁的用工。任何企业事业单位、个体工商户如果招用16周岁及以下年龄未成年人从事劳动的，属于招用童工性质，视为违法行为。这是国家法律对低龄未成年人的重点保护措施。所以，虽然人口学经常将0—14岁人口作为少儿人口，将15—64岁人口作为劳动力人口，将65岁以上人口作为老年人口（当然，在发展中国家，也将60岁及以上人口作为老年人口），但考虑到我国《未成年人保护法》的规定，国家统计局在处理数据时，给出了16岁及以上人口的总数，并只计算16岁及以上人口中的在业人口。

表2—2所显示的是在业人口的性别特征。1990—2010年，在业人口中男性所占比例一直都高于女性大约10个百分点。20年间这一比例基本没有大的变化。

表2—2　　　　　　　　　　**在业人口的性别状况**

年份	1990		2000		2010	
	N	%	N	%	N	%
男性	352442084	55.20	363496	54.72	39553791	55.34
女性	286081287	44.80	300818	45.28	31924638	44.66
总计	638523371	100.00	664314	100.00	71478429	100.00

表2—3反映的是在业人口在市、镇和村的分布情况。20年间，市在业人口的比例有所上升，从18.78%增加到26.83%，提高了8.05个百分点。镇的在业人口则是大幅上升，从7.14%增加到18.13%，提高了10.99个百分点。村的在业人口则大幅减少，从74.08%下降到55.04%，减少了19.04个百分点。

表2—3　　　　　　　　　　**在业人口的市、镇、村状况**

年份	1990		2000		2010	
	N	%	N	%	N	%
市	119922046	18.78	136381	20.53	19174209	26.83
镇	45558964	7.14	80224	12.08	12961519	18.13
村	473042361	74.08	447709	67.39	39342701	55.04
总计	638523371	100.00	664314	100.00	71478429	100.00

表2—4反映的是在业人口的年龄分布。20年间，在业人口呈现出老龄化的态势，青年在业人口的比例在下降，中老年的比例在上升。青年在业

人口的比例有所下降，尤其是 20—29 岁年龄段的在业人口从 37.42% 下降到 22.94%，下降了 14.48 个百分点。中老年的在业人口比例有所上升，40—49 岁年龄段的上升了 9.55 个百分点，50—59 岁年龄段的上升了 4.87 个百分点，60 岁及以上的上升了 2.86 个百分点。

表 2—4　　　　　　　　　在业人口的年龄状况

年份	1990		2000		2010	
	N	%	N	%	N	%
20—29 岁	212928991	37.42	161757	25.82	15869397	22.94
30—39 岁	161693650	28.41	200501	32.00	17716187	25.61
40—49 岁	103776010	18.24	142597	22.76	19219300	27.79
50—59 岁	63016819	11.07	79595	12.70	11026224	15.94
60 岁及以上	27678810	4.86	42093	6.72	5339406	7.72
总计	569094280	100.00	626543	100.00	69170514	100.00

20—29 岁在业人口在 16 岁及以上总在业人口中比例的降低，一个重要的原因是青年在校受教育年数的延长。自从大学扩招以来，在校大学生人数迅速增长。而每年大学本专科招生人数也从扩招之前 1998 年的 108 万人①增长到扩招后 1999 年的 160 万人，再经过几年的迅猛扩张，到 2006 年已经达到 546 万人。到 2008 年，本专科招生人数攀升到 608 万人，2011 年继续上升到 682 万人。与此同时，中等职业教育招生人数，也达到历史空前的高度，在 2006 年达到 748 万人，在 2007 年达到 810 万人，在 2010 年达到 870 万人。② 但由于普通高中与中等职业学校招生的竞争，在 2011 年，中等职业学校招生人数才下降到 809 万人——如果大学本专科招生人数还趋于上升，则未来中等职业学校招生人数会趋于下降——这仍然会导致 20—29 岁

---

① http：//cn. chinagate. cn/economics/2007－03/01/content_ 2368186. htm.

② http：//cn. chinagate. cn/economics/2012－02/23/content_ 24710631_ 5. htm.

年龄段在业人口在总在业人口中所占比重的下降。

表2—5反映的是在业人口的地区分布①。由表2—5可知，东部在业人口的比例有一定幅度上升，而中、西部的比例略有下降。10年间，东部在业人口的比例从2000年的39.95%，上升到2010年的42.63%，提高了2.68个百分点。中部则从2000年的31.61%，下降到2010年的30.19%，降低了1.42个百分点。西部也略有下降，减少了1.26个百分点。

表2—5 在业人口的地区状况

年份	2000		2010	
	N	%	N	%
东部*	265399	39.95	30469342	42.63
中部*	209999	31.61	21578564	30.19
西部*	188916	28.44	19430523	27.18
总计	664314	100.00	71478429	100.00

注：*本研究东部地区包括北京、天津、河北、辽宁、上海、江苏、浙江、福建、山东、广东、海南11个省市；中部地区包括山西、吉林、黑龙江、安徽、江西、河南、湖北、湖南8个省；西部地区包括重庆、四川、贵州、云南、西藏、陕西、甘肃、青海、宁夏、新疆、内蒙古、广西12个省区市。

◇◇ 第二节 职业结构与变迁

1992年社会主义市场经济的确立，对于中国社会阶级阶层结构的变化影响巨大。随着市场化的深入、社会分工的细密化、新型职业的大量出现以及农村劳动力的快速转移，人们的职业特征和阶层属性在变动中显著

———————————

① 1990年人口普查汇总表中，统计各省的在业人口均为15岁及以上人口，本书主要考察的是16岁及以上人口。因此，本表无法作出东中西的比较。

起来。可以说，市场化加速了职业结构的变化，工业化促进了农村劳动力
转移，导致了农业从业人口数量的持续下降。但户籍制度和城市劳动就业
制度依然影响着劳动力的自由流动，在一定程度上制约着职业结构的
变化。

一　职业结构的整体现状与变迁

通过表2—6可知，1990—2010年中国职业结构变迁的主要特征是：职
业结构变动较大，变迁速度大大加快，职业结构日趋多元化。具体分析
如下。

第一，农、林、牧、渔、水利业生产人员的比例大幅下降，生产、运
输设备操作人员与商业、服务业人口规模迅速扩大，办事员与专业技术人
员的比例略有增加。

20年间，农、林、牧、渔、水利业生产人员的比例从70.32%下降到
48.36%，减少了21.96个百分点；商业、服务业人员的比例从5.46%提高
到16.19%，增加了10.73个百分点。生产、运输设备操作人员及有关人员
的比例从15.29%提高到22.51%，增加了7.22个百分点。同时，办事人员
和有关人员及专业技术人员的比例分别增加了2.56个百分点和1.46个百
分点。

第二，职业结构变化的速度加快，后10年变迁远远快于前10年。

对比前（1990—2010年）后（2000—2010年）两个10年职业结构的
变化情况，我们可以清晰地看到，后10年职业结构变化的速度大大加快。
其中，生产、运输设备操作人员及有关人员变化比例最大：后10年是前10
年变化的10.11倍，专业技术人员是3.42倍，农、林、牧、渔、水利业生
产人员是2.65倍，商业、服务业人员是1.84倍，国家机关、党群组织、企
业、事业单位负责人是 −1倍，办事人员和有关人员是0.92倍。

表 2—6　　　　　1990—2010 年中国各类主要职业群体结构的变化

职业 *	1990 (1)	2000 (2)	2010 (3)	前 10 年变化 (4) = (2) — (1)	后 10 年变化 (5) = (3) — (2)	前后 10 年变化 (6) = (5) / (4)	20 年变化 (7) = [(3) — (1)] / (1) * 100.00
1 * *	1.77	1.71	1.77	− 0.06	0.06	− 1.00	0.00
2	5.38	5.71	6.84	0.33	1.13	3.42	27.14
3	1.77	3.10	4.33	1.33	1.23	0.92	144.63
4	5.46	9.24	16.19	3.78	6.95	1.84	196.52
5	70.32	64.30	48.36	− 6.02	− 15.94	2.65	− 31.23
6	15.29	15.94	22.51	0.65	6.57	10.11	47.22
合计	100.00	100.00	100.00	—	—	—	—
频数	638523371	664314	71478429	—	—	—	—

注：* 1986 年，国家统计局和国家标准局首次颁布了中华人民共和国国家标准《职业分类与代码》，将全国职业分为 8 个大类，即国家机关、党群组织、企业、事业单位负责人；专业技术人员；办事人员和有关人员；商业、服务业人员；农、林、牧、渔、水利业生产人员；军人；生产、运输设备操作人员及有关人员和不便分类的其他从业人员。之后历次人口普查，都沿袭该职业大类划分标准。本研究中，主要包括了 6 类职业（除军人和不便分类的其他从业人员）。

* * 为了简洁，我们用数字来代替各类职业名称，具体如下：1 = 国家机关、党群组织、企业、事业单位负责人；2 = 专业技术人员；3 = 办事人员和有关人员；4 = 商业、服务业人员；5 = 农、林、牧、渔、水利业生产人员；6 = 生产、运输设备操作人员及有关人员。以下各表同。

第三，农、林、牧、渔、水利业生产人员和生产、运输设备操作人员的比例偏高，中间阶层比例扩大。职业结构变化速度大大加快，职业结构现代化程度显著提高。

体力劳动者依然是职业结构中的主体，农、林、牧、渔、水利业生产人员的比例依然很高，占到 48.36%，生产、运输设备操作人员及有关人员的比例亦占到 22.51%。但从变迁方向看，中国职业结构进一步向现代化结构转变。一方面商业人员、办事人员、专业技术人员、机关与企事业单位负责人等阶层从业人员所占比例大幅上升,几乎占到全部在业人口的1/3;另一方面,非农阶层扩大的速度大大加快。20年间,商业、服务业人员所占的比例提高了近2倍,办事人员和有关人员提高了近1.5倍,专业技术人员增长了近1/3。

二 职业结构的性别差异与变迁

随着市场化的发展,虽然国有部门经历了一系列调整和变化,但仍然处于国家的直接监控和管理之下,在劳动力配置、工资制度以及利益分配方面保留着许多再分配体制的特征。而在逐渐兴起的私有部门,平均主义的意识形态逐渐被效率优先的原则所取代。雇主在劳动力配置和工资分配方面拥有很大自主权。性别平等观念在国有部门仍有制度约束力,而在非国有部门,性别歧视可能还比较严重(张展新,2004;边燕杰等,2006)。表2—7反映的是1990—2010年中国各类主要职业群体变化的性别差异,主要发现如下:一是各职业的性别结构不平衡,增长的速度存在显著差异;二是女性的职业地位显著上升,党政干部、企业负责人和专业技术人员的女性比例上升的速度显著高于男性。

第一,国家机关、党群组织、企业、事业单位负责人中,男性的比例显著高于女性,但女性的增长速度远远高于男性;专业技术人员中,女性的比例一直高于男性,且增长幅度高于男性。

在国家机关、党群组织、企业、事业单位负责人当中,男性的比例远远高于女性,20年间男性的比例平均高于女性约2个百分点。但女性增长的速度高于男性。1990年男性从事国家机关、党群组织、企业、事业单位负责人的比例是2.84%,2010年是2.4%,20年间下降了0.44个百分点。但同时女性的比例从1990年的0.46%,增长到了2010年的1%,提高了0.54个百分点。在专业技术人员当中,女性的比例一直都高于男性,而且女性增长的幅度高于男性。男性专业技术人员从1990年的5.34%，上升到2010年的6.04%，仅增长了0.7个百分点；而女性专业技术人员在20年间，从5.44%增长到7.83%，提高了2.39个百分点。

第二，在办事人员和有关人员当中，男性的比例远远高于女性，且男性增长的幅度略高于女性。但在商业服务人员当中，女性的比例和增长速度都远高于男性。

20年间，男性办事人员和有关人员从1990年的2.38%，上升到2010年的5.24%，增长2.86个百分点；女性办事人员和有关人员在20年间，从1.01%增加到3.2%，提高了2.19个百分点。在商业、服务人员当中，女性的比例一直高于男性。1990年，男性商业、服务人员占5.06%，女性占5.95%，女性高于男性0.89个百分点。到2010年，男性和女性商业服务人员的比例都大幅提高，分别增加到14.12%和18.76%，但此时女性的比例高出男性4.64个百分点。

第三，在农、林、牧、渔、水利业人员当中，女性的比例一直高于男性，且都有大幅减少；生产、运输设备操作人员及有关人员当中，男性比例高于女性，且男性增长速度高于女性。

20年间，在农、林、牧、渔、水利业人员当中，女性的比例一直都高于男性大约8—9个百分点。男性和女性的比例都有大幅度下降。男性从1990年的66.52%，下降到2010年的44.38%，减少22.14个百分点；女性在20年间，从75%下降到53.29%，减少21.71个百分点。在生产、运输设备操作人员及有关人员当中，男性的比例一直高于女性，男性比例有了大幅的提高，女性只有一定比例的上升。20年间，男性从1990年的17.85%，上升到2010年的27.81%，增加9.96个百分点；女性从12.14%上升到15.93%，增加3.79个百分点。

表 2—7　　　　1990—2010 年中国各类主要职业群体变化的性别差异　　　　（％）

年份	1990		2000		2010	
职业	男	女	男	女	男	女
1	2.84	0.46	2.60	0.62	2.40	1.00
2	5.34	5.44	5.03	6.53	6.04	7.83
3	2.38	1.01	3.96	2.05	5.24	3.20
4	5.06	5.95	8.50	10.14	14.12	18.76
5	66.52	75.00	60.51	68.87	44.38	53.29
6	17.85	12.14	19.39	11.78	27.81	15.93
合计	100.00	100.00	100.00	100.00	100.00	100.00
N	352442084	286081287	363496	300818	39553791	31924638

在这里还需要说明的是：自农业部门流动出的女性的比重，还是稍低于男性。这反映在农林牧渔及水利业类里，在 1990 年第四次人口普查时，女性在农业部门从事劳动的人口数占 75% 左右，但男性是 66.52%。在 2000 年第五次人口普查时，女性是 68.87%，男性是 60.51%。在 2010 年第六次人口普查时，女性是 53.29%，男性是 44.38%。但伴随市场经济的深化，也伴随城镇劳动力市场对女性需求数量的提升，可能在未来的 10 年，在农业部门从事劳动的女性的人口数会迅速下降——城市和城镇的服务业越是发达，则其对女性的需求会越大，这会深刻影响劳动力市场的配置。

三　职业结构的城乡差异与变迁

伴随中国工业化、市场化程度的加深，城镇化速度越来越快。人口的转移和集聚是城镇化的最主要表现形式。经济活动的聚焦如产业和各种生产要素的有效整合是城镇化的主要内容，其实质与核心则是城市集聚和辐射效应的不断增强，并带动整个区域经济发展、结构优化、城乡统筹、地区协调，以及社会进步和谐。通过表2—8，我们可以发现：非农职业群体城市化的速度加快，城市化的比例大幅提高。国家机关、党群组织、企业、事业单位负责人，专业技术人员，办事人员和商业、服务业人员在城市的比例迅速扩大，农、林、牧、渔、水利业人员在城市的比例急剧减少，生产、运输设备操作人员及有关人员的比例略有下降。

第一，国家机关、党群组织、企业、事业单位负责人和专业技术人员，在城市的比例显著上升，在镇和村的比例明显下降。

1990年，国家机关、党群组织、企业、事业单位负责人在镇的比例最大，占到5.42%，但2000年和2010年在城市所占的比例最大，分别占到4.51%和4.16%。在镇和村所占的比例都在持续下降，尤其是在镇的比例，20年间下降了3.15个百分点。1990年，专业技术人员在镇的比例最高，占到17%，但2000年和2010年在城市所占的比例最大，分别占到14.15%和15.64%。从变化趋势来看，专业技术人员在城市所占的比例持续上升，20年间增加了2.71个百分点；在镇和村所占的比例都在持续下降，尤其是在镇的比例下降明显，20年间减少了7.83个百分点。

第二，办事人员和有关人员及商业、服务业人员在城市的比例显著上升，在镇的比例有所下降，在村的比例小幅上升。

1990年，办事人员和有关人员在镇的比例占到7.07%，远高于城市和村。但2000年和2010年，在城市所占的比例最大，分别占到9.63%和10.84%。从变化趋势来看，在城市所占的比例持续上升，20年间增加5.83个百分点。而在镇的比例在持续减少，20年间降低了1.57个百分点；但在村所占的比例则有小幅的上升，20年间提高了0.34个百分点。

1990年，商业、服务业人员在镇的比例远高于城市和村，占到18.63%。但2000年和2010年，在城市所占的比例最大，分别占到23.18%和31.94%。从变化趋势来看，在城市所占的比例持续上升，20年间增加了18.37个百分点；在镇和村所占的比例也在持续上升，20年间在镇的比例提高了 3.58 个百分点，在村的比例提高了 4.39 个百分点。

第三，农、林、牧、渔、水利业生产人员在村的比例依然很高，生产、运输设备操作人员及有关人员在城市和镇所占的比例一直较高，在村的比例有所上升。

对农、林、牧、渔、水利业生产人员而言，在 1990 年到 2010 年间，在村的比例一直都非常高。到 2010 年在村所占的比例依然高达 74.82%，尽管比 1990 年的 87.12% 有所下降，但并不十分显著。但在城市所占的比例，则有大幅的下降。从 1990 年的 25.11% 下降到 2010 年的 4.92%，减少了 20.19 个百分点；在镇所占的比例则有大幅上升，20 年间上升了 17.38 个百分点。

对生产、运输设备操作人员及有关人员而言，在 1990 年到 2010 年间，在城市和镇所占的比例一直都较高。从变化的趋势来看，在城市和镇所占的比例都有小幅的下降，20 年间在城市的比例减少了 6.21 个百分点，在镇的比例减少了 8.42 个百分点；在村所占的比例有了一定幅度的上升，20 年间增加了 8.38 个百分点。

表 2—8　　　　　1990—2010 年中国各类主要职业群体变化的城乡差异　　　　　（%）

年份 职业	1990			2000			2010		
	市	镇	村	市	镇	村	市	镇	村
1	4.66	5.42	0.69	4.51	3.35	0.56	4.16	2.27	0.45
2	12.93	17.00	2.35	14.15	11.48	2.11	15.64	9.17	1.79
3	5.01	7.07	0.43	9.63	6.05	0.58	10.84	5.50	0.77
4	13.57	18.63	2.14	23.18	19.62	3.14	31.94	22.21	6.53
5	25.11	14.92	87.12	14.52	32.14	85.22	4.92	32.30	74.82
6	38.71	36.96	7.27	34.01	27.36	8.40	32.50	28.54	15.65
合计	100.00	100.00	100.00	100.00	100.00	100.00	100.00	100.00	100.00

从表 2—8 可以看出，最近 20 年来，农村的非农化也有了很大发展。在

1990 年，中国农村从事农业生产的人数百分比是 87.12%。在工业化与城镇化过程中，2000 年降低到 85.22%——稍微下降了一点。但在最近 10 年——即从 2000 年到 2010 年，则下降到 74.82%——下降了差不多 10 个百分点。这说明中国农村的社会结构变迁也加快了。即使在农村，也只有 74.82% 的劳动力人口从事于农业生产或与农业生产相关的活动。

四　职业结构的地区差异与变迁

伴随国际制造业向中国的转移，东南沿海地区形成了以制造业为主体的产业格局，第三产业亦蓬勃发展，而中西部地区的工业化也得到一定程度的发展。但由于发展速度的差别，东部沿海与中西部内陆地区的发展差异是非常明显的。经济发展的不平衡造成了产业结构的差异，进而形成了空间格局不平衡的职业结构。表 2—9 反映的是 2000—2010 年中国各类主要职业群体变化的地区差异：一是与经济发展水平、市场化和工业化的程度高度相关，国家机关、党群组织、企业事业单位负责人，专业技术人员，办事员和有关人员，商业、服务业人员，以及生产、运输设备操作人员及有关人员的比例，都呈现显著东高西低的态势——东部所占比例最高，中部次之，西部最低；二是与之相对应，农、林、牧、渔、水利业人员的比例，东部的比例最低，中部次之，西部最高；从变化趋势来看，中西部有大幅下降，但东部降幅更大。

对国家机关、党群组织、企业事业单位负责人而言，从比例上看，东部最高，中部次之，西部最低。从 10 年的变化来看，东部的比例有小幅度上涨，中部和西部则略有下降。对于专业技术人员而言，从比例上看，东部最高，中部次之，西部最低。从 10 年的变化来看，东部、中部和西部都呈现出上升的态势。但就升幅而言，东部最大，上涨 1.64 个百分点；西部次之，上涨 0.93 个百分点；中部最低，上涨 0.51 个百分点。

对于办事人员和有关人员而言，从比例上看，东部最高，中部次之，西部最低。从 10 年的变化来看，东部、中部和西部都呈现出上升的态势。但就升幅而言，东部最大，上涨 1.73 个百分点；西部次之，上涨 0.89 个百分点；中部略低，上涨 0.72 个百分点。对于商业、服务人员而言，从比例上看，东部最高，中部次之，西部最低。10 年的变化来看，东部、中部和西部都有了较快的增长，分别上涨了 7.33 个百分点、6.67 个百分点和 6.23 个百分点。

对于农、林、牧、渔、水利业人员而言，从比例上看，东部最低，中部次之，西部最高。从 10 年的变化来看，东部、中部和西部都有大幅的下降。东部降幅最大，减少 17.17 个百分点，中部下降 14.92 个百分点，西部降低 13.03 个百分点。对于生产、运输设备操作人员及有关人员而言，从比例上看，东部最高，中部次之，西部最低。从 10 年的变化来看，东部、中部和西部都有了较快的增长，分别上涨了 6.22 个百分点、7.22 个百分点和 5 个百分点。

表 2—9　　　　2000—2010 年中国各类主要职业群体变化的区域差异　　　　（％）

年份	2000			2010		
职业	东	中	西	东	中	西
1	2.23	1.50	1.21	2.49	1.31	1.18
2	6.41	5.56	4.88	8.05	6.07	5.81
3	3.87	2.71	2.44	5.60	3.43	3.33
4	11.75	7.93	7.19	19.08	14.60	13.42
5	51.41	71.01	74.95	34.24	56.09	61.92
6	24.33	11.29	9.34	30.55	18.51	14.34
合计	100.00	100.00	100.00	100.00	100.00	100.00
N	265399	209999	188916	30469342	21578564	19430523

五　职业结构的年龄差异与变迁

市场化的发展对于不同年龄阶段群体的影响存在显著的差异，从而影响到职业结构中的年龄分布。表2—10反映的是1990—2010年，中国各类主要职业群体的年龄分布。主要发现包括：一是国家机关、党群组织、企业事业单位负责人和专业技术人员均表现出年轻化趋势。二是办事人员和有关人员在不同年龄段的分布基本一致，没有显著变化；商业、服务人员，各个年龄段所占的比例都有所上升，年龄段越小，增长的幅度越大。三是农、林、牧、渔、水利业人员当中，20—39岁的中青年比例大幅下降；生产、运输设备操作人员及有关人员中，所有年龄段都有所上升，其中40—59岁的中老年升幅较大。

在1990年国家机关、党群组织、企业事业单位负责人中间，40—59岁两个年龄段所占比例较大，分别是4.45%和3.89%，20—29岁年龄段的仅占到0.4%。2000年以来，出现年轻化趋势且越来越明显。与1990年相比，40—59岁两个年龄段分别下降1个百分点和1.56个百分点，20—29岁年龄段增长0.35个百分点。2010年与2000年相比，20—39岁两个年龄段的比例分别增长0.42个百分点和0.43个百分点。40—49岁年龄段和50—59岁年龄段分别下降0.53个百分点和0.8个百分点。对于专业技术人员而言，2000年以来也出现年轻化趋势且越来越明显。与1990年相比，20—29岁年龄段所占比例增长1.66个百分点，30—39岁年龄段也有小幅的上升。40—49岁年龄段和50—59岁年龄段则分别下降1.23个百分点和1.38个百分点。2000年到2010年，20—29岁年龄段和30—39岁年龄段的比例持续上升，40—49岁年龄段和50—59岁年龄段的比例则在持续下降。

对办事人员和有关人员而言，1990年，除了20—29岁和60岁及以上年龄段的比例略低之外，其他年龄段所占的比例大致相当。2000年，不同年龄段所占的比例的分布更加均匀。2010 年，除了 20—29 岁和 30—39 岁低年龄段的比例略高之外，其他年龄段所占的比例大致相当。对于商业、服务人员而言，1990 年各年龄段的比例分布差异不大。2000 年各个年龄段所占的比例都有所上升（60 岁及以上年龄段略有下降），其中，低年龄段 20—49 岁年龄段增长的比例较大。2010 年，各个年龄段所占的比例继续有所上升，年龄段越小，增长的幅度越大。2010 年与 2000 年相比，各年龄段分别增长 9.71 个百分点、8.73 个百分点、6.74 个百分点、4.66 个百分点和 1.43 个百分点。

农、林、牧、渔、水利业人员当中，1990 年，20—49 岁年龄段所占的比例大致类似，都在 65% 以上；50 岁以上的两个年龄段所占比例则更高。2000 年，20—49 岁的三个 10 岁年龄段从业人员所占比例有所下降，分别减少 12.36 个百分点、5.33 个百分点和 3.81 个百分点；50 岁以上的两个年龄段所占比例则略有上升。2010 年，20—49 岁的三个 10 岁年龄段所占比例继续大幅下降，50—59 岁年龄段也有一定比例的下降。

在生产、运输设备操作人员及有关人员中，1990 年，20—49 岁三个 10 岁年龄段所占的比例分别是 19.01%、17.81% 和 12.79%，50 岁及以上年龄段所占比例是 8.43%。2000 年，20—29 岁和 40—49 岁两个年龄段略有上升，分别增长 3.02 个百分点和 1.13 个百分点，其他年龄段的比例则没有大的变化。2010 年，所有年龄段所占的比例都有所增长。30—49 岁两个 10 岁年龄段的比例增长最多，分别提高了 8.69 个百分点和 8.89 个百分点；20—29 岁和 50—59 岁两个 10 岁年龄段也分别上升 6.39 个百分点和 6.78 个百分点。

表 2—10　　　1990—2010 年中国各类主要职业群体的年龄分布　　　（%）

年份	职业	20—29 岁	30—39 岁	40—49 岁	50—59 岁	60 岁及以上
1990	1	0.40	2.05	3.89	4.45	1.07
	2	5.77	6.13	6.74	6.08	1.82
	3	1.65	2.11	2.18	2.17	0.75
	4	5.36	6.56	5.80	4.86	5.59
	5	67.82	65.34	68.61	75.53	88.24
	6	19.01	17.81	12.79	6.90	2.53
	合计	100.00	100.00	100.00	100.00	100.00
	N	212928991	161693650	103776010	63016819	27678810
2000	1	0.75	1.86	2.89	2.59	0.45
	2	7.43	6.49	5.51	4.70	1.33
	3	3.39	3.22	3.59	3.02	1.44
	4	10.94	10.57	9.30	5.48	3.56
	5	55.46	60.01	64.80	77.56	91.16
	6	22.03	17.86	13.92	6.65	2.06
	合计	100.00	100.00	100.00	100.00	100.00
	N	161757	200501	142597	79595	42093
2010	1	1.17	2.29	2.36	1.79	0.45
	2	8.80	9.14	6.60	4.40	1.29
	3	4.88	5.05	4.41	4.16	1.49
	4	20.65	19.30	16.04	10.14	4.99
	5	36.09	37.68	47.78	66.07	87.11
	6	28.42	26.55	22.81	13.43	4.67
	合计	100.00	100.00	100.00	100.00	100.00
	N	15869397	17716187	19219300	11026224	5339406

◇◇ 第三节　社会阶层结构与变迁

正如前文已经提出的那样，关于中国社会结构到底是倒"丁字型"，还是"金字塔型"的争论，问题的实质是社会结构中该缩小的部分是否能够缩小，该增大的部分是否能够增大？具体而言，处在社会底层的庞大农民群体是否能够迅速减少？是否能够从农业流向非农产业？社会中间阶层是否能够不断增大？李强（2005）认为，倒"丁字型"结构的一横是巨大的农村社会阶层，一竖更多的是城市社会阶层。横和竖之间几乎没有缓冲或过渡，是非此即彼的二分式结构，这就意味着中国的社会结构转型是一个漫长的过程。而陆学艺等人的研究则要乐观一些。他们认为，目前中国已经形成了现代社会阶层，尽管社会结构总体来说还是金字塔型，但是社会逐渐趋于高级化，金字塔的底部在变小，中间变大了。

为了能够更加清晰地回答以上的争论，更好地反映当前社会结构的变化。我们把普查中的六个职业大类合为三个阶层：农、林、牧、渔、水利业人员看成农民阶层，生产、运输设备操作人员及有关人员看成蓝领阶层，国家机关、党群组织、企业、事业单位负责人，专业技术人员，办事人员和有关人员，以及商业、服务人员①看成白领阶层。通过"五普"和"六普"数据的对比分析，来看农民阶层、蓝领阶层和白领阶层在2000—2010年间的变化，从而描述出当前中国社会结构的最新变化，并试图对倒"丁字型"和"金字塔型"的论断作出一定的回应。

---

① 在此，我们把商业、服务业人员中的仓储人员、餐饮服务人员和运输服务人员归为蓝领阶层。

一　农民阶层急剧减少，白领阶层迅速扩大

在农业社会向工业社会和后工业社会的转型过程中，农民阶层人数百分比的缩小与非农阶层人数百分比的扩大，会表现为一个不可逆转的趋势。工业化和城市化的速度越快，农民阶层人数所占百分比缩小的速度就越快。以美国为例，1870 年美国农场主和农业工人的比重是 53%，到 1900 年这一比重就下降到了 37.5%，30 年间总共下降了 15.5 个百分点。根据图 2—2 所示，一方面，从 2000 年到 2010 年中国农民阶层的比重从 64.3% 下降到 48.36%，仅 10 年间就下降了 15.94 个百分点。这就意味着从职业上来看，在 21 世纪最初的 10 年内，中国社会的底层群体在迅速减少，社会结构中的底层在迅速缩小。另一方面，中国非农在业人口的数量已经超过了农民在业人口的数量。这在一定程度上可以说，中国社会从一个以农村社会为主的国家转变为一个以城市社会为主的国家，这是具有划时代意义的标志，也是改革开放以来中国社会结构的最大变化。从社会阶层的形态来看，处在底层的"金字塔"塔底或"烛台"底座，正在急剧的收缩，社会阶层结构向着合理的方向转变。

在社会底层缩小的同时，白领阶层的比例则在快速增长。1999 年开始的高等教育招生规模的扩张，使得 4000 万左右接受过大学教育的毕业生进入到了劳动力市场，这在一定程度上加速了白领阶层的增长过程。根据陆学艺的研究，目前中国中产阶级规模在变大，每年在以大约 1% 的速度增长。我们的发现与之基本类似。图 2—2 显示，到 2010 年，白领阶层所占的比例达到 25.61%，在 10 年间增长了 7.94 个百分点，年平均增长接近 0.8%。

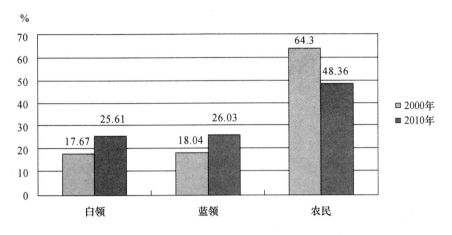

图2—2 2000年和2010年三大社会阶层的分布情况

二 城市社会结构现代化,农村职业非农化比例提高

农民阶层的比例在缩小,从事农业生产活动的人口数量在减少。白领阶层增长的趋势,在城市地区表现得尤为突出。由图2—3可知,在2000年,城市中农业人口的比例占到14.52%,而到2010年则缩小到4.92%。10年间下降了9.6个百分点,平均每年减少将近1个百分点。而白领阶层的数量则超过一半,达到56.03%,比2000年的46.18%,增长了将近10个百分点。尽管由于户籍制度等因素的限制,与城市相比农村还存在巨大的差距。但2000年到2010年,农村地区的非农化程度也有一定提高。白领阶层的比例提高了2.18个百分点,而农民阶层的比例则缩小了10.4个百分点。

李强(2005)的研究认为,中国农村是一个典型的由普遍较低地位者构成的社会。农村地区除存在少量的蓝领阶层之外,根本谈不上有什么中产阶级。表2—11显示的是1990—2010年农村地区职业结构变迁状况。我们可以发现,1990—2000年的10年间,农、林、牧、渔、水利业人员的比例仅仅降低了1.9个百分点,农民阶层的比例高到85.22%,农村地

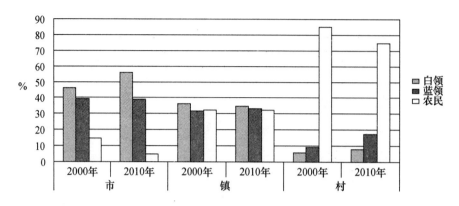

图2—3 2000年和2010年三大社会阶层的城乡分布情况

区非农职业比例较低，这与李强的发现基本一致。但2000—2010年的10年间，情况发生了较大的变化。农村地区非农化程度大大提高，农村地区白领阶层和蓝领阶层的比例都有所提高。从事商业、服务业人员和生产、运输设备操作人员及有关人员的比例大幅增加，分别提高了3.39和7.25个百分点。

表2—11　　　　　　　　1990—2010年农村地区职业结构变迁状况　　　　　　　（％）

职业	1990 (1)	2000 (2)	2010 (3)	前10年变化 (2) — (1)	后10年的变化 (3) — (2)
1	0.69	0.56	0.45	-0.13	-0.11
2	2.35	2.11	1.79	-0.24	-0.32
3	0.43	0.58	0.77	0.15	0.19
4	2.14	3.14	6.53	1.00	3.39
5	87.12	85.22	74.82	-1.90	-10.40
6	7.27	8.40	15.65	1.13	7.25
合计	100.00	100.00	100.00	—	—
频数	473042361	447709	39342701	—	—

三　农民阶层向蓝领阶层流动的渠道通畅，越是年轻的一代流动率越高

中国社会最大的结构性变化就是农民阶层向工人阶层的转化。

从职业上看，农民工是一个正在形成的新产业工人群体。农民工从事的具体工作很多属于产业工人的性质；从工作场所上看，农民工的工作场所与工人更接近，主要集中于城市与城镇的二、三产业；从收入的形式来看，农民工的收入与工人相同，他们的收入是以货币为主的；从生活方式和价值观念方面看，农民工远离农民而逐步向工人转变，城市的民主观念、法律意识、平等观念逐渐融入他们的生活中。在 2005 年，生产和运输设备操作人员等职业中，农业户籍人员所占比重上升幅度较大。在以体力劳动为主的非农职业中，农业户籍人员已经占据了大多数，尤其是生产和运输设备操作人员中农业户籍人员已达 70.49%，比 2000 年增加 8.64 个百分点，商业服务业人员中农业户籍人口已占 54.89%，比 2000 年提高了 2.84 个百分点（当代中国社会结构变迁研究课题组，2008）。伴随着城镇化水平的提高及各地对城乡一体化建设的重视，到 2010 年年底，仅由农民转化而来的新产业工人——农民工——的人数就上升到 2.6 亿人（张翼，2011）。

从年龄结构上来看，越是年轻的群体，从事农、林、牧、渔、水利业人员的可能性越来越小，所占的比例越来越低。年龄越大，农民工更多选择本地就业，从事农、林、牧、渔、水利业的比例越高。年龄较轻的农民工受教育程度比较高，思想活跃，向往城市生活，有强烈的外出就业冲动，也较为容易适应现代工业生产要求。与之相对应，农村中的劳动力则多以中老年为主。《2011 年我国农民工调查监测报告》也表明："大龄农民工不仅外出缺少竞争力，而且需要照顾家庭，这使得他们的外出积极性减弱"，因而"已婚、年纪较大的农民工更倾向于就近就地转移"。

这在一定程度上也反映了中国劳动力市场和社会保障制度还不完善，城市吸收中老年农民工的能力较差。中国绝大多数农民工就业于劳动密集型行业，绝大多数工作是简单的重复性作业。这些工作对从业者的体力、反应灵敏度或操作精确度有比较高的要求，因而青年农民工从事这些工作时，劳动生产率比较高。非技术农民工进入中年后，体力、反应灵敏度或操作精确度下降，劳动生产率逐年降低。当大龄农民工的收入低于他们在城市的生活费与他们意愿中带回乡村的最低限度积蓄之和时，他们就会因外出工作得不偿失而回乡。而城市在就业和社会保障上，对于农民工的城市融入也没有作出相应的安排与制度设计。

◇ 第四节　职业和阶层结构变迁与社会治理

目前，中国职业变迁主要沿着两条轴线在运行。一条是市场发展的轴线：市场化推动了新职业的出现和发展，分化了人们的职业身份；城市化促进农业劳动力向非农产业快速转移，劳动力和非农经济活动不断在城市空间聚集；工业化在产业结构调整与升级的过程中，推动了职业结构的变迁；另一条是制度变迁的轴线：就业制度的变迁松动了原有户籍制度的约束，但其仍然影响着人们的职业流动，并限制了农民工的市民化进程，这也在另外一方面影响了整个职业结构的变迁。

从性别方面考察，各职业间性别结构不平衡，增长速度存在显著差异。从城乡来看，非农职业群体城市化速度加快，城市化比例大幅提高。从区域来看，经济水平发达地区的非农在业人口比例更小，减少更快，结构更加合理。从变化趋势来看，东部的涨幅最大，中西部亦有较大增长。从年龄上来看，生产、运输设备操作人员及有关人员呈现老龄化，国家机关、党群组织、企业、事业单位负责人和专业技术人员，均出现显著的年轻化趋势；商业、服务人员，各个年龄段所占的比例都有所上升，年龄越小，增长的幅度越大。

从社会结构来看，社会底层有所缩小，中间层有所扩大。这主要表现在农民阶层的比例大幅缩小，白领迅速扩大，社会结构呈现出趋于合理的形态。但近期的一些研究也发现，社会流动的固化趋势有所强化，人们向上流动的概率趋于缩小——这就是说，上层社会有趋于封闭的倾向——这会阻隔下层精英向上流动，使下层社会精英与下层社会融合，并对整个社会产生抵触心理。但在工业化过程中，农村地区的非农化也加快了。农民阶层向蓝领阶层流动的通道已经打开，越是年轻的一代，越有机会进入非农阶层。

改革开放以来，中国职业结构发生了很大变化，也带动了社会阶层结构的变迁。但职业结构的变迁还没有完成，在很长时间内还将持续进行。当前中国的职业结构和阶层结构正处于快速变迁期。我们应当抓住这个机会，加大社会政策的调整力度，改变不利于职业结构变迁的制度和体制，推进社会阶层结构的合理化与现代化。

第一，加快市场化制度改革，促进产业发展，推进职业结构现代化。推进市场化的制度建设，减少行政对市场资源配置的干预，让市场在资源配置中充分发挥其基础作用。进一步完善有关市场制度，制订和完善市场规则，维护市场公平，为职业活动的进步与发展创造良好制度环境。同时，实行积极的产业政策，加强对制造业的科技投入，推动工业化发展，重点扶持高新技术产业，实现产业结构升级。大力发展第三产业，既要注重发展商业、服务业等劳动密集型产业，也要大力发展信息、金融、通信和文化创意等知识密集型产业，推动职业结构现代化和高级化。

第二，深化户籍和就业制度的改革，促进职业合理流动，促使职业结构趋于优化。目前，中国职业结构还很不合理，职业流动和分布还有许多不公平问题，改变这些不公平和不合理问题，直接关系到社会结构和社会关系的合理性与社会的稳定。户籍制度、就业制度等不合理因素仍在影响中国的职业流动，也在一定程度上限制着职业结构的转变。计划经济时代遗留下来的一些体制性障碍，还阻碍着社会成员在各个阶层之间的合理流动，不利于职业结构的现代化。所以，要使中国社会成为开放程度较高的现代社会，必须从体制上拆除相关障碍，为合理的社会流动创造更好的制度环境。

第三，促进农村劳动力的流动，加快农村非农化进程。随着现代化建设的推进，农业生产者的数量会大量减少。伴随机械化程度的提高，农业生产方式将会发生更为根本的转型。因此，政府部门应出台更多的相关政策，对促进农民工流动和建立城乡统一的劳动市场作出具体的指示与安排，打破城乡分割体制，逐步建立市场经济体制下的新型城乡关系。改革城镇户籍制度，在城乡一体化发展中引导农村人口合理有序转移，促进城镇化进程。取消对农村劳动力进入城镇就业的不合理限制，推动城乡劳动力市场的一体化。

第四，加强和创新社会治理，加快推动农民工融入城市。应积极落实关于农民工就业的各项扶持政策，建立和完善农民工培训体系。应突出政府在农民工公共服务供给中的主体地位，完善服务机制。应以城市社区为主要载体，营造良好的社会氛围、和谐的邻里关系，提高城市对农民工的接纳度。加快社区公共基础设施建设，改善农民工的居住生活条件；建立农民工社区工作服务站，加强市民与农民工之间的交流互动，鼓励农民工参加社区事务协商，增强农民工对城市的心理认同；通过组织知识讲座、心理辅导、联谊活动等，有针对性地开展法律治安、健康安全、计划生育等农民工城市社会适应教育；促进社会组织健康发展，发挥其在促进农民工融入城市中的作用。

第五，加强教育资源的均等化配置，使农民工子女就近就地参加高考。为促使农民工的市民化，落实教育公平精神，各地不同程度地出台了相关流动人口子弟在流入地参加高考的政策。但毋庸讳言的是，城市越大，流动人口越多，这些政策对流动人口子弟在流入地参加高考的限制就越多。这极其不利于农民工子女的代际职业流动。从世界范围来看，代际职业流动的限制，将使"第二代"遭受更多的不公正待遇，并给他们的心理带来更为严重的挫折感。由此所形成的社会分裂感会更强。巴黎黑人第二代的"骚乱"就曾造成过非常严重的社会冲突。这些，都是我们在研究和制定职业流动政策、创新社会治理体制时必须引以为鉴的。

第 三 章

家庭结构变迁及其治理

近30多年来，中国已经从一个典型的传统农业社会迅速转型为一个以城市为核心的工业化社会，一些大城市已经出现后工业社会的典型特征。在社会转型的强力拉动下，中国还划时代地经历了人口转型——从高出生率、低死亡率和高自然增长率的社会转变为低出生率、低死亡率和低自然增长率的社会。

社会转型与人口转型勾连扭结在一起，使家庭这个社会的组成单元发生了重大变化。初婚年龄的推迟、离婚率的上升以及由人口流动所引起的丈夫与妻子的分居，导致了独居家庭户①的迅速增长，家庭小型化、少子化、独居化趋势明显。中国社会转型的最大特征是后发性、压缩性和不平衡性。不管是社会转型还是人口转型，都是压缩在短短几十年内完成的。本章在分析中主要使用了人口普查数据。如果有些内容普查数据空缺，则使用权威调查数据和科研部门集体完成的大型调查数据。

---

① 这里所说的独居家庭，指的是单个成年人居住的家庭。即不管其是否结婚，只要在一定时间段内单独居住与生活在某一独立住房中，即视为独居家庭。

◇ 第一节　中国家庭变迁的主要特征

一　家庭户小型化

1．家庭户与户规模的缩小

家庭结构表现的是家庭内部的代际关系与亲属关系。家庭户①人口规模表现的是家庭内部人数的多寡。一般而言，家庭规模越大，人数越多，家庭结构就越复杂。但当我们把总和生育率作为控制变量纳入分析，就不难明白：即使在所谓的核心家庭中，由于总和生育率较高（即育龄期已婚女性平均生育的孩子数较多），家庭户人口规模会比较大，但当总和生育率趋于下降，则一个社会中家庭人口规模也会下降，从而进一步强化家庭小型化的趋势。

表 3—1　　　　　　历次普查家庭户平均人口数与总和生育率

普查年份	1953	1964	1982	1990	2000	2010
家庭户平均人口数	4.33	4.43	4.41	3.96	3.46	3.09
总和生育率	6.05	6.18	2.86	2.31	1.23	1.18

数据来源：1953—1990 年数据来自 2007 年《中国人口和就业统计年鉴》表 1—6。2000 年数据来自于《第五次人口普查数据》表 1—1，2010 年数据来自《中国 2010 年人口普查资料》表 1—1。

---

① 这里家庭户对应的英文是 family household。需要注意的是：中国人口普查将"1人户"也定义为家庭户，但美国人口普查则将"1人户"定义为非家庭户。因此，有人简单地将中国普查数据与美国普查数据进行比较，而不分析其中各种类别人口概念的区别，从而出现"不可比"问题。这里所说的户指的是一所居室中长期居住的、形成了比较稳定的互动关系的生活共同体。户包括了家庭户。家庭户也是户（household）中的最主要构成部分。中国人口普查中将户区别为家庭户和集体户。我们这里引用的数字，是家庭户的户规模——即排除了集体户后计算的数字。

从表3—1可以看出，1964年第二次人口普查时的总和生育率为6.18，家庭户平均人口数则为4.43人。但自20世纪70年代开始实施比较严格的计划生育政策开始（张翼，2006），家庭户平均人口数才开始直线下降。[①]到1990年第四次人口普查时，总和生育率下降到2.31，家庭户平均人口则下降到3.96人；到2000年第五次人口普查时，总和生育率下降到1.23，家庭户平均人口下降到3.46人；在2010年第六次人口普查时，总和生育率仍然处于下降的态势——竟然达到历史新低的1.18（尽管很多人认为不会这么低），而家庭户平均人口也同时下降到3.09人。

应该说，这是有翔实数据记载的中国家庭户平均人口数的最低水平。但需要指出的是，伴随工业化与城市化程度的加深，家庭户规模的缩小趋势还会继续。即使在城市化和后工业化程度已经比较高的美国，户平均人口数仍然处于下降的态势：1960年美国人口普查发现户（household）平均人口数为3.29人，2000年普查发现户平均人口数为2.59人，2010年普查发现每户的平均人口数为2.58人[②]。由此看来，如果中国未来的工业化和

---

① 1970年，周恩来在接见卫生部军管会全体人员时，批评了把计划生育和卫生运动放在一起的做法。他说："计划生育属于国家计划范围，不是卫生问题，而是计划问题。你连人口都计划不了，还搞什么国家计划！"正因为有周恩来的指示，1971年由国务院下发的《关于做好计划生育工作的报告》才第一次提出，在第四个五年计划期间，要使人口自然增长率逐年降低，力争到1975年在城市降低到10‰左右，在农村降低到15‰以下。这个计划被写入到"四五"计划中（1971—1975年）。

② 在美国2010年4月的普查中，只包括了家庭成员（family members only）的家庭户平均人口为3.14人，但在将居住在同一住宅单元（a housing unit）里的家庭成员和非家庭成员（family and nonfamily members）都包括在家庭户中时，其家庭户平均人口数则达到了4.42人。但在普查中，如果以户（household）计——以居住在同一住宅单元里的人口计算——即将家庭户和非家庭户（nonfamily household）都包括在内后，每一户（per household）的平均人口数则为2.58人。需要知道，美国人口普查中对家庭的定义是：由两个或两个以上具有生育或血缘关系、姻缘关系或收养关系居住在一个"户"内的人所组成的群体。正因为如此，美国普查时将独居者——即一个人居住在一个"户"内的人，视为非家庭；另外，美国普查还将同性恋已婚户、同性恋未婚但同居户和异性同居户此三者都定义为非家庭户。当然，非家庭户也包括了所谓的集体居住户，如居住在学生宿舍内的人、军营里的人，或寄宿者、集体租房者等。

城市化水平继续提高，则家庭户平均人口规模很可能仍会持续缩小。

当然，家庭户人口规模的下降，也深受人口流动的影响。2010年第六次人口普查发现：居住地与户口登记地所在的乡镇街道不一致且离开户口登记地半年以上的人口为26139万人，其中市辖区内人户分离的人口为3996万人，减去此部分人户分离的人口，则跨乡镇街道流动的流动人口已经达到了22143万人，即已经有2.21亿的人口在流动。而在这2.21亿人口中，有70%以上的人属于携带家属的举家迁移户。① 同一家庭内部的一部分家庭成员，因务工就业等原因，在流入地形成了流动家庭户；而另外一部分家庭成员，则在家乡——流出地形成了留守家庭。这样一来，便将具有同一家庭关系中的成员分成了两个或几个既相互联系又保持相对独立性的户②。所以，家庭的裂变不仅增加了中国"户"的数量，而且在人口出生率下降的态势中减少了"户"内家庭成员的数量——即缩小了家庭规模。

但历史地分析中国"家庭户"的人口规模就会发现，大家庭只占很小比重——这就使中国历代家庭平均人口数量不会太大——四世同堂的家庭并不多见（虽然国外某些书籍将中国历史上的家庭描述为以大家庭或扩展家庭为主的结构，但近期的研究却发现中国历史上主要的家庭形式仍然是核心家庭和主干家庭）。如果将家庭视为一个管理与经营单位，则在人口死亡率稳定保持在既定水平下，就会存在这样的情况：家户规模越大，管理与组织成本越高；家户规模越小，则管理与组织成本越低。虽然家庭内部的利他主义原则能够化解一部分利益冲突，但大家庭内部的复杂关系，却

---

① 根据国家计生委2010年下半年流动人口监测数据计算。

② 当我们以人们在某一居住地居住满半年或半年以上为时间单位，以相对独立的住房为空间，将其间具有亲属关系的人们——同吃同住的人们视为一个独立的户时，这个概念就与人们的"认同家庭"不同，也与平常所指称的"家庭"不同。事实上，人口普查的是"户"（household）。在一个户内，既有家庭户，也有非家庭户。在普查中，"户"的概念，比依靠血缘关系、姻缘关系、赡养关系或过继或领养关系等所定义的家庭更具操作性。

会抵消利他主义而增加利己主义发生的机会。正因为如此，中国历史上有文字记载的家庭平均人口数都不是很高。李银河转引刘岱《吾土与吾民》一书中的数据说，公元2年，汉代中国家庭户平均人口数为4.87人，公元1003年（宋真宗咸平二年）的家庭户平均人口数仅仅为2.08人（此种极端数据，可能是因为税收与劳役等制度影响，人们瞒报了家庭人口数）；而在1812年（清仁宗嘉庆十七年），中国家庭的平均人口数为5.33人。在高死亡率的影响下，尽管存在着可以想见的高出生率，但自然增长率会被有效抑制，所以，家庭户平均人口数的增长会受到很多外在条件的约束与限制（李银河，1995：5—13）。

尽管如此，由于计划生育制度的长期实施，家庭户平均人口数的低水平维持，已经与传统农业社会截然不同。因为在传统社会，家庭户平均人口虽然也不多，但兄弟姐妹之间基于亲缘与姻缘关系却可以建立密切的家庭网，网内的某个家庭在面临某种风险压力时，可以得到其他家庭的利他主义支持。但在现代社会，计划生育制度所要求的独生子女政策或某些省/区实施的生男即止政策①，则迅速缩小了基于血缘和姻缘关系而建立的家庭网。何况，在人口流动的影响下，成年子女一代的外出打工或迁居，增加了母家庭与子家庭②之间的交通距离，这也在某种程度上降低了血缘与姻缘家庭之间的交往互动频率。

2. 独生子女家庭与"失独家庭"

中国的计划生育政策，在东部农村平原地区与城市地区，采取的是独生子女政策；在中西部地区的山区与整个西部地区，则大多可以生两个孩

---

① 比如，湖北有些地区长期实施"头胎是男孩，终生不准怀；头胎是女孩，持证五年怀"政策，这就是典型的生男即止政策。

② 在这里，母家庭指的是人们的出身家庭，子家庭指的是从出身的家庭分离出的家庭。

子；在农村少数民族地区，则可以生更多的孩子。因为计划生育政策执行的是"一个国家、多种制度"，所以，城市率先进入了独生子女时代。

在 2000 年第五次人口普查时，在全国的家庭户中，独生子女家庭户已经达到 29.30%，其中生了男孩的独生子女家庭占 32.02%，生了女孩的独生子女家庭占 26.38%。①

但在北京市，独生子女家庭却占到了 53.46%，在天津市也占到了 52.98%，在上海市占到了 58.34%，在重庆市占到了 44.69%。除这几个直辖市外，整个东北地区的独生子女家庭户占比都比较高，在辽宁为 51.75%，在黑龙江为 48.64%，在吉林为 47.43%。另外，在浙江也不低，达到了 37.27%，在江苏达到了 47.18%。

虽然在独生子女进入婚龄期之后，如果男女双方均为独生子女，则其按照政策可以生育两个小孩，但实际上，在两个独生子女结婚后，真正生育了两个孩子的夫妇少之又少。比如，福建省为分析其人口形势，在 2011 年进行了独生子女调查，结果如下。

在城镇双方均为独生子女的初婚人口中，未生育的 2.3 万人，占 41.6%；生育一个孩子的 3.1 万人，占 55.7%；生育两个及以上孩子的只有 1518 人，占 2.7%。

在城镇一方为独生子女的初婚人口中，未生育的 2.1 万人，占 24.6%；生育一个孩子的 6.3 万人，占 72.5%；生育两个及以上孩子的只有 2493 人，占 2.9%。

在农村一方或双方为独生子女的初婚人口中，未生育的 6396 人，占 15.4%；生育一个孩子的 2.5 万人，占 59.5%；生育两个及以上孩子的 1 万人，占 25.1%。

在家庭小型化过程中，独生子女家庭数量与所占比重的增加，在某种

---

① 因为第六次人口普查的 1% 抽样数据不能获知，所以，这里只使用了 2000 年第五次人口普查数据。

程度上也带来了一定的家庭风险。因为在每个出生同期群中，都存在一定比例的人口死亡率。所以，独生子女这个人口群的人口损失与伤残，必然给独生子女父母带来巨大的身心健康压力。学术界某些人将生育了独生子女但独生子女在随后的岁月里不幸死亡的家庭称为"失独家庭"——即丧失了独生子女后父母亲所形成的家庭。事实上，这一概念主要是从抚养和赡养关系给出的定义，而不是从居住之家户构成而给出的定义。但尽管如此，很多丧失了子女的失独父母亲，不仅会遭受身心健康的打击，而且还会在生活中经历很多制度配置缺失或矛盾所造成的不方便。比如说独生子女的父母进入老年时期（尤其是在丧偶时期）后，其中的存活者在医院的手术签字问题，就是一个非常棘手的问题。所以，与独生子女政策配套的相关政策，必须及时跟进，才能更好地落实独生子女政策。

二　家庭核心化与独居家庭的增加

在人类历史上，家庭类型的发展变化与社会发展进程之间存在这样的规律：在狩猎社会，大家庭或扩展家庭（或联合家庭）等占据重要比重。在农业社会，直系家庭所占比重会迅速上升，而扩大家庭所占比重会显著下降。在工业社会，核心家庭所占比重会迅速上升。而在后工业社会，单身独居的家庭比重会显著上升。几乎主要人类文明都大体经历了这样一个变化过程。中国的家庭类型，也伴随工业化和城市化程度的加深而发生了重大的转变。

从表3—2可以看出，在1949年之前，直系家庭（或曰主干家庭，stem family）在整个家庭类型中占据非常大的比重。而在此之前的城市化水平也不足10%——整个中国社会仍然维持了农业社会的特征。与此相适应，中国的家庭结构类型，也是直系家庭和混合家庭占比较高。比如，在1935—1937年前后，直系家庭所占比重达到了34%，混合家庭的比重也达到了

10% 左右，核心家庭（nuclear family）的比重为 55%（李银河，1995：4）①。几乎在整个有文字记载的封建社会历史上，核心家庭所占比重都是较大的。虽然文学作品或历史资料中记载过所谓"大家庭"的现象，虽然一夫多妻制长期合法存在过，但由于分家因素的影响，也由于人均预期寿命比较短，更由于家庭内部治理成本较高，所以，只有某些比较富裕的人家，才可能维持大家庭——混合家庭的存在②。正因为如此，在核心家庭作为主要家庭类型而存在的过程中，直系家庭与混合家庭（扩展家庭，extended family）所占比重的变化，既反映了工业化或城市化对社会结构与家庭结构的影响，也反映了人们在不同的社会环境与社会政策中对婚姻与家庭的偏好心理与偏好选择结果。③

但工业化与城市化程度的加深，首先降低了直系家庭和混合家庭在整个家庭结构类型中的比重。比如，1978 年，在中国的城市化水平达到17.9% 时，根据农村抽样调查，该年直系家庭所占比重为 23.6%，但到1986 年则降低到 17.0%。混合家庭的占比也从 1978 年的 2.9% 降低到1.6%。如果与 1937 年前后的数据进行比较，则直系家庭与混合家庭所占比重下降得更多。在这里，如果我们将 1978 年的数据视为"文革"结束后农

---

① 原文所引用的数字百分比加起来不足 100%，大约是小数点后的数字未被计入，由四舍五入导致了不足 100%。

② 在中国历史上，既有刺激分家的法律规定，也有限制分家的法律规定。前者如秦朝规定：儿子成年后必须与父母分家，否则会被课以较重的税收（李银河，1995：3）。后者如《唐律》规定："凡祖父母、父母在，而子孙别立户籍分异财者，杖一百。若居父母丧，而子孙别立户籍分异财者，杖八十。"所以，不同的历史时期，国家会根据不同的社会形势，出台不同的家庭政策或分家政策，以诱导社会发展。

③ 有关核心家庭、直系家庭和混合家庭的调查研究中，也有认为直系家庭是农村主要家庭模式的数据。比如说，根据中国社会科学院人口研究所马侠等的调查，在 1940 年前后，核心家庭占比为 30%，直系家庭占比为 43%，混合家庭占比为 23%，其他家庭占比为 4%。在 1981 年前后，核心家庭占比为 36%，直系家庭占比为 55%，混合家庭占比为 3%，其他家庭占比为 6%（转引自邵秦、胡明霞，1988）。

村家庭结构的基本类型，而将 1986 年的数据视为改革开放初期，尤其是实行联产承包责任制之后农村家庭结构的基本类型的话，那么自 1978 年到 1986 年核心家庭的上升，可以解释为"联产承包责任制"这个制度安排的重大影响的结果。毕竟，将集体所有的土地分配给一家一户去耕作，可以提高家户的生产积极性。而在家户内部，为了刺激每个成家的儿子的生产积极性，将混合家庭改变为核心家庭，将直系家庭改变为核心家庭，则更能够刺激原有家庭内部家庭成员的生产积极性。另外，自农村经济体制改革以来，农村婚龄青年的结婚率也提高了，因为在改革初期阶段，一个女性嫁入到男方所在的村庄，还可以分配到留存的村集体土地或调整到的土地。当然，村庄在实行联产责任承包制以后，对"晚婚晚育"政策的落实力度也放松了。这一时期嫁娶的青年一代的分家现象，必然提升核心家庭的占比，同时也降低混合家庭和直系家庭的占比。正因为如此，夫妻家庭所占的比重，也从 1978 年的 3.5% 上升到了 1986 年的 5.1%。

表 3—2　　　　　　　　　中国家庭类型的变动趋势　　　　　　　（%）

年份	抽样调查数据						普查数据		
	1937	1978	1986	1982	1993	2008	1982	1990	2000
城市化水平	不到 10%	17.9	24.5	21.13	27.99	45.68	21.13	26.41	36.22
样本范围	华北、上海	农村	农村	城市	城市	城市	全国	全国	全国
核心家庭	55	60.9	63.6	66.41	54.34	50.2	52.89	57.81	48.87
夫妻家庭	—	3.5	5.1	—	12.07	20.0	4.78	6.49	12.93
父母一方与子女家庭	—	1	4.6	—	0.55	—	14.31	9.50	6.35
直系家庭（主干家庭）	34	23.6	17.0	24.29	25.28	13.9	17.15	17.24	19.64
隔代家庭	—	3.2	2.7	—	2.17	2.7	0.66	0.66	2.09
混合家庭	10	2.9	1.6	2.30	2.19	0.2	0.99	1.15	0.57
独居家庭	—	2.7	2.2	2.44	1.78	10.4	7.97	6.32	8.57

年份	抽样调查数据						普查数据		
	1937	1978	1986	1982	1993	2008	1982	1990	2000
其他	—	2.2	3.2	4.56	1.73	2.5	1.02	0.81	0.99
抽样调查样本量	1537	7143	7175	4385	5616	4016	三普	四普	五普

注1：1937 年数据转引自李银河《中国婚姻家庭及其变迁》第 4 页，黑龙江人民出版社 1995 年版；1978 年和 1986 年农村数据来于刘英《中国农村核心家庭的特点》，《社会学研究》1990 年第 4 期；1982 年城市数据来于刘英《中国城市家庭的发展与变化》，载刘英、薛素珍主编《中国婚姻家庭研究》，社会科学文献出版社 1987 年版，第 85 页。1993 年数据来于沈崇麟、杨善华主编《当代中国城市家庭研究》，中国社会科学出版社 1995 年版，第 39 页。1982、1990、2000 年普查数据来于王跃生《当代中国家庭结构变动分析》，《中国社会科学》2006 年第 1 期。2008 年抽样调查数据来于马春华《中国城市家庭的变动趋势与最新发现》，《社会学研究》2011 年第 2 期。

注2：因为是引用的数字，故根据原文，有些年份的家庭类型百分比相加不等于 100%。另外，有些年份的数据在原文中保留了一位小数点，有些保留了两位小数点，故表中的数据不能统一。

我们可以通过 1993 年数据与 2008 年数据的比较而观察城市的变化。在 1993 年，当城市化为 27.99% 时，典型的核心家庭——一对夫妇及其未婚子女所形成的家庭占比为 54.34%，而在 2008 年，这类家庭占比下降到 50.2%。但与此同时，夫妻家庭（只有一对夫妻所形成的家庭）则从 12.07% 上升到 20.0%。在这里，如果将表 3—2 中所列的核心家庭、夫妻家庭和单亲家庭（由父亲或母亲及其未婚子女形成的家庭）视为核心家庭的特殊形式的话，那么，1993 年核心家庭的总数为 66.96%，但 2008 年核心家庭的总数却上升到了 70.2%。由此可以看出，在工业化与城市化过程中，核心家庭的占比仍然上升了。而同一时期，直系家庭的比重则从 1993 年的 25.28% 下降到 2008 年的 13.9%。

但在城市最显著的变化却是：独居家庭的数量从 1993 年的 1.78% 上升到 2008 年的 10.4%，在 2010 年第六次人口普查时又上升到 14.35%。伴随城市化的进行，也伴随人均受教育水平的提升，以及城市生活成本（尤其是住房成本的上升），中国女性与男性的平均初婚年龄有了长足的增长。现在，在有些大城市，比如在北京、上海等地，男性平均初婚年龄上升到28—30岁，女性的平均初婚年龄则上升到26—28岁。在这种情况下，伴随成年子女离开父母亲的家庭而外出就业的比率的大幅度增加，以及离婚率的上升，独居家庭的占比迅速上升了。当然，还有一种情况，就是那些已婚成年人口，在社会流动过程中，也不得不外出就业，这增加了其未与配偶同住的概率，也刺激了独居家庭户所占比例的上升。

对于全国的数据（人口普查数据）来说，伴随城市化程度的上升，即从1982年的21.13%，上升到1990年的26.41%，整个核心家庭（即包括核心家庭、夫妻家庭和父母一方与子女家庭）的数量也从71.98%攀升到了73.80%。在这里需要注意的是：在表3—2所列1982年的普查数据中，父母一方与子女家庭所占比重达到14.31%，这主要是由于城乡分割与户籍制度的限制所造成的。在20世纪90年代之前，子女的户籍是随母亲的。但在当时，很多男性工人或干部与女性农民结婚，孩子的户口会因为随母亲而落在农村，于是出现由于此种原因而形成的母亲一方与子女所形成的家庭。有人将这种类型的家庭与因为离婚所形成的单亲家庭混同在一起，是不太合适的，因为当时的离婚率没有发生太大的变化，而流动人口所占比重也不是很高[1]。

但在2000年人口普查时，整个核心家庭的数量却下降到了68.15%（典型核心家庭＋夫妻家庭＋父母一方与未婚子女家庭）。表面看起来，这似乎预示核心家庭占比数量在降低，而同时直系家庭的比重有所上升，达到19.64%。但这绝不意味着中国家庭结构类型有向传统回归的趋势。其中的主要原因，是在20世纪70年代之后，计划生育导致了家庭子女数的迅速减少。"70后"进入结婚旺盛时期，由于兄弟姐妹数量减少了，但其年老的

---

① 中国在1985年的粗离婚率为0.44‰。

父母亲却逐渐进入了生活不能自理的年龄，所以，"70后"成年夫妇就出现了与其空巢父母家庭的"合并"——这在家庭发展理论中，是绝大多数亚洲社会成年子女与其父母必经的阶段。对于"50后"和"60后"来说，他们出生于人口高速增长时期，其兄弟姐妹数量（尤其是兄弟数量）多于"70后"和"80后"，所以，成年后与父母亲家庭的分家或另外别居，就成为"核心化"的主要推力。但城市化所导致的家庭核心化，或者家庭联产承包责任制后出现的农村家庭核心化，却仍然具有强大的社会支持力。在2000年之后的21世纪，伴随农民工家庭式迁移比重的上升，在2010年第六次人口普查时，核心家庭的数量仍然会增长。所以，家庭结构的类型比较中，除绝对数量外，相对数量的变化也起着重要作用。这也是中国人口迅速转型的一个非常显著的特征。

在人口缓慢转型的国家，核心家庭在整个家庭类型中的占比往往很高。比如说，在1971年前后，奥地利核心家庭占整个家庭类型的85%，德国占86%（李银河，1995：2）。但在人口快速转型的国家，则由于出生率迅速降低之人口因素的滞后影响（即从出生率降低开始到受此政策影响而出生的这个同期群进入嫁娶婚育时期），才可能出现核心家庭占比稍有下降的态势。应该说，在工业化过程中，人均寿命越长，青年一代与父母亲之间分居的概率越大，核心化趋势就越明显。

但核心化不可能永远持续下去，原因有三：

第一，虽然工业化与城市化促动并将持续刺激家庭核心化的发展，但人口转型（即由人口老龄化所带来的老年人口相对占比的上升）会使高龄老人的数量与比重迅速上升。社会保障越好，医疗技术越发展，生活不能自理的老年人的数量与所占比重就会越多。而社会养老又难以完全承担如此沉重的养老压力，于是，母家庭对子家庭的养老依赖就会加重。曾毅与王正联的研究就发现，80岁以上老年人与子女同住的比例，要高于65岁以上老年人与子女同住的比例（曾毅、王正联，2004）。这就是说，在老年人变得越来越老时，母家庭就会形同虚设而逐渐消亡，在其生活完全不能自理时，其中的大多数会被迫"并入"到子女的家庭去度过晚年。这类老年人的数量越大，占比越高，则直系家庭所占比重越易于上升。

第二，老年人在丧偶之后的独居，单亲家庭在子女成年之后形成的独居，会增加独居家庭的比重。

第三，伴随青年人口受教育水平的提高，也伴随婚育观念的代际变化，以及结婚成本的上升等，成年未婚男女的初婚年龄会逐渐推迟。由此，在成年人口中就会出现一个规模十分庞大的未婚人群，形成所谓的"单身家庭"。未婚人口所占比重越大，单身家庭的数量与占比也就会越大。单身家庭占比的上升，势必降低核心家庭的比重。如果将单身家庭视为独居家庭中未婚人口或不再婚人口的最大类别，则此类家庭在未来会迅速增长。

第四，在人口流动的影响下，已婚人口中的夫妻双方，会选择在邻近就业地的地方居住，在客观上形成夫妻之间的"间断性分居"。城市越大，夫妻双方分居的发生比也就越大。工作日分居而周末团聚的家庭安排也就会越多。当然，对于农民工来说，分居的方式会更为复杂，既有留守家庭与流动家庭之间的分居，也有同时流动但却在不同城市之间的分居，还有同一城市但在不同工作区域的分居。当家庭成员之间形成分居局面，而分居者又是独自一人时，就形成了因为分居而产生的独居家庭。

表3—3　　　　　　　2000年和2010年中国家庭户人口结构状况　　　　　（%）

| 户规模 | 2000年"五普" | 2010年"六普" | | | |
	全国	全国	城市	城镇	乡村
一人户	8.30	14.53	17.95	14.10	12.44
二人户	17.04	24.37	27.82	24.41	22.07
三人户	29.95	26.86	33.16	27.78	22.34
四人户	22.97	17.56	12.13	17.87	21.03

续表

户规模	2000 年"五普"	2010 年"六普"			
	全国	全国	城市	城镇	乡村
五人户	13.62	10.03	6.25	9.63	12.70
六人户	5.11	4.20	1.71	3.85	5.99
七人户	1.82	1.43	0.56	1.33	2.05
八人户	0.68	0.56	0.24	0.55	0.77
九人户	0.27	0.23	0.09	0.25	0.32
十人及以上户	0.23	0.21	0.09	0.25	0.28

数据来源：2000 年数据根据《第五次人口普查数据》表 5—1 计算；2010 年数据根据《2010 年人口普查资料》"全部数据表"中的表 5—1、5—1a、5—1b、5—1c 计算。

从表 3—3 可以看出，就全国数据而言，在 2000 年第五次人口普查时，"1 人户"占比仅仅为 8.30%，但在 2010 年第六次人口普查时迅速增长到 14.53%。由此也可以看出家庭类型发展的基本趋势。但在将 2010 年的普查数据分割为城市、城镇和乡村时，我们可以看出，在社会转型过程中，城市的"1 人户"达到了 17.95%，城镇的"1 人户"达到了 14.10%，而乡村的"1 人户"则达到了 12.44%。即使是乡村的"1 人户"，也比 2000 年第五次人口普查时全国平均水平的"1 人户"高出了许多。在长距离流动（或跨省、跨地区人口流动）的影响下，"1 人户"的增长可能会比较显著，但伴随产业转移的进行，流动人口就近就地就业的概率会增加，这会不会影响"1 人户"占比的增减，还需要继续观察。

然而，初婚年龄的推迟，却会提升"1 人户"的比重。比如，美国 2000 年普查时，男性独居的"1 人户"占比为 11.2%，女性独居的"1 人户"为 14.6%，二者合计达到 25.8%；但在 2010 年人口普查时，美国男性独居的"1 人户"增长到 11.9%，而女性独居的"1 人户"则达到 14.8%，二者合计达到 26.7%。所以，伴随社会转型、工业化与城市化的进行，中国"1 人户"的占比还可能会继续增加。事实上，第六次人口普查发现，北京市 2010 年"1 人户"的比例已经达到了 24.82%——这已经比较接近美国普查得到的全国数据了。"1 人户"人口数量与占比的增加，不但会在很大程度上改变我们原有的家庭概念，而且还要求政策制定者及时修订家庭政策的配置，以使之适应于社会发展的需要。尤其是在大城市和特大城市中，"1 人户"的户数，会伴随后工业社会特征的进一步强化而迅速攀升。比如，在 2010 年美国人口普查时，亚特兰大市的"1 人户"占比竟然达到了 44.29%，而美国首都华盛顿市的"1 人户"也达到了 44.03%，辛辛那提市的"1 人户"达到了 43.43%，亚历山大市达到了 43.42%。虽然美国普查时将这样的"1 人户"视为"非家庭户"，但如果将其看作为"由一个人组成的生活与居住单位"，则亦可以视为"独居家庭"。

人类的家庭居住安排，虽然也受文化习惯和宗教信仰的影响，但在工业化与城市化的促动之下，各个国家家庭结构类型的变化轨迹表现出了极大的相似性。因此，在未来中国家庭结构的变化趋势上，"1 人户"的增长将非常迅速。而大城市和特大城市将带头进入到"1 人户"时代。

表 3—4　　　美国 2010 年普查"1 人户"占比最高的 10 个城市

城市	所属州	该城市全部户	1 人户	1 人户占比 %
亚特兰大	佐治亚	184142	81555	44.29
华盛顿	哥伦比亚	266707	117431	44.03
辛辛那提	俄亥俄	133420	57941	43.43
亚历山大	弗吉尼亚	68082	29564	43.42
圣路易斯	密苏里	142057	60468	42.57
匹兹堡	宾夕法尼亚	136217	56823	41.72
阿灵顿	弗吉尼亚	98050	40516	41.32
西雅图	华盛顿	283510	117054	41.29
坎布里奇	马萨诸塞	44032	17933	40.73
丹佛	科罗拉多	263107	106828	40.60

数据来源：根据美国 2010 年普查数据相关项计算。

三 老年空巢化与空巢家庭的迅速增加

在传统中国社会，由于人口预期寿命非常低——即使在 1950 年左右，中国 0 岁人口的预期寿命也才在 35 岁左右。在这种情况下，绝大多数老人都难以活到 65 岁，故此才有"人活七十古来稀"的说法。但伴随社会的稳定与经济的发展，中国人口的预期寿命迅速提高。在 2009 年达到了 73.1 岁[①]。0 岁人口预期寿命的延长，同时也预示其他年龄段人口预期寿命也有所增加。第六次人口普查发现："60 岁及以上"老年人口占总人口的比重，在 2010 年达到了 13.26%；而"65 岁及以上"老年人口占总人口的比重，达到了 8.87%。老年人口的增加，一方面导致了所有家庭户中有老年人口的家庭户所占比重的增加；另一方面也造成了有老年人口生活的家庭户中空巢老年家庭比重的增加。

1. 老年空巢家庭迅速增长

根据第六次人口普查数据推算，在 2010 年 11 月，全国家庭户中有 60 岁及以上老年人生活的家庭户达到了 30.59%。这就是说，在全国所有家庭户中，有 30.59% 的家庭户至少需要赡养一位 60 岁及以上的老年人。在少数民族较多的自治区或省份，比如说内蒙古、西藏、青海、宁夏、新疆，至少有一位 60 岁及以上老年人生活的家庭户在所有家庭户中所占比重较低，占比分别为 23.89%、25.90%、25.26%、22.22%、22.83%。但在四川、湖南和重庆，至少有一位 60 岁及以上老年人生活的家庭户在所有家庭户中所占比重甚至达到了 36.23%、36.00% 和 35.65%。但在流入人口占比非常高的北京、广东和上海等地，至少有一位 60 岁及以上老年人生活的家庭户

[①] 国家人口计生委发展规划与信息司、中国人口与发展研究中心编：《人口与计划生育常用数据手册》，中国人口出版社 2011 年版，第 276 页。

在所有家庭户中所占比重却相对较低，占比分别为 24.58%、25.38% 和 27.41%①。虽然户籍人口的老龄化水平，上海和北京都很高，但在人口流动的影响之下，在所有在该地生活满 6 个月的常住人口登记的家庭户中，至少有一位 60 岁及以上老年人生活的家庭户所占比重却相对较低。

我们以至少有一位 65 岁及以上老年人生活的家庭户为分母来计算老年空巢家庭的比重：根据测算，在 2000 年，只有一位 65 岁及以上老年人生活的"独居空巢家庭"占 11.46%，只有老年夫妇二人生活的"夫妻空巢"家庭占 11.38%。如果将独居空巢与夫妻空巢这二者相加，全国达到了22.83%。这就是说，在 65 岁及以上老年人生活的家庭中，空巢家庭占比已经超过了 1/5。

但在 2010 年第六次人口普查中，"独居空巢家庭"占比达到了16.40%，而"夫妻空巢家庭"占比也达到了 15.37%。二者合计达到31.77%。这就是说，我国现在至少有 31.77% 的有老年人生活的家庭，属于空巢家庭。在从 2000 年到 2010 年这 10 年中，空巢家庭的占比上升了 8.94%。

2. 不同地区老年空巢家庭占比差异很大

第一，老年空巢家庭占比最高的省份。

在 2000 年第五次人口普查时，在有 65 岁及以上老年人生活的家庭中，老年空巢家庭占比最高的省（市）是山东、浙江和上海，其占比分别为36.05%、35.12% 和 29.37%。到 2010 年第六次人口普查时，老年空巢家庭占比最高的也是这几个省份——但都有不同程度的增长：山东达到了45.40%，浙江达到了 44.38%，上海达到了 40.51%。与第五次人口普查相比，这三个省份老年空巢家庭的占比分别增加了 9.35%、9.26%

---

① 据《中国 2010 年普查资料》表 5—3 和表 5—4 计算。

和 11.14%。

第二，老年空巢家庭占比最低的省份。

在 2000 年第五次人口普查时，老年空巢家庭占比最低的省（市、自治区）是：西藏、甘肃和青海，占比分别为 6.81%、9.54% 和 9.97%。在 2010 年第六次人口普查时，西藏自治区老年空巢家庭占比是 7.29%——与十年前相比，只增长了 0.48%。但甘肃老年空巢家庭占比却达到了 18.57%——增长了 9.03%。青海老年空巢家庭占比达到 18.29%——增长了 8.32%。经过十年的变化，云南老年空巢家庭占比为 17.93%，是仅仅高于西藏自治区的省份。

第三，老年空巢家庭增长最快的省份。

与 2000 年第五次人口普查相比，老年空巢家庭增长最快的省份是新疆、内蒙古、宁夏和黑龙江，其分别比 2000 年增长了 16.47%、15.80%、15.35% 和 14.66%。

通过这里的比较可以看出，老年空巢家庭占比最高的地区，主要在东部沿海地区；占比最低的地区在西部少数民族地区。除黑龙江外，老年空巢家庭增长幅度最大的地区，是三个少数民族自治区。社会与经济的迅速发展、社会结构的转变、城市化水平的提升等，刺激了人口流动与人们的家居观念。这些因素，可能是老年空巢家庭占比迅速上升的主要原因。

另外还需要指出的是：尽管有些省份总人口的老龄化程度并不高，但由于分家行为的存在，也由于流入人口与流出人口的"大进大出"（尤其是农村青年外出务工比重的上升），老年空巢的可能性增加了。当然，这中间，还可能存在老年人自己"自愿空巢"——有些老年人与青年一代的习惯不同。

老龄化，以及由老龄化引起的大量老年空巢家庭的存在，势必会对社区服务和社区的家庭支持体系造成重大影响，而这些内容，正是社会政策需要关注的重点。

四 家庭内部关系的平等化与不平等化

从农业社会向工业社会的转变，必然带来家庭内部关系的平等化。这种平等化会在纵向上表现为代际关系的平等化，在横向上表现为夫妻之间关系的平等化。当然，如果未婚的兄弟姐妹仍然与父母亲居住在一起，则也会表现为兄弟姐妹之间关系的平等化。但家庭内部关系的平等化，在家庭发展周期中，也会由于家庭成员，尤其是不同代际家庭成员对家庭经济贡献的此消彼长而发生逆转。比如，如果子女一代收入超过了父母一代，则成年子女的家庭决策权就会上升，从而出现新的、由子女主导的家庭权力不平等的出现。但总的说来，代际平等化是工业化初期或中期的主要时代内容。

1. 父权制的衰落与代际平等

在典型的农业社会，人们的受教育水平比较低下。生活与耕作的知识主要依赖于口传相授的代际经验和长辈的教导。再加上土地等资源主要来自于家族或家庭内部的继承，长辈对这些资源的分配具有决定意义的处分权。所以，从经济对家庭政治的影响上，长辈容易得到子女的尊重。因此，在传统农业社会，族权和父权往往是高高在上的。

但从农业社会转变为工业社会，或者人们从农村流动到城市之后，他们就不得不适应工业社会的要求进入专业化与职业化生产体系，服从工业化的人口再生产和家庭关系再生产逻辑。这时，家庭的教育功能，尤其是对于人们赖以维生的就业教育功能就开始衰落，而学校则适应于社会化的要求成为教育资本的专门生产场域。工业化程度越高，或后工业化社会的特征越显著，教育对就业的影响就越大。一个人受教育的时间越长，工作技能越高，专门化特征越显著，其人力资本就越高，其由就业单位获得的收入也就越丰厚。

当人们劳动的技能主要不是来自于长辈的代际传授，而是来自于自己在学校的所学时，就必然出现子辈的平均受教育年数长于长辈的现象。尽管"孝"仍然作为文化与传统的"惯习"作用于人们的日常生活，但掌握了更多知识的青年一代，更易于获得较高工资回报，更易于进入城市，也更易于接受"现代"生活理念。即使是那些仍然在农村耕种的青年农民，也在"科学种田"或者在"机械化"过程中，易于接受现代农业知识，提升单位面积产量。由于子辈的平均收入会高于长辈，所以，由家庭内部经济地位所决定的权力关系，发生了根本改变。虽然未成年子女在依赖于父母亲生活时是服从于父母亲的，但在成年之后，他们很快便会以平等的方式进入家庭事务的决策过程，并进而成为家庭内部的主要决策者。可以说，整个封建社会的历史，都是"父权制"生演的历史。但工业化与城市化的推进，解构了"父权制"存在的家庭经济基础、家庭政治基础和家庭居住结构基础。

家庭代际关系的平等化过程，可以从人们的婚姻决定方式中得到很好的证明。李东山、沈崇麟在1982年"五城市调查"中就发现，伴随工业化与城市化的进行，中国社会结构的变迁，使得越来越多的青年走上了婚姻自决道路（李东山、沈崇麟，1991）。非但如此，在"父权制"式微过程中，很多青年人自其结婚始，就脱离了"从父居"而选择"独立门户"①。

---

① 阎云翔在其"家庭政治中的金钱与道义：北方农村分家模式的人类学分析"一文中指出，"越来越多的村民将提前分家视为解决家庭问题的良方而不是家庭政治中的危机或伦理上的失败。有些父母甚至主动安排让已婚儿子早日分家单过"。载《社会学研究》1998年第6期。

我们在家庭动态调查中发现（见表3—5），文化程度越高的被访者，在结婚时越易于选择"独立门户"；文化程度越低的被访者，在结婚时越倾向于选择"住自己父母家"或"住配偶父母家"。比如，在男性中，结婚时选择住自己父母家的百分比，"小学及以下"是68.59%，"初中"是67.33%，"高中／中专"是51.84%，而"大专及以上"则是32.91%。这显示出受教育程度越高，"住自己父母家"越低的趋势。相反，选择结婚时就"独立门户"的人们，则显现出受教育程度越高，百分比也越高的趋势。对于女性来说，所不同的是"住配偶父母家"的占比较高，但表现的趋势却是：文化程度越高，此项占比也越高。

其中最有意思的是，在"大专及以上"的被访者那里，选择"两地分居"的占比非常高：对于女性而言，居然有9.89%的人结婚时属于"两地分居"。其中的主要原因，一种可能是文化程度越高，婚姻圈越大；二是文化程度越高，其对就业地点与职业地位的要求也越高，双方很难放弃既已取得的地位而屈就于居住安排。

这里的数据，仅仅是结婚时的居住安排。那些在结婚时选择了"住自己父母家"和"住配偶父母家"的人，只要有条件，大部分会在随后的岁月里，逐渐脱离母家庭而建立自己的家庭——子家庭。所以，工业化所带来的社会发展、结构分化以及青年一代独立生活能力的提高等，改变了农业社会所形成的"从父从夫居"模式，而自结婚始就倾向于形成"独立门户"的居住格局。当然，在从农业社会转变为工业社会和后工业社会的过程中，伴随交通工具的改变和人口流动的加速，很多人在结婚前就很可能已经"独立门户"，形成所谓"单身家庭"或"独居家庭"。

表 3—5	文化程度对结婚时居住安排的影响				（%）
文化程度	结婚时居住安排				总计
	住自己父母家	住配偶父母家	独立门户	两地分居	
男 小学及以下	68.59	4.27	26.60	0.53	100.00
初中	67.33	4.00	27.61	1.06	100.00
高中/中专	51.84	7.11	39.21	1.84	100.00
大专及以上	32.91	7.59	52.53	6.96	100.00
女 小学及以下	18.88	51.46	29.33	0.34	100.00
初中	20.30	41.62	36.89	1.18	100.00
高中/中专	17.63	34.99	45.73	1.65	100.00
大专及以上	19.78	17.58	52.75	9.89	100.00

数据来源：中国社会科学院 2011 年"家庭变动调查"。男性样本数为 2282，女性样本数为 1980。

　　居住安排的改变，使结婚后的男女双方，不再像费孝通所说的那样，只在男方熟悉的社区寻找赖以维生与交往的社会资本与地方性宗教文化，也不再只与男方一家保持密切接触而淡化女方的亲属网络。结婚后的"独立门户"还意味着，中国人的家庭亲属网络，会在男女双方的"双系交往"中同时延伸，而不大可能只是"单系"依赖。

　　由于人口结构的变化，独生子女夫妻，在"过年"这样的重大节日以及清明这样的"祭祀"活动时，都会发生"到谁家去"的矛盾。尽管性别平等或家庭内部夫妻双方的地位差距还不可能做到像人们预期的那样好，但社会发展带来的变化却极其明显。从表 3—6 中可以明确看出，不管是在哪项决策中，"夫妻共同决定"都占有最高的比重。但不管是"丈夫的父母亲"，还是"妻子的父母亲"，都只有极少数人才可能影响家庭的决策。所以，"父权制"不仅伴随居住方式的变化而在家庭结构的意义上走向衰落，而且还在日常生活中迅速地告别了往昔的家庭政治舞台。

表3—6   家庭决策权   （％）

	日用品开支	储蓄与投资	购买住房	子女教育	高价消费品
丈夫	13.68	19.53	17.32	14.74	15.80
妻子	35.79	13.59	7.82	10.86	8.65
夫妻共同决定	46.28	62.36	69.55	70.38	70.23
丈夫父母	1.63	1.22	1.61	0.66	1.02
妻子父母	0.38	0.21	0.23	0.14	0.25
子女	2.24	3.10	3.48	3.23	4.06
总计	100.00	100.00	100.00	100.00	100.00
N =	4468	4357	4400.0	4403.0	4430.0

数据来源：中国社会科学院2011年"家庭变动调查"。男性样本数为2282，女性样本数为1980。

2."夫权制"的式微与夫妻平等

传统社会的姻亲关系，往往轻于族亲关系或血缘关系。在从夫从父居的影响下，作为儿媳妇的女性，往往来自于其他村庄。而作为丈夫的男性，则一直居住在父亲或其家族所在的村庄。这样一来，丈夫与生俱来地拥有村庄的主要社会资源与关系资本，而妻子或儿媳妇只有依赖丈夫的资源才能生产出自己的社会资源和关系资本。正如费孝通所说的：在传统中国社会，"嫁来的女子在丈夫的村子里所接触的都是生面孔，她和她一同长大相熟的人隔离了，举目无亲的情况下，只有听命于丈夫的指挥。她唯一的反抗就是逃回娘家去"（费孝通，1998：185）。在这种情况下，在家庭内部，夫妻的权力就不可能平等。

另外，在传统农业社会，以农业为主的经济再生产体系，往往需要一定的体力才能够根据自然再生产的节气完成农业所需要的自然与人工再生产的劳动结合。在这种情况下，男子就成为家庭经济的主要支柱。

所以，在家庭内部权力再生产中，妻子服从于丈夫的不平等格局易于维持。但在工业社会与后工业社会中，人们工作场所使用的科学技术越来越多，生产的自动化程度也越来越高。这样，基于知识与智力而维持的再生产特色就越来越突出。人们不再完全依赖体力而决定生产能力的大小。只要教育歧视被抑制，则工作场所的就业歧视就会大大减轻。如果妻子与丈夫之间的收入差距不是继续拉大，而是逐渐缩小，或者家庭内部的劳动分工基于对妻子的尊重，则夫妻之间的平等关系就有可能维持。虽然仍然存在夫妻不平等这样的"事实"，但伴随社会发展与现代化程度的提升，以及教育的公平化，夫妻之间越来越平等的趋势是不可逆转的。

表3—7展示的是"第三期妇女社会地位状况调查"的结果。从这里可以看出，对于男性而言，伴随受教育程度的提高，被调查对象回答说"丈夫"在家中更有实权的百分比逐渐降低；而回答说"妻子"更有实权的比例则稍有提高，但回答说双方"差不多"的百分比之值却迅速提高：从"不识字或识字很少"的36.79%，上升到"本科生"的51.43%。虽然在"研究生"那里该项稍低，但男性中取得了研究生学历的人回答说"妻子"更有实权的百分比却达到了36.21%，这也影响了"差不多"项的选择。

对于女性而言，伴随文化程度的提高，回答说"丈夫"更有实权的百分比较男性下降更快。在女性研究生那里，仅仅为13.64%；但回答说实权"差不多"的比例，却也比男性上升得快——在"不识字或识字很少"者那里，认为"差不多"的百分比只有36.74%，但在"研究生"那里，则上升到了77.27%。

表3—7 受教育程度与家庭决策权力 （%）

| 受教育程度 | | 请问你们夫妻双方谁在家中更有实权 | | | | | 总计 |
		丈夫	妻子	差不多	说不清	不回答	
男	不识字或识字很少	44.30	18.39	36.79	0.26	0.26	100.00
	小学	45.96	14.70	38.96	0.29	0.10	100.00
	初中	37.10	17.45	44.79	0.47	0.19	100.00
	高中	34.32	20.45	44.68	0.27	0.27	100.00
	中专/中技	27.17	21.15	50.81	0.59	0.29	100.00
	大学专科	25.47	21.64	52.59	0.31	—	100.00
	大学本科	26.11	21.34	51.43	0.96	0.16	100.00
	研究生	20.69	36.21	43.10	—	—	100.00
	小计	36.22	18.39	44.80	0.41	0.17	100.00
女	不识字或识字很少	49.48	13.56	36.74	0.15	0.07	100.00
	小学	42.73	16.64	40.34	0.17	0.13	100.00
	初中	34.80	16.51	47.98	0.54	0.18	100.00
	高中	25.12	20.91	52.64	0.94	0.40	100.00
	中专/中技	20.77	23.51	54.75	0.64	0.32	100.00
	大学专科	17.58	22.57	58.85	0.87	0.12	100.00
	大学本科	16.48	16.29	65.53	1.52	0.19	100.00
	研究生	13.64	9.09	77.27	—	0.00	100.00
	小计	34.03	17.58	47.67	0.54	0.19	100.00

数据来源：2010年第三次全国妇女调查，样本量为29541。

所以，教育的平等化，会逐渐消减就业歧视，并缩小收入差距，从而提升家庭内部的性别平等。正因为这样，我们可以充满信心地说，伴随中国人口受教育程度的提高，家庭内部夫妻之间的权力分配将更加趋向于平等。从女性自己的回答来看，在取得了"中专/中技"文凭的被访者那里，回答说女性更有实权的百分比高于回答说男性更有实权的百分比。故此，教育有力地支持了男女平权的实践。

3. 老年人家庭决策权的失落与新的代际不平等

在中国传统社会，虽然很多人将父权制成立的前提解释为"孝"，但支撑"孝"得到贯彻的前提则是老年人拥有的家产与土地。而夫权制得以确立的前提，是女性收入水平长期低于男性，或女性长期依赖男性而生活，或"女主内男主外"的制度安排。因此，如果家庭代际的收入差距与资产积累差距得不到改善，如果夫妻之间的收入差距不能缩小，则父权制与夫权制存在的基础就无法动摇。

1949年以来的社会变革，特别是改革开放以来的社会变革，打破了"女主内男主外"的制度安排，缩小了夫妻双方之间的收入差距，所以，夫权制的式微才具有了社会基础。集体化对私有制财产继承关系的解构，也瓦解了家庭内部的父权制。工业化与城市化提供的就业机遇，使年轻女性可以成功摆脱村庄土地的约束而发展自己的职业生涯，而老年人则不得不沦落为"留守家庭"的成员，并被动接受子女的打工汇款。农产品价格的低廉，在一定程度上也限制了老年父母亲家庭地位的提升。当父母亲的角色，从给子女以教育经费的提供者转变为接受子女汇款的受资助者后，父权制就无奈地走下历史舞台，也降低了老年父母亲的家庭地位。

与此同时，计划生育政策的严格实施，使中国的少子化现象越来越显著。这样，对于独生子女家长来说，他们别无选择地对自己的子女进行了竭尽所能的教育投资。这使年轻一代，尤其是在九年义务制教育实施中成长起来的一代，更加均衡了性别之间的教育机会。而青年女性受教育水平的提升与收入水平的上升，则支持了其在家庭内部的决策能力。

这样，计划生育政策影响之下的"70后""80后"和"90后"成家之后，夫妻平权的一个客观后果，就是使儿媳提升了家庭地位。当成年儿子仍然在温情脉脉的亲情面纱下感受家庭之变革时，儿媳却在家庭矛盾中迅速降低了婆婆的地位——使婆婆成为"最后一代传统婆婆"（笑东，2003）。

当然，传统婆婆家庭地位确立的前提，是能够借助"传统公公"的经济地位而支配家庭资产的配置权。在"传统公公"的父权制失去了经济基础的支持后，"传统婆婆"也失去了其对"父权制"的依靠。于是，其从支配家庭内部资产的角色，一下转变为家庭舞台上的配角——家务劳动者，或者成为"照看孩子的人"。

"最后一代传统婆婆"走下历史舞台后，出现了这样两个社会后果：其一是子女结婚后"独立门户"式地单过，使"婆婆"作为指称关系的概念表达代际意义的称谓；其二是打破了那种传统社会与计划经济时期依靠丈夫家族以扩展社会资源的单系模式，而将娘家的重要性置于与婆家相似的地位，形成家庭网的双系发展态势。其结果是，儿媳在自己的家庭自动强化了娘家的重要性，从而提升了"丈母娘"的地位。"丈母娘"家庭地位的提升，甚至会"剥夺"婆婆的某些传统义务或权力。比如，常有作为"婆婆"的老人抱怨说她们连自己孙子的"照看权"也失去了，"丈母娘"和"丈人"则很早就介入了女婿与女儿的家庭生活，而且常住在一起，形成姻缘系主干家庭。

"婆婆"与"公公"被客观上确立为"同住的人"抑或"不同住的人"的过程是十分复杂的，不同的家庭有不同的表现。但需要再次强调的是，家庭经济再生产方式的变化、家庭内部代际收入差距及其对维持家庭再生产能力的变化等，使父母一辈在家庭内部权力实践上，处于新的不平等地位——反倒是父母亲经常感受到"不平等"了。对于那些依靠子女生活的父母亲来说，其所感受的不平等就更强烈。

总之，中国家庭的小型化，简化了家庭内部的关系，增加了独居家庭与核心家庭的比重，消解了直系家庭与混合家庭存在的基础，但也使老年人在晚年难以依靠子女的支持。在计划生育有效控制了中国人口增长趋势，并将中国的低生育水平维持了二十多年之后，中国家庭的亲属网也缩小了。传统社会可能存在的兄弟姐妹的家庭之间的那种互助关系也因为独生子女人口数量的扩张而大大缩小。

在人口流动、青年一代独立生活能力提高，以及家庭观念的迅速变化过程中，老年家庭的空巢化作为大量存在的家庭类型被凸显出来。在核心家庭内部，代际关系更为平等化。在夫妻家庭中，伴随男女两性受教育水平的均等化，夫妻关系也越来越趋于平等。但在直系家庭中，家庭代际关系却发生了根本变化，老年父母亲的家庭决策能力显著弱化。在家庭网内部，即在子家庭与母家庭之间，母家庭影响子家庭的能力也减弱了。

◇◇ 第二节　家庭发展存在的问题

一　人口出生性别比的失衡

在所有影响家庭发展能力的变数中，人口出生性别比最为重要。尤其是在将合法生育只限定在家庭内部或男女两性夫妻之间时，其就成为未来家庭组成的基础。毕竟，男性出生人口与女性出生人口的均衡化，才形塑未来一定数量结婚率及一定婚龄差保证之下比较稳定的男女两性婚姻的构成。

根据人口学的长期研究，学者们发现正常的人口出生性别比[①]一般保持在 105±2 之间。如果低于 103 或更低，则这个出生同期群进入婚龄期后，就会出现男性的短缺；如果出生性别比高于 107 或更高，则这个人口同期群进入婚龄期之后，就会出现女性的短缺。当然，在一个民族特殊的文化宗教婚姻制度等影响之下，在出生性别比低于 103 时，未来发生所谓"婚荒"的程度会降低。但在更一般的社会中，如果人口出生性别比高于 107，则在

---

① 人口出生性别比以每新出生 100 名女婴而相应出生的男婴数量来表示。

这个人口出生同期群到达婚龄阶段时，男性人口会面临比较严重的婚姻挤压。中国的情况如何呢？

1. 人口出生性别比长期失衡

中国自 20 世纪 70 年代中期起，人口出生性别比就出现了攀升的趋势。比如说，1982 年第三次人口普查得到的 1981 年出生性别比是 108.47；1990 年第四次人口普查计算的 1989 年出生性别比是 111.92；2000 年第五次人口普查公布的出生性别比为 116.86。如果以 0—4 岁年龄段人口的性别比来考察最近几年的失衡状况，那么，以下数据让我们更加焦虑：1995 年 0—4 岁人口的平均性别比是 118.38，1996 年是 119.98，1997 年是 120.14。2000 年第五次人口普查得到的 0—4 岁人口的平均性别比是 120.17。2003 年人口变动抽样调查得到的 0—4 岁人口的平均性别比为 121.22。2010 年第六次人口普查得到的 0—4 岁人口的平均性别比是 119.13。这就是说，我国婴幼儿人口的性别比不但在继续上升，而且，如果以 107 为最高警戒线的话，其已经比正常值高出了许多。虽然 2010 年出生性别比之值稍低，但还不能完全肯定未来会处于下降的态势之中。

2. 年龄越小的出生同期群，性别比失衡越严重

从表 3—8 可以看出，在第六次人口普查中，全国 0 岁年龄段人口的性别比为 117.96，1—4 岁年龄段人口的平均性别比为 119.39，5—9 岁年龄段人口的平均性别比为 118.66。这就是说，普查统计到的 9 岁以下人口的平均性别比已经大大高出常态。因为 0 岁人口很难在普查中完全统计到，故比较 1—4 岁和 5—9 岁年龄段人口性别比的差距，可以看出，0—4 岁的失衡程度严重于 5—9 岁。

3. 不同地区少儿人口性别比失衡程度不同

但问题在于，在人口出生性别比的影响之下，不同省、自治区和直辖

市的年龄段人口性别比存在较大的差异。在地区分布上，存在有些省、自治区、直辖市高，但有些却相对较低的问题。安徽、福建、海南、湖北、湖南、广东、广西、江西、贵州9省（自治区）超过了120，而只有新疆和西藏0岁人口性别比在107之下。即使是北京、天津、上海这三个直辖市的0岁人口的性别比也分别为109.48、113.62、111.05。这就是说，在原来少数民族较为集聚的省和自治区中，宁夏、青海、内蒙古、云南是正常的，但2010年的第六次人口普查发现这些省与自治区的0岁人口的性别比也大大高出了正常值。

表3—8 中国0—9岁人口性别比构成

地区	0岁	1—4岁	5—9岁	地区	0岁	1—4岁	5—9岁	地区	0岁	1—4岁	5—9岁
全国	117.96	119.39	118.66	浙江	118.11	115.03	113.65	重庆	112.46	112.56	114.57
北京	109.48	111.29	113.43	安徽	128.65	126.30	124.49	四川	111.62	110.90	112.22
天津	113.62	113.29	114.39	福建	125.64	124.43	118.79	贵州	122.47	124.30	117.43
河北	114.86	116.88	115.75	江西	122.95	131.73	131.37	云南	111.93	112.70	112.60
山西	110.28	110.52	110.26	山东	119.42	123.29	116.43	西藏	106.50	104.83	104.16
内蒙古	111.96	110.21	109.49	河南	117.77	126.57	129.38	陕西	115.32	117.09	119.16
辽宁	110.12	110.65	111.41	湖北	124.11	123.37	123.89	甘肃	117.56	118.18	114.93
吉林	111.15	111.67	111.05	湖南	123.23	120.59	123.07	青海	112.32	108.66	107.01
黑龙江	112.36	110.56	109.51	广东	120.38	122.87	125.62	宁夏	113.76	112.77	110.89
上海	111.05	114.57	116.45	广西	122.72	119.96	117.41	新疆	106.02	105.47	105.98
江苏	116.21	121.36	120.78	海南	125.49	125.03	128.07				

数据来源：《中国2010年人口普查资料》表1—7。

4. 为什么出生性别比会如此迅速地攀升

有一种解释是农村人口的出生性别比高，由此拉动了全国的人口出生性别比。但第六次人口普查发现，全国城市0岁人口的性别比为114.06，镇为118.64（福建和安徽的镇的0岁人口性别比高达127.88和127.59），乡村为 119.09（安徽和福建的乡村的 0 岁人口性别比竟然高达 131.10 和 128.06）①。这就是说，中国 0 岁人口性别比的失衡，是全国范围内的失衡，而不仅仅是乡村地区的失衡。在有些省份，城镇 0 岁人口的性别比甚至高于乡村 0 岁人口的性别比。在这种情况下，人口出生性别比的治理就非常困难。在社会结构转型的逻辑中，有些人寄希望于城市化来解决人口出生性别比的失衡问题，认为农民工，尤其是婚恋年龄段的农民工在进入城市并在城市安家之后，通过自己职业的转化与城市保障的覆盖，其生育中的性别偏好会降低，从而导致整个国家人口出生性别比趋于常态化。现在看来，职业变化与居住空间的变化，还不能在较短时间改变人们的生育偏好行为。但出生性别比的连年失衡，却会造成累积性效应，形成范围大、跨时长的女婴短缺现象。

5. 婚龄差难以解决未来适婚人口中女性的短缺问题

对于人口出生性别比可能引发的婚姻挤压问题，也有人认为可以通过提高男性与女性的婚龄差来降低男性在婚姻市场的竞争程度。言下之意是：那些在同一年龄段尚未婚配的大龄男性，可以在比自己年龄段小的女性中寻找配偶。但需要指出的是，中国人口出生率的降低，使年龄较小的同期群的总人口，逐渐少于年龄较大的人口出生同期群人口，这就伴随性别比的失衡而形成了倒金字塔结构。比如说，从 0 岁到 19 岁的年龄段人口性别比都是失衡的，而且有年龄段越小性别比也越高的趋势。在这种情况下，如果希望年龄段较大的男性在择偶中选择年龄段较小的女性，则年龄段较小的男性的婚姻市场竞争压力会更大。据统计，0—23 岁男性之和与 0—23 岁女性之和的差高达大约 2286.63 万人。这就是说，如果普查数据可信的话，由于人口出生性别比的失调，23 岁以下的男性比女性多出了 2286.63

---

① 这些数据根据第六次人口普查《中国 2010 年人口普查资料》表 1—7a、1—7b、1—7c 分别计算。

万人。这是无论如何也不能继续漠视的问题。

二　单身未婚："剩女"和"剩男"

1. 初婚年龄的推迟与单身未婚

工业化与城市化的发展，使进入城市工作的青年男女，脱离了原有乡村社区的熟人社会，而进入了城市社区这个陌生人社会。其中的中转站，在人口流动的早期阶段是"城市里的村庄"——短期存在的城中村。尽管城中村的规模曾经很大，在20世纪末达到鼎盛时期，但经过城市的逐步改造，以旧城集市和破旧大院为主的城中村被高楼大厦所代替，即使留有部分平房区，其规模也大大缩小。尽管农民工大多以家庭为单位移入了城市，但在城市"陌生人"的包围下，原有村庄的那种宗族或家庭熟人之间的休戚与共或者面对面直接亲密互动的初级群体关系解体了。与此相适应的是，熟人社会的群体团结也消失了，青年男女突然进入了一个"个体主义"的、缺少家长与亲属管理的社会活动空间。

而城市社会也伴随"单位制"的解体、"单位—家属院社区"房屋的市场化买卖、街道和居委会老旧社区人口的多元化等，逐渐走向了熟人与陌生人杂居的社会。这些社区的熟人关系，主要在老年人之间维系。青年一代不得不在各自购买能力的约束中选择了不同的商品房。这种事实上的地区流动，使城市进入了大规模的"人户分离"或居住与上班地点的分离时代。在传统计划经济时期，人们在"单位制"下，上班在同一个企业，下班在同一个家属院。单位内部职工之间、街坊邻居之间易于形成婚配关系。但市场化的进程，打破了城市原有的熟人社会，使城市青年男女也进入到了一个"陌生人社会"之中。高楼大厦中的一个个公司，只提供了一个经济生产空间，但却限制了恋爱与婚配关系的再生产：有很多企业还明令青年男女不准发展办公室爱情，更不准在企业内部生产出家庭关系。

网络虚拟社区的兴起，表面看起来增加了人们的交往途径，但互联网的"熟人"，却更多体现着"陌生人社会"的"不可信"特点。这样，工业化、城市化以及网络社会的普及，反倒提升了人们的交往成本，尤其是婚恋关系的确定成本。城市出现的奇怪现象是：婚龄期的青年，比较容易找到同居伙伴，却难以走入婚姻的殿堂。再加上住房价格与家庭生活成本的上升，以及人们在结婚后想要"独立门户"的思想观念的普及，婚配难、结婚难的问题越来越突出。当然，婚姻观念中认为何时结婚才是最佳适婚年龄之认识的变化，也影响着"单身"时间的维持长短。政府规定的法定结婚年龄，也强制约束了"早婚"现象的发生，这也会在一定程度上延迟初婚年龄。比如说，1954 年的《婚姻法》就规定，男不得早于 20 周岁、女不得早于 18 周岁结婚。在 1980 年修改《婚姻法》时，又规定男不得早于 22 周岁、女不得早于 20 周岁结婚。但在"文革"中，为落实"晚婚晚育"政策，很多城市规定男只有达到 25 周岁、女只有达到 23 周岁，才可结婚。因此，"文革"后期很多大城市，甚至整个国家的初婚年龄都比较大，从 20 世纪 80 年代初期开始，才有所降低（张翼，2006）。但不管怎么说，伴随工业化与城市化水平的上升，人们的初婚年龄在逐步推迟。

应该说，这不是中国现代化过程的特有现象。这是人类社会进入工业化社会与后工业化社会之后的普遍现象。比如，在 1970 年，美国的初婚年龄中位数，男性是 22.5，女性是 20.6 岁；但到了 1988 年，男性上升到 25.5 岁，女性上升到 23.7 岁；到 2009 年，男性上升到 28.4 岁，女性上升到 26.5 岁[①]。但中国女性的平均初婚年龄，在 1991 年是 22.23 岁，在 2001 年增长到 24.15 岁。其中北京市女性平均初婚年龄，在 1991 年是 24.44 岁，在 2001 年增长到 25.20 岁；上海女性的平均初婚年龄，在 1991 年是 24.44

---

① 2009 年美国社区调查（American Community Survey）。

岁，到 2001 年增长到 25.29 岁[①]。应该说，在农村人口还占非常大比重的情况下，中国女性的平均初婚年龄达到 24 岁多，主要是非常快速的城市化促动的结果[②]。

另外，根据表 3—9 我们还可以看出，在 2010 年人口普查时，25—29 岁的未婚男性人口，占该年龄段整个人口的百分比已经上升到了 36.29%，女性也上升到了 21.62%。因为城市辖区的工业化水平远远高于镇和农村，所以，在城市人口中，年龄在 25—29 岁的男性未婚人口占该年龄段所有人口的比重已经高达 44.78%，而女性未婚比重也高达 29.13%。同样，在镇里面，25—29 岁的未婚男性占比也达到了 31.45%，女性达到了 17.84%；在农村，未婚男性占比达到 31.11%，女性达到 16.74%。

在 30—34 岁年龄段，全国未婚男性占比为 12.62%，女性占比为 5.35%。其中在城市该年龄段男性未婚占比为 13.34%，女性占比为 7.35%；在镇里，男性未婚占比为 9.06%，女性占比为 7.35%；在农村，男性未婚占比为 13.67%，女性占比为 4.42%。

在 35 岁及以上年龄段，我们可以看出婚姻市场竞争的微妙关系：因为城市男性更有竞争力，所以，35 岁及以上年龄段男性未婚占比开始小于农村。在该年龄段，城市为 5.44%，农村却是 8.28%。因此，初婚年龄的推迟或者成年人的结婚难等，会使中国社会存在一个相当人口规模的未婚人群。

---

① 见《人口和计划生育常用数据手册（2005）》，中国人口出版社 2006 年版，第 141 页。

② 可以肯定地说，伴随社会结构的转型与城市化程度的加深，初婚年龄的增长是可期的。但这并不等于说初婚年龄会一直处于增长的态势。毕竟，希望结婚的男女双方，都希望在 30 岁之前结婚。从美国历次人口普查所得到资料来看，在 1900 年，女性的初婚年龄中位数是 21.9 岁，但在 1950 年却是 20.3 岁，此后一直持续到 1970 年前后。到 1978 年才又增长到 21.8 岁。此后又处于缓慢增长的态势。见罗斯·埃什尔曼《家庭导论》，中国社会科学出版社 1991 年版，第 288 页。

表 3—9　　2010 年第六次人口普查未婚人口在出生同期群中所占比重　　（%）

年龄段	全国		城市		镇		农村	
	男	女	男	女	男	女	男	女
25—29 岁	36.29	21.62	44.78	29.13	31.45	17.84	31.11	16.74
30—34 岁	12.62	5.35	13.34	7.35	9.06	3.73	13.67	4.42
35—39 岁	6.44	1.76	5.35	2.72	4.18	1.18	8.28	1.32
40—44 岁	4.15	0.75	2.93	1.33	2.64	0.53	5.53	0.51
45—49 岁	3.12	0.44	1.97	0.82	1.96	0.32	4.29	0.27
50—54 岁	3.21	0.30	1.57	0.57	2.13	0.20	4.56	0.18
55—59 岁	3.43	0.25	1.27	0.46	2.39	0.17	4.78	0.16
60—64 岁	3.54	0.24	1.12	0.37	2.64	0.18	4.87	0.20
65 岁及以上	3.11	0.42	0.96	0.36	2.63	0.39	4.20	0.46

　　数据来源：根据《2010 年人口普查资料》"长表数据"中的表 5—3、5—3a、5—3b、5—3c 计算。表中的百分比是以该年龄段所有人口为分母进行的计算。

　　根据表 3—9 的 2010 年人口普查数据，我们还可以看出，在 50 岁及以上年龄段，城市、镇、农村男性的未婚占比表现出了城市低于镇、镇低于农村的分布趋势。这就是说，只要城市男性希望结婚，其就能够结婚的概率远远高于农村男性。真正难以结婚的男性基本都分布在农村。农村大约有 4% 多一点的男性终生可能难以结婚——这就牵扯到了"剩男"问题。

2. "剩男"主要分布在农村，"剩女"主要分布在城市

　　"剩男"和"剩女"是一个日常话语所定义的概念。在媒体上，有些人将 28 岁以上的未婚男性或女性称为"剩男"和"剩女"；也有些人将 30 岁以上的未婚男性和女性称为"剩男"和"剩女"。如表 3—10 所示，25—29

岁男性在城市的未婚比例已经高达 44.78%，而相应年龄段的女性也高达29.13%。在这种情况下，显然不能将 29 岁及以下年龄段男性或女性称为"剩男"或"剩女"。但如果我们将 30 岁及以上的未婚男性或女性称为"剩男"和"剩女"的话，那么，可以看出：在 25—29 岁年龄段未婚人口中，对于男性来说，城市占 46.19%，镇占 16.13%，农村占 37.68%。对于女性来说，城市占 50.76%，镇占 15.85%，农村占 33.40%。这说明：在城市化影响下，年龄越小的群体，越趋向于向城市集中。而该年龄段女性未婚人口在城市的比重高于男性未婚人口在城市的比重——这预示该年龄段女性未婚人口较男性更趋向于向城市集中。

婚姻市场的竞争，往往使那些能力较弱、收入较低的群体，既难以进入城市就业，也难以找到合适的对象结婚。正因为如此，我们可以在表 3—10 中看到：在 30—34 岁年龄段未婚男性人口（"剩男"）中，农村占比达到 47.02%，而城市为 38.59%，镇为 14.40%。在 35—39 岁年龄段未婚男性人口中，农村占 58.67%，城市占 27.90%，镇占 13.43%，且由此年龄段开始，农村未婚男性所占比重直线上升，一直到 60—64 岁年龄段未婚男性中，农村占比达到 79.02%，而城市仅仅为 7.90%。

但在未婚女性人口中，我们可以看到，即使在 30—34 岁年龄段"剩女"中，城市占 50.53%，镇占 14.43%，农村占 35.04%。虽然不同年龄段农村未婚女性在相应年龄段全部未婚女性人口中所占比重有所波动，但总体趋势是城市"剩女"占比一直保持在 50% 以上——在 50—54 岁年龄段甚至达到 56.98%。对于 50 岁以上的未婚女性来说，其进入婚姻之中的概率就微乎其微了。有些人可能是"自主"不愿结婚，也有些人可能是"被动"难以结婚。环境条件的限制与自己本身的婚姻观念等，都可以影响其做出是否择偶结婚的判断。

表 3—10　　　　　2010 年第六次人口普查不同年龄段未婚人口
在城市、镇和农村的分布　　　　　　（%）

年龄段	男性				女性			
	城市	镇	农村	总计	城市	镇	农村	总计
25—29 岁	46.19	16.13	37.68	100.00	50.76	15.85	33.40	100.00
30—34 岁	38.59	14.40	47.02	100.00	50.53	14.43	35.04	100.00
35—39 岁	27.90	13.43	58.67	100.00	51.50	14.08	34.43	100.00
40—44 岁	21.29	12.91	65.80	100.00	51.87	14.27	33.86	100.00
45—49 岁	19.45	12.30	68.24	100.00	54.24	14.29	31.47	100.00
50—54 岁	14.73	12.18	73.09	100.00	56.98	12.16	30.86	100.00
55—59 岁	9.77	12.43	77.80	100.00	51.64	12.42	35.94	100.00
60—64 岁	7.90	13.08	79.02	100.00	40.23	13.37	46.39	100.00
65 岁及以上	7.77	14.47	77.76	100.00	21.76	16.03	62.21	100.00

数据来源：根据《2010 年人口普查资料》"长表数据"中的表 5—3、5—3a、5—3b、5—3c 计算。表中的数据是相应年龄段所有男性或女性未婚人口为分母所做的计算。

　　基于以上数据所展示的未婚人口的区位结构，我们完全可以作出这样的判断："剩男"主要分布在农村，"剩女"主要分布在城市。这种情况的存在，已经使大龄未婚人口的婚姻匹配难度显著放大。由人口流动所带来的农村适婚女性的短缺现象，会在城市后工业化过程中进一步加剧。因为后工业化（即服务业部门就业需求的扩张）将使女性较之于男性更容易找到工作岗位。城市与农村的文化习惯不同、生活方式不同、收入差距又比较大，农村中的"剩男"，大多数是适婚时期婚姻市场竞争中的弱势群体；而城市的"剩女"，却可能因为种种原因而错过了婚配的最佳时期，更可能是人力资本比较高的群体。女性的"上迁婚"，与男性的"下迁婚"之间的矛盾，使农村"剩男"与城市"剩女"之间很少有机会谈婚论嫁。也因此，男女两性人口的社会区隔与地域结构矛盾会长期存在。中国未来由未婚人口所组成的"独居家庭"还有很大增长空间。

3．"剩女"少于"剩男"

学术界既有的研究成果表明，男女两性的婚配更倾向于"阶层内婚制"，而不是"跨阶层的婚姻缔结"（张翼，2003）。在同一阶层内部，女性的"上迁婚"特点，使其希望嫁给比自己学历和社会阶层地位稍高的男性；而男性"下迁婚"的特点，则使其更倾向于选择学历与社会阶层地位较自己稍低的女性。即使社会评论家尖锐地批判了"高富帅"与"白富美"现象，但绝大多数人的婚姻实践却遵循了这一基本的社会准则。

基于以上认识，表3—11为我们报告了不同教育阶层在同一出生同期群中未婚男女人口的性别结构。在婚龄差（丈夫与妻子之间的年龄差距）既定的情况下，同一出生同期群或相邻出生同期群中未婚人口的供给，最终决定着该年龄段人口的结婚机会。也就是说，只有当同一年龄段或相邻年龄段同期群男女两性未婚人口基本平衡时，这些未婚者才有可能完成婚姻匹配（在排除婚姻搜寻成本的情况下）。

但从表3—11中我们发现：

第一，在将未婚人口分类为不同的受教育阶段之后，在每一受教育阶段内部，同期群中的男性都大大高于女性。年龄越大，男性未婚人口的占比就越高。也就是说，在所有的受教育阶段中，伴随年龄的增加，"剩男"的占比就越高，"剩女"的占比就越低。这就是说，"剩男"的占比大大超过了"剩女"。

第二，受教育程度越低，男性未婚人口在30—34岁年龄段之后的占比就越高，女性在30—34岁年龄段之后的占比就越低。受教育程度越高，"剩男"在相应年龄段人口中的占比就越低，而"剩女"所占比重则相应上升。

表 3—11　　　　　　　　分年龄段与受教育程度未婚人口的性别分布　　　　　　（％）

年龄段	未上学		小学		初中		高中	
	男性	女性	男性	女性	男性	女性	男性	女性
15—19 岁	52.20	47.80	53.76	46.24	54.07	45.93	51.82	48.18
20—24 岁	58.55	41.45	57.99	42.01	57.33	42.67	56.42	43.58
25—29 岁	66.16	33.84	68.82	31.18	65.23	34.77	63.56	36.44
30—34 岁	74.76	25.24	79.75	20.25	73.10	26.90	66.93	33.07
35—39 岁	82.70	17.30	88.37	11.63	80.38	19.62	69.45	30.55
40—44 岁	86.86	13.14	92.29	7.71	84.67	15.33	71.24	28.76
45—49 岁	89.07	10.93	93.93	6.07	87.73	12.27	73.35	26.65
50—54 岁	92.97	7.03	96.21	3.79	90.45	9.55	75.01	24.99
55—59 岁	94.57	5.43	96.81	3.19	88.56	11.44	71.92	28.08
60—64 岁	94.44	5.56	96.23	3.77	87.11	12.89	70.62	29.38
65 岁及以上	85.70	14.30	90.76	9.24	81.96	18.04	68.95	31.05

年龄段	大专		大本		研究生			
	男性	女性	男性	女性	男性	女性		
15—19 岁	45.84	54.16	47.30	52.70	50.99	49.01		
20—24 岁	49.63	50.37	50.90	49.10	46.50	53.50		
25—29 岁	57.91	42.09	57.31	42.69	52.70	47.30		
30—34 岁	60.99	39.01	61.02	38.98	59.94	40.06		
35—39 岁	60.14	39.86	59.50	40.50	58.92	41.08		
40—44 岁	59.73	40.27	58.59	41.41	57.73	42.27		
45—49 岁	58.85	41.15	57.61	42.39	61.03	38.97		
50—54 岁	51.63	48.37	55.26	44.74	53.28	46.72		
55—59 岁	44.28	55.72	45.57	54.43	51.72	48.28		
60—64 岁	46.87	53.13	43.88	56.12	57.14	42.86		
65 岁及以上	58.15	41.85	58.51	41.49	63.64	36.36		

注：在每一同期群（出生队列）中，男性与女性占比相加等于100％。

数据来源：根据《中国 2010 年人口普查资料》长表数据资料表 5—3 计算。

第三，"剩男"现象的部分原因，在于适婚女性短缺所引起的"婚姻挤压"。在表3—11的每一受教育阶段中，不同年龄段的数据都显示，未婚男性都多于未婚女性。这就是说，对于某一个具体的未婚男性而言，婚姻的搜寻成本或自己的选择偏好决定着其是否结婚。但对于整个"剩男"群体而言，适婚女性的短缺，在很大程度上增加了男性内部的竞争压力，即存在着程度不同的"婚姻挤压"现象。

正因为这样，未婚男性所形成的"剩男"问题，既表现为婚姻家庭问题，也表现为人口结构问题。当然，一部分未婚人口会在离婚人口或丧偶人口中寻找配偶。但一对夫妇的离婚，则会同时产生一个单身女性和一个单身男性，即离婚率的上升，不能从根本上改变某一年龄段男性和女性人口的性别结构。社会人口学领域的研究发现，由于女性生存优势的存在，丧偶后存活的人口，主要是女性人口。但丧偶率的高发时期，是在65岁之后，这对劳动力人口的婚配几乎没有太大的影响。所以，当前未婚人口的基本构成，从根本上决定着"剩男"与"剩女"的数量及其在婚龄年龄段人口中所占的比重。

三　人口流动与"一家多户"

1. 从流动人口到"不流动"的常住人口

前已述及，在工业化、城市化过程中，市场所提供的就业岗位，刺激和拉动了人口流动，使人力资源更好地获得优化配置，进一步刺激了劳动者的积极性。但中国的户籍制度，其实不仅仅是人口生命事件的登记制度，更多地表现为福利资源配置制度和社会治理制度。正因为如此，其制度化地先在安排了人们的行政地域所属及其获得社会保护的福利区域。尽管人口流动了，但流动的仅仅是就业和劳动力，却没有从根本上携带制度安排的福利与保障，于是也就没有了家庭在流入地获得福利支持的依据。

　　所以，一个农业户口的人流动到城市，他所持的仍然是农业户口，他（她）由此便被制度化定义为"农—城流动人口"，而非"当地人口"或"当地户籍人口"。即使是非农户口人口，其离开出生地而到别的城市，如果户口不转移，也会被制度化定义为"城—城流动人口"。到现在为止，尽管很多城市政府多次出台文件，声称进行了"户籍制度改革"，但所谓的改革，都是对"暂住证"的升级，而非对户籍制度的根本改革。不管将暂住证升级为居住证增加了多少信息或福利功能，其都在标注不同户籍的福利区隔，而无视移居者本身移入城市时间的长短。

表 3—12　　　　　　　　农民工在移入地居住时间分布结构　　　　　　　（％）

就业地区	您来本城市多少年了					总计
	16 年及以上	11—15 年	6—10 年	2—5 年	最近 1 年或不到 1 年	
东部	3.28	6.72	19.12	48.44	22.43	100.00
中部	3.00	5.63	16.00	54.73	20.64	100.00
西部	3.86	6.47	17.72	54.73	17.22	100.00

数据来源：根据国家计生委 2010 年下半年流动人口监测调查数据计算。

　　但事实上，即使是流动人口中的农民工，也正在逐渐由流动人口转变为常住人口。从表 3—12 可以看出，不管是在东部地区，还是在中西部地区，都有将近 10％ 的农民工在打工所在的城市居住了十几年。在打工地居住达 6—10 年的农民工，在东部地区达到 19.12％，在中部地区达到 16％，在西部地区达到 17.72％。在打工地居住时间达到 2—5 年的农民工，在东部地区达到 48.44％，在中部地区和西部地区均达到 54.73％。这就是说，有将近 80％ 的农民工其实是"长期"居住在打工地的，而只有 20％ 左右的农民工属于"流动人口"。因此，有关政府部门应不折不扣地落实中央提出的"实有人口"管理与服务政策，而不应继续执行将户籍人口与流动人口区隔分而治之的传统社会治理政策。同时，应该禁止城市部门为增加人均

GDP 而采取的瞒报农民工人数的做法。

外地移入的常住人口，应该被称为"城市新移民"。这是中国城市化过程必须解决的社会治理问题。这个问题不解决，移民之间的矛盾、移民与当地人口之间的矛盾就不可能顺利化解，社会整合、社会团结或社会融入问题就会愈演愈烈。

2. 城市新移民与"一家两户"或"一家多户"

正因为流动人口正在逐渐转变为城市新移民，所以，绝大多数流动人口以草根阶层的毅力在城市里扎下了根。这样，传统社会里形成的认知家庭——或者按照约定俗成的惯习仍然被指认为是同一个家庭的成员，就可能客观上形成不同的居住户。留在农村的形成为留守家庭户，迁入城市的形成为"流动家庭户"。因为城市里的新移民支付不起购房的首付款，所以以租住的方式解决其居住问题。又由于租住房屋的不稳定性，流动人口家庭在城市内部"经常性搬家"的情况加剧。

从表3—13可以看出，对于"农—城流动人口"（农民工）来说，其在流入地城市的家庭类别为："未婚或无偶1人户"占20.19%，"已婚1人户"占10.25%，"夫妻家庭户"占25.85%，"核心家庭"占38.66%，"主干家庭"占2.75%，"混合家庭"占2.31%。从这里可以看出，除"未婚1人户"和"已婚1人户"外，绝大多数从农村流出的人口都携带其家属一起流入了城市。但对于农村流入城市的人口来说，他们在农村还有留守家庭成员。比如说，"未婚1人户"还有3.22人留守在农村老家；"已婚1人户"留守在老家的家庭成员最多，达3.37人；"夫妻家庭户"有2.87人仍然留守在农村老家；"核心家庭"的留守家庭成员下降到1.71人；"主干家庭"的留守家庭成员最少，只有1.20人。

表3—13　　　　　　　流动人口家庭类别及其留守家庭成员数量　　　　（％，人）

流动人口家庭类别	农—城流动人口		城—城流动人口	
	各类家庭所占比重	老家留守家庭成员数	各类家庭所占比重	老家留守家庭成员数
未婚1人户	20.19	3.22	23.39	2.61
已婚1人户	10.25	3.37	11.19	2.89
夫妻家庭户	25.85	2.87	20.93	2.40
核心家庭	38.66	1.71	36.07	1.75
主干家庭	2.75	1.20	6.26	1.56
混合家庭	2.31	1.88	2.16	1.81
总计	100.00	2.47	100.00	2.20

数据来源：依据国家计生委流动人口监测调查2010年下半年数据计算。在这里，"未婚或无偶1人户"指未婚1人居住或离婚后1人居住户；"已婚1人户"指有偶但在流入地自己单独居住的户；"夫妻家庭户"指只有夫妻2人居住的户；"核心家庭"指父母与其未婚子女一起居住的户；"主干家庭"指父母加其一对已婚子女及其未成年子女居住的户；"混合家庭"指有亲属关系和没有亲属关系的人一起混居的户。

对于"城—城流动人口"来说，其在流入地的家庭结构类型为："未婚或无偶1人户"占23.39％，"已婚1人户"占11.19％，"夫妻家庭户"占20.93％，"核心家庭"占36.07％，"主干家庭"占6.26％，"混合家庭"占2.16％。从这里可以看出，除"未婚1人户"和"已婚1人户"外，非农户籍流动人口中的绝大多数也是携带家属迁移的家庭式迁移户。他们在流出地城市也有留守家庭成员。比如说，"未婚1人户"还有2.61人留守在老家；"已婚1人户"留守在老家的家庭成员最多，达2.89人；"夫妻家庭户"有2.40人仍然留守在老家；"核心家庭"的留守家庭成员就下降到1.75人；"主干家庭"的留守家庭成员最少，只有1.56人。

从这里可以看出，与城市家庭户规模小于农村家庭户规模一致，城—城流动人口家庭户中"未婚1人户"和"已婚1人户"的占比都高于农村流入城市的农—城流动人口。不仅如此，城市流动人口留守在老家城市的家庭成员数也小于农村留守家庭成员数。

在这种情况下，流动人口的家庭，就被流动与留守分割为流动家庭户与留守家庭户。在流动家庭户中，可能还存在另外一种情况，就是流动人口在流出时，进入到了不同的城市，形成1个或1个以上的"未婚1人户"和"已婚1人户"。家庭成员的分离，使家庭的温暖与亲情关系难以慰藉在他乡打工的成员，这会造成流动人口的压抑与心理紧张。已婚夫妻的分居，不仅会造成分居中夫妻关系的紧张，还可能会酿制婚外情与离婚事件。这是流动人口在流动中可能发生的家庭风险，尚需要更多研究揭示其中的复杂性。

◇◇ 第三节　家庭问题的社会治理

中国在社会转型过程中，伴随工业化和城市化，以及市场对整个社会资源配置能力的强化，原有体制下形成的社会服务体系和社会组成单元的配套体系发生了断裂。这些断裂中最大的问题是社会服务体系与家庭的快速变迁之间出现了不协调性。在少儿型人口和成年型人口形势下形成的家庭制度，已经不能满足老龄化社会的需要了。

在最初推行计划生育政策时出台的"家庭计划"政策，是与计划经济息息相关且只能在计划经济之下才能够实施的家庭扶持政策（比如照顾独生子女的入学与就业等），在市场经济的实施过程中，已经形同虚设了。而且，家庭的核心化过程（可能还伴随着人口流动中的"独居化"过程与"老年空巢化"过程），使原有稳定的、长期厮守与相对固化的邻里关系变化为"陌生人"社区关系。改革开放解构了单位制中经济生产与社会生活的共生相伴性质，但却没有建立起与市场经济相适应的社区和社会服务的基础设施，也没有完善地建立起适应于市场经济发展要求的家庭制度体系。

基于熟人社会建立的、与宗族血亲关系密切结合的家庭网，也在人口流动中碎片化。人们不再生活在宗族社会和类家族社会，也不再生活在具有利他主义情结的乡土社会。工业化与城市化将市场逻辑与工业逻辑置于社会交往过程，但家庭网，尤其是基于地缘关系建立的、具有面对面互动关系的血缘家庭之间的网络支持力度却变弱了。家庭在适应于市场转型的过程中承担了太多的"单位转变为社会"的成本。如何重建新的、在市场经济大潮下的社区支持体系，以缓解家庭的压力，并提升家庭的发展能力，就成为社会政策，尤其是政府配置家庭政策的核心内容。在社会转型将家庭突然置于一个新的、以契约关系和货币交易关系为基准的社会时，新的家庭政策的制定与出台，就显得极其紧迫。

本章认为以下政策性建议对于家庭问题的社会治理刻不容缓。

第一，要在家庭政策的配置过程中，给予独居家庭（包括单身独居和已婚独居）以更多的关注。在家庭小型化过程中，典型的核心家庭数量有减少的趋势，但夫妇家庭与独居家庭数量则有进一步增加的趋势。工业化、城市化以及现代价值观念对人们生活的影响，使更多离开母家庭的人有了一个相当长时期的未婚独居时期。即使那些已婚的人，也在离婚率日渐上升的趋势中面临离婚风险，这也使那些离婚后在短期内难以结婚的人易处于独居家庭中。即使是已婚夫妇，在人口流动的影响下，也会有相当比例的人处于独居之中。所以，家庭政策不能无视社会的变迁，将"单身者"排除在外。计划生育政策与生殖健康服务，也应该给予这个人群以足够的重视。

第二，要注意人口流动所带来的婚龄期人口的性别失衡，要在产业配置上调节男女两性人口的均衡。伴随人口出生性别比的上升，那些进入婚龄期的男性，势必碰到婚姻挤压问题。但现在我们面临的最主要问题，却是农村"剩男"多于"剩女"，而城市"剩女"难以婚配。尽管在未婚人群中，男性的数量远远大于女性，但女性的"上迁婚"特点，使其在受教育程度达到一定阶段后，就会出现难以婚配的问题。因为受教育程度较高的男性，往往是婚姻市场里的优胜者，他们会在适婚年龄基本婚配完毕。这样，大龄高学历"剩女"就会面临"择偶难"问题。一旦产业配置在引导人口流动时，出现市场化性别选择或特定人口群体的性别选择，则性别比的失衡会放大城市"剩女"的恐慌。但在农村女性更易于流动到城市之后，农村"剩男"中的绝大多数，会面临终身难以结婚的风险。所以，也需要对这部分人进行心理调节与疏导，以免酿成社会问题。

第三，要在广大农村中心城镇逐步建立养老机构。虽然现在很多人关注的是城市的养老问题，但一个不容忽视的事实是，在人口流动的影响下，农村的老龄化水平高于城市。这是自2000年第五次人口普查以来的基本趋势。而且，这一趋势将长期保持而不可逆转。在现代化程度较高的国家，都是农村的老龄化水平高于城市、小城市的老龄化水平高于大中城市。另外一个不容忽视的问题是中国的人口集聚速度也加快了。所以，从现在开始，在新农村建设中，应该在几个行政村都易于到达的地方，逐步建立共享型养老机构；要在当地的中心城镇逐步建立较大型养老机构。城市化水平越高，农村的留守老人就越多；城市对农村流动人口的社会保护政策越好，农村留守的学龄期儿童就越少。如果村庄的孩子少了，村庄的活力就会更少。

我们必须认识到，先是农村的青壮年男人离开村庄，继之是农村的青年女性也离开村庄，现在已经到了孩子纷纷离开村庄的时代。在人口出生率降低的过程中，并村的过程形成并校；并校的过程将形成中小城镇的超级小学和中学，也将形成超级高中。为伴读或帮助子女或孙子女完成学业，老人也会向城镇集中。这也会增加隔代家庭的比重。在这种情况下，将空出来的小学改变为老年活动中心，就应该是地方政府决策的题中之意。另外，在农村征地过程中，也应该拿出一定数量的资金与土地，以供建立养老场所之所需。

第四，不管是农村社区，还是城市社区，都应该更加关注老年空巢家庭的养老服务。中国老年家庭的空巢化，是有文字记载历史以来最大规模的空巢化。农村向城市的流动、城市内部的流动以及城市之间的人口流动，都将前所未有地制造出更多的空巢家庭。在成年子女离开了出生的社区之后，母家庭的空巢期会提前。家庭的天伦之乐会逐渐减少代际互动的内容，在这种情况下，如果社区缺少老年服务，那老年人的生活就少了很多情趣，这不利于老年人的身心健康。即使身心健康的老年人，在逐渐变老的过程中，也会碰到生活不能自理的问题。这时候，社区就亟须老年服务设施和劳务支持。应该说明的是，要将养老机构建立在学校的周围，使老年人易于接触到孩子，这极其有利于调动老年人的活力，并提升老年人的心理健康水平。

第五，要鼓励青年一代形成尊老的传统，要在税收政策等方面鼓励家庭养老。家庭代际权力关系的变化，使老年人在家庭内部和家庭网内部的决策能力与参与决策能力都减弱了。如果说中国古代存在过很长时期的"父权制"的话，那么，自改革开放以来社会经济的发展与就业领域科学技术水平的提升，使青年一代的收入大大高于老年父母。尽管大学生的初职就业工资可能比较低，但在随后的职业变更中，人力资本较高的群体必然会取得更高的工资。在这种情况下，依靠家庭内部的文化，或者仅仅依靠所谓的"孝"去鼓励子女对老年人的养老义务，其效果就不可能显著。但如果在税收政策上，对那些积极养老的子女或者对那些将自己的老人接到家里养老的子女以减税，则就等于变相增加了家庭的收入，有助于进一步调动子女尊老、养老的积极性。

第六，要在城市中完善流动人口家庭服务，要进一步落实流动人口家庭子女在城市的就近入学政策。虽然中央政府的政策已经出台，但如果地方政府不能全心全意地贯彻，流动人口与地方户籍人口的矛盾就不可避免，社会融合就是一句空话。我们要注意到，大约有70%的流动人口呈家庭式流动。在这种情况下，属地化管理或属地化服务的最重要措施，就是使流动人口中的"第二代"与城市人口的孩子一样享受城市发展的成果。而最重要的成果，就是对义务教育机会与高考机会的公平分享。

第七，要刺激消费，就要减轻家庭的教育开支，减轻家庭的养老压力，减轻青年一代进入城市的生活成本。青年一代进入城市生活成本的居高不下，势必衍生"啃老族"。应该看到，"啃老族"的存在，不仅仅是一个社会伦理问题，而更显著地表现为整个家庭在独生子女化过程中对城市化和大城市化的家庭支持。将一家三代的全部积累用于购买一套住房的预期，大大限制了中国人的消费欲望。教育负担的加重，也限制了家庭的再生产能力，即其用于改善生活条件的能力。另外，国家现在还不能一下子大幅减轻家庭的养老压力。毕竟，农村的"新农保"与城市的"城镇居民保险"额度太低。虽然覆盖面扩展了，但可保障力度没有跟上。在这种情况下，如果家庭的教育开支占比仍然很高，则那些有在学孩子的家庭，就很难大胆消费。要知道，购房、上学、看病、养老仍然是家庭中几项最大的开支和负担。

新社会群体的崛起与
社会治理体制创新

第 四 章

新生代农民工的社会态度、行为
及其社会治理意义

"新生代农民工"目前已经受到中国政府和社会的高度关注。2010年中央一号文件《中共中央、国务院关于加大统筹城乡发展力度进一步夯实农业农村发展基础的若干意见》，第一次在中央正式文件中使用了"新生代农民工"的概念。2010年2月1日，国务院新闻办公室举行新闻发布会，中央财经领导小组办公室副主任唐仁健在会上表示："'新生代农民工'主要指的是'80后'、'90后'，这批人目前在农民工外出打工的1.5亿人里面占到60%，大约1个亿。一方面，他们出生以后就上学，上完学以后就进城打工，相对来讲，对农业、农村、土地、农民等等不是那么熟悉；另一方面，他们又渴望进入、融入城市社会，享受现代城市的文明，而我们又总体上或者在很多方面也还没有完全做好接纳他们的准备。"

2010年1月23日至2010年5月26日，在短短四个多月的时间内，我国广东省深圳市台资企业富士康①厂区内，连续发生12起令人震惊的新生

---

① 富士康集团是著名的台资企业，主要从事电脑、通信、电子产品的制造，1974年在台湾创立，自1988年在深圳建厂以来，规模迅速扩大，共拥有60余万员工，是全球最大的电子产业专业制造商。2008年富士康出口总额达556亿美元，占中国大陆出口总额的3.9%，连续7年居大陆出口200强榜首。在《财富》2009年全球企业500强排位中，居第109位。

代农民工跳楼自杀事件，造成 10 死 2 重伤的悲惨结局，全国哗然，举世震惊。面对这一事件，民众、政府、学界、媒体和企业界都在询问，到底发生了什么？为什么发生？这不由得引发人们思考，究竟是什么原因使得他们对生活彻底失去信心，对现实感到绝望？如此密集的连续跳楼自杀事件，究竟是孤立个案，还是具有内在联系的集体行为？

学界和媒体对此事件的解释和看法并不一致：一些心理学家认为，新生代农民工远离家庭和社区，相比历经艰难生活磨炼的老一代农民工，心理更加脆弱，从而认为是一个群体心理问题；一些管理学家认为，富士康对新生代农民工采取军事化管理方式，要把生产者变成纪律严明的劳动大军，但无视人的精神生活，缺乏人性化管理；一些媒体甚至在反思，是不是媒体起到了行为模仿的诱导作用，因为媒体从富士康员工发生第 7 起自杀事件后就密集报道，在不断报道中相同的自杀事件却连续发生；民众则多数认为，这是被政府忽视、被社会排斥、被企业压迫的新生代农民工为一味追求经济发展和利润所付出的生命代价，企业、社会和政府都难免其咎。

一些社会学家则发出愤怒的呐喊，呼吁全社会从经济社会的深层原因去反思我们的发展模式。5 月 19 日，在富士康连续出现 9 起新生代农民工自杀事件之后，北京大学、清华大学和中国社会科学院等高校与研究机构的 9 名社会学家通过媒体向社会发布了《杜绝富士康事件》的"公开信"（沈原等，2010）。信中指出："我们从富士康发生的悲剧，听到了新生代农民工以生命发出的呐喊，警示全社会共同反思这种以牺牲人的基本尊严为代价的发展模式。"不幸的是，在公开信发布之后，富士康又连续发生员工自杀事件。

这封公开信所提出的问题，也恰恰是本章要回答的问题和证明的假设，即新生代农民工的连续自杀事件，所反映的并不是一个个体心理问题或行为模仿问题，也不仅仅是一个管理方式问题，而是有其深层的经济社会原因。

◇ 第一节 概念解析、文献回顾和数据说明

"新生代农民工"所蕴涵的第一个概念是"代"。"代"在社会学中与阶层、职业、种族、性别一样，也是一个重要的社会人群划分方法和社会分析概念（米德，1988；周怡，1994；武俊平，1998）。"代"一般有三种不同的含义：一种是年龄差别产生的代际关系，如青年和老年；二是血缘关系产生的代际关系，如父辈和子辈；三是以共同的观念和行为特征产生的"代"，如"第五代导演""80后"等。研究社会重大事件对一代人的生活历程、行为方式、价值观念等的影响，是社会学的一个重要议题。美国社会学家埃尔德（G. H. Elder）曾出版《大萧条的孩子们》一书。他利用经验调查资料，力图解释1929—1933年全球性的经济大萧条对孩子们成长的影响。他的研究表明，萧条、战争和极端的社会骚乱等重大社会事件和危机时期，会重新建构个人的生命历程（埃尔德，2002）。周雪光和侯立仁把这个议题引入对当代中国的研究，他们在《文革的孩子们——当代中国的国家与生命历程》一文中，研究了"文革"中的"上山下乡"运动对一代人的影响，发现这种改变生活命运的影响是持续的，而且对不同社会阶层的孩子产生了不同的影响（周雪光、侯立仁，2003）。田丰则在《改革开放的孩子们》一文中，分析了改革开放后出生的"80后"新一代青年，发现他们的工作特征、生活方式、公平感和民主意识都与老一代有显著的差异（田丰，2009）。

以往对新生代农民工的研究多从新生代与老一代农民工之间的差异出发，或者从代际比较的角度出发。王春光立足于新生代农民工在身份认同和社会融入方面与老一代农民工的差异，从社会心理、日常生活行动和制度等三个层面，将新生代农民工的城市融合状况概括为"半城市化"，认为

中外城市化过程中都要经历一代人左右的"半城市化",一旦化解不好,可能出现另一个结构性问题——"城市贫民窟"(王春光,2006)。王正中从职业发展角度分析认为,正是新生代农民工改变了老一代农民工"有工就打"的择业路径,他们对职业发展和就业岗位进行的"理性"选择,改变了中国劳动力"无限供给"的状况,也是东南沿海地区出现"民工荒"的重要原因(王正中,2006)。也就是说,新生代农民工从单一的关注工资待遇,转向更多地关注自身职业前途和发展潜力,不再一味追求赚钱多的苦、脏、累、危、重的工作,而是更希望获得"体面工作"的机会。蔡禾和王进将理性选择与迁移理论结合起来,分析农民工永久居留在城市的意愿,发现年龄小、学历较高的农民工更倾向于永久居留在城市(蔡禾、王进,2007)。丁志宏的研究表明,与老一代农民工相比,新生代农民工在外出动机、身份认同和职业发展等方面都发生了根本性变化(丁志宏,2009)。

事实上,新生代农民工除了蕴涵着代际概念之外,还包含农民工这一社会阶层概念的限定性,是"阶层群体 + 年龄群体"的概念。所以,将新生代农民工作为研究对象时,不仅要遵从历史逻辑来关注代际差异,而且要注重结构逻辑,重新审视他们在社会结构中所处的位置。本章将"新生代农民工"视作依照社会身份、职业和年龄这三个标准划分出的一个新社会阶层,所使用的"新生代农民工"的概念,包括以下规定性:其一,这是一个职业群体,他们从事工商等非农产业工作,但主要是工业工作;其二,这是一个社会身份群体,他们的户籍是农民,一般来说他们的父辈身份也是农民或农民工;其三,这是一个年龄群体,属于1980年以后出生的"80后一代"。之所以选择1980年作为时间界点,是因为这大概也是我国改革开放的时间界点,"80后一代"生活经历与父辈完全不同(经济快速发展、对外开放、城市出现独生子女一代、互联网和全球化背景),而"新生代农民工"更是"80后一代"中具有特殊生活经历的年龄群体(几乎没有农耕经验,不再愿意在农村生活一辈子,但难以改变农民身份,难以融入城市社会，难以忍受没有尊严的生活）。

当从历史逻辑和结构逻辑的双重视角重新审视"新生代农民工"的时候，让人很容易想到一个问题，那就是"新生代农民工"所具有的特点，究竟是由历史逻辑所决定，主要是受到新时期经济快速发展、社会剧烈变革过程的影响；还是由结构逻辑所决定，主要由他们在社会结构中所处的位置所决定；抑或是两者交融产生特殊的影响。要想解答上面的问题，需要将"新生代农民工"与"老一代农民工"进行比较，同时也需要把"新生代农民工"与"新生代"的其他社会阶层进行比较。

本章与以往研究的不同之处，在于验证历史逻辑和结构逻辑对新生代农民工的不同影响，将新生代农民工的经济收入、生活压力和社会态度作为一组变量，全面分析和审视历史逻辑和结构逻辑对这三个方面的影响，并试图分析这三个方面的联系。据此，提出以下几点假设：

假设一：代际和阶层对新生代农民工经济收入、生活压力和社会态度的影响和作用是不同的，即代际和阶层各有其独立作用。

假设二：代际和阶层对新生代农民工经济收入、生活压力和社会态度也可能产生混合影响，即代际和阶层的交互项也会发生作用。

假设三：经济收入对社会态度和行为取向的影响，要通过某种中介变量来实现。

假设四：生活压力既受经济收入的影响，又会影响到社会态度，是一个可能的中介变量。

本章使用的数据来自中国社会科学院社会学研究所 2008 年 5—9 月进行的"全国社会状况综合调查"，此次调查覆盖全国 28 个省（市、区）130 个县（市、区），260 个乡（镇、街道），520 个村/居委会，访问住户 7100 余户，获得有效问卷 7139 份，调查误差小于 2%，符合统计推断的科学要求。调查问卷内容既包括年龄、性别、收入、职业等基本信息，还包括生活方式和社会态度等相关附加信息。

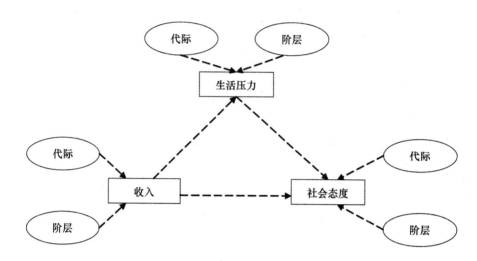

图4—1 新生代农民工收入、生活压力和社会态度模型假设示意图

在本章中，我们的一个基本分析策略，是把"新生代农民工""新生代城市工人""新生代白领"和"老一代农民工"这四个群体放在一起进行比较分析。在概念的具体界定上，"新生代农民工"是指在2008年调查时，在1980年及之后出生的，具有农业户籍，流动到城镇地区，从事非农职业，在基层和生产第一线工作的人群；"新生代白领"是指1980年及之后出生的，具有非农户籍，在城镇地区从事非农和非体力劳动工作的人群；"老一代农民工"是指1980年以前出生的，具有农业户籍，流动到城镇地区，从事非农职业，在基层和生产第一线工作的人群。通过数据筛选，本章共获得310个新生代农民工样本，此外还使用88个新生代城市工人样本、88个新生代白领样本和882个老一代农民工样本做参照。

除了描述性分析方法外，本章主要使用相依回归（Seemingly unrelated regression）方法（又名似不相关回归），分析代际、阶层、代际与阶层交互项对新生代农民工在收入、生活压力和社会态度上的影响，同时还注意观察收入、生活压力和社会态度之间的关系。相依回归与一般回归方程的区别在于，一般回归方程假设各个方程的误差项或者扰动项是观测不到的，并假设这些误差项或者扰动项是相互独立的，但事实上，这些误差项或者扰动项是相互影响的。相反，相依回归分析方法允许误差项或者扰动项相关，通过处理多个回归方程的误差项或者扰动项来控制自变量相关性的问题，并以此提高回归模型的估计效率。

◈ 第二节　新生代农民工的工作、消费和社会认同

新生代农民工作为一个社会群体，在内部存在一定的共性，并与其他社会群体存在相对差异。本节首先对新生代农民工与其他几个社会群体进行比较，从中分析新生代农民工的基本特征。

一　新生代农民工的收入、受教育水平、工作技能等基本特征

新生代农民工与新生代城市工人和新生代白领相比，平均年龄更年轻、平均受教育年限更短、平均工作年限更长、平均收入水平更低、平均变换工作次数更频繁。新生代农民工与老一代农民工相比，其平均受教育年限更长、平均收入水平更高、从事技术劳动和半技术半体力劳动的人数比例更大、在非公有制单位工作的人数比例也更高（参见表4—1）。总体而言，新生代农民工与新生代城市工人的职业生涯更为接近，但受到户籍制度的限制，在就业岗位、就业单位上还是存在差异的，新生代农民工劳动合同签订率低，从事体力劳动的比例高，在公有制单位就业比例低。

表4—1   新生代农民工的基本特征及比较

	新生代农民工	新生代城市工人	新生代白领	老一代农民工
平均年龄（岁）	22.9	24.7	25.2	—
平均受教育年限（年）	9.9	12.4	14.9	7.8
平均工作年限（年）	7.0	6.3	4.2	—
平均年收入（元）	13067.5	17077.3	25816.1	11486.6
年均换工作次数（次）	2.2	1.7	1.5	2.2
换工作频率（年/次）	3.2	3.7	2.7	—
劳动技能	—	—	—	—
技术劳动	42.45	60.92	86.36	22.01
半技术半体力劳动	33.09	32.18	12.5	31.82
体力劳动	24.46	6.9	1.14	46.17
企业内部职位	—	—	—	—
高层管理者	0	0	1.18	0.96
中层管理者	0	2.3	10.59	0.64
低层管理者	6.15	5.75	22.35	1.29
普通职工	93.85	91.95	65.88	97.11
单位类型	—	—	—	—
公有制单位	8.22	40.91	39.77	13.82
非公有制单位	91.78	59.09	60.23	86.18
劳动合同签订率（%）	53.85	63.22	80.95	30.19
平均每周工作时间（小时）	57.3	49.0	44.9	54.5

二 新生代农民工的消费特征

从消费方式来看，新生代农民工明显不同于老一代农民工，他们购买衣物所去的场所层次更高，有17.3%和23.4%的新生代农民工去"品牌服装专卖店"和"大商场"，而老一代农民工的这两项比例是3.1%和10.2%，甚至有部分新生代农民工使用网上购物的方式。新生代农民工外出吃饭比老一代农民工更为频繁，虽然没有足够的支付能力使他们像城市工人一样进入中高档饭店，但是在小吃店、小饭店和快餐店吃饭的比例与城市工人不相上下。不同档次饭店的选择差异一定程度上也折射出新生代农民工与新生代城市工人在消费阶层上还不能划分为同一等级，但他们较老一代农民工更为接近和习惯城市生活方式。

新生代农民工在接触和使用普及型媒体上与老一代农民工并没有特别大的差异，但是在使用新型媒体方面与老一代农民工存在较大差异，"几乎每天"用手机发短信的新生代农民工占 43.9%，而老一代农民工此项比例只有 10.9%；"几乎每天"上网的新生代农民工高达 10.8%，老一代农民工此项比例是 2.9%；"从不"上网的农民工，新生代是 43.9%，而老一代占 90.1%。在接受新型的生活方式上，新生代农民工与老一代农民工的差异远大于与新生代城市工人的差异。这说明新生代农民工拥有比老一代农民工更高的文化程度和技能水平，他们进城务工早，受农村生活文化的影响较小，更容易告别传统的农村生活方式，转而接受城市文化和城市生活方式；但是，受到自身收入水平和财力的限制，难以达到与城市人口同等的生活水平和同样的生活方式。

三　新生代农民工的经济社会地位认同

通过对基本信息、工作状况和生活方式的比较分析，不难看出，新生代农民工仍然受制于户籍、文化程度等不利因素，但能够参与到城市生活中，并且能够在一些方面享受到与新生代城市工人相似的生活方式，这无疑会大大增强新生代农民工对自己的评价。新生代农民工对自身经济社会地位的认同甚至高于新生代城市工人，原因可能是新生代农民工参照群体为其身边的农民、农民工或者城市工人；城市工人的参照群体则更可能是其周边的城市白领、中产阶级，所以更容易得出自己地位相对较低的评价（参见表4—2）。

表4—2　　　　　　　新生代农民工经济社会地位自评及比较　　　　　（%）

经济社会地位自评	新生代农民工	新生代城市工人	新生代白领	老一代农民工
上	0.97	1.14	1.14	0.57
中上	5.48	6.82	18.18	5.22
中	44.84	29.55	40.91	36.85
中下	28.06	38.64	30.68	29.93
下	15.16	23.86	6.82	25.62
不好说	5.48	0.00	2.27	1.81

◇ 第三节　新生代农民工的生活压力和社会态度

有学者称城市农民工为"双重边缘人",即除了城市"边缘人"外,新生代城市农民工对农村和农业的依恋在减退,不愿或无法回归农村社会,只能在农村和城市之间作"候鸟型"的循环流动,呈现一种"钟摆"状态(唐斌,2002)。新生代农民工"半市民化"和"双重边缘化"(城/乡和工/农)的处境,以及他们在城市和农村夹缝之间生存的处境,是否使得新生代农民工遇到更多的社会问题,从而导致他们经历更多的社会冲突和矛盾,是研究新生代农民工难以回避的话题。

一　新生代农民工的生活压力

令我们感到意外的是,调查数据分析出现与前面假设截然相反的结果,分析发现新生代农民工所遇到的生活压力是最小的(参见表4—3)。原因可能主要有两个方面:一是他们年富力强,还较少考虑老一代农民工面临的子女教育、养老、医疗等问题;二是他们还没有融入城市生活,对待生活压力问题的态度与城里人完全不同,比如住房、稳定就业等问题。但是,农民工不稳定的家庭生活，使新生代农民工在一些家庭问题上，压力明显大于新生代城市工人和新生代白领，如"家庭收入低，日常生活困难""子女管教困难，十分累心""家庭成员有矛盾，烦心得很"。

表4—3　　　　　　新生代农民工所遇到的生活压力及其比较　　　　　（%）

所遇到的社会问题	新生代农民工	新生代城市工人	新生代白领	老一代农民工
住房条件差，建/买不起房	37.88	55.81	45.35	50.84
子女教育费用高，难以承受	8.33	9.30	4.65	36.75
子女管教困难，十分累心	7.58	5.81	3.49	23.39
医疗支出大，难以承受	20.45	29.07	26.74	36.75
物价上涨，影响生活水平	75.00	89.53	77.91	84.25
家庭收入低，日常生活困难	39.39	34.88	20.93	58.47
家人无业、失业或工作不稳定	38.64	40.70	23.53	46.78
赡养老人负担过重	15.15	13.95	12.79	22.43
工作负担过重，吃不消	25.76	30.23	37.21	31.50
人情支出大，难以承受	19.70	23.26	18.60	28.64
家庭成员有矛盾，烦心得很	10.61	4.65	4.65	12.89
社会风气不好，担心被欺骗和家人学坏	21.97	32.56	27.91	30.31
社会治安不好，常常担惊受怕	28.03	40.70	31.40	26.01

二　新生代农民工的社会冲突感知

关于我国新阶段最容易产生的矛盾和冲突，新生代农民工认为是在管理者和被管理者之间，新生代城市工人认为是在雇主和雇员之间，新生代白领认为是在穷人和富人之间，而老一代农民工认为是在干部和群众之间。四个社会群体给出的选择完全不一样，也折射出他们看待社会矛盾和冲突的角度不同：新生代农民工和新生代城市工人关注点集中在企业内部组织结构中，因为他们处于企业中最底层；新生代白领关注点集中在社会财富的分配，因为他们必须通过积累财富来稳定其现有的社会地位；老一代农民工从计划经济体制下一路走来，他们把干群关系视为最基本的社会关系，也把各种期望更多地寄托在政府身上。

前文已有分析发现，新生代农民工比老一代农民工更倾向于认为自己属于社会的中上层，甚至其社会经济地位自我评价要高于新生代城市工人。李培林等人的研究结果表明，越是将自己认同为上层阶层的人，就越认为现在和将来阶级阶层之间的冲突较小；反之则认为冲突会严重（李培林等，2005）。这一点，在下面分析中也有体现。虽然新生代农民工认为现阶段社会存在严重冲突的比例最高，为 5.76%，但他们认为有较大冲突的比例是最低的，为 12.95%。新生代城市工人认为现阶段社会存在严重冲突的比例为 4.60%，认为有较大冲突的比例为 47.13%，非常显著地高于其他三个社会群体。结合前文分析结果可以看出，城市工人是对自己经济社会地位评价最低的社会群体，就不难理解为什么他们认为社会有较大冲突的比例最高。

对冲突激化可能性判断的分析发现，新生代白领认为"绝对会激化"的比例是最高的，达到 7.95%；新生代农民工认为"绝对会激化"的比例略低，为 5.76%；新生代城市工人认为"绝对会激化"的比例不高，但认为"可能会激化"的比例最高，为 54.02%。结果与对现阶段冲突严重程度的判断一致，反映出市场经济体制下，城市工人经济社会地位下降使得他们对社会冲突的感知更为强烈。

三　新生代农民工的生活变化和预期

我们在过去的研究中发现，对未来的生活预期对农民工的社会态度有很大的影响。这次分析发现，新生代农民工认为自己在过去的 5 年中，生活水平"上升很多"的比例要高于其他三个人群，达到 15.11%，这说明新生代农民工的生活水平确实得到较大改善。生活水平的提高，给新生代农民工带来更好的生活预期，在被问及未来五年生活水平预期变化时，有 25.9% 的新生代农民工表示会"上升很多"，这一比例远远高于新生代城市工人、新生代白领和老一代农民工。可以看到，新生代农民工与老一代农民工的差距是非常大的，这可能有两点原因：第一，新生代农民工并没有遭遇过多社会问题，他们对自己的生活处境充满信心；第二，新生代农民工对自己的生活有更高的预期，他们更加渴望通过自身的努力来实现生活的梦想。

四　新生代农民工的安全感

一个人能否产生安全感，有多方面和多层次的影响因素。新生代农民工对劳动安全最为忧虑，选择"很不安全"和"不大安全"的比例是四个人群中最高的（参见表4—4）。总体而言，新生代城市工人的安全感是最差的，他们在个人和家庭财产安全、人身安全、交通安全、医疗安全四个方面带有担忧的比例都是最高的。新生代白领最为担忧的是食品安全和个人信息、隐私安全。令人惊讶的是，老一代农民工是安全感最高的人群，这可能与他们对安全的要求较低和对危害认识较少有关。

表4—4　　　　　　　　　　新生代农民工的安全感及其比较　　　　　　　　（%）

	新生代农民工	新生代城市工人	新生代白领	老一代农民工
个人和家庭财产安全	22.3	32.18	19.32	15.37
人身安全	19.43	24.14	20.45	14.66
交通安全	38.85	48.27	37.5	35.46
医疗安全	26.62	28.74	26.13	25.29

续表

	新生代农民工	新生代城市工人	新生代白领	老一代农民工
食品安全	37.41	29.89	39.77	34.75
劳动安全	32.38	27.59	19.32	21.28
个人信息、隐私安全	17.27	33.34	43.18	10.64

◇ 第四节 经济地位、生活压力和社会态度之间的关系

新生代农民工作为一个快速增长的社会群体，他们"半城市化"的生存状态，决定了其工作收入、生活方式和社会态度等方面，既与老一代农民工有不同之处，也与新生代城市工人和新生代白领不太一样。他们在工作和收入上已经超过了老一代农民工，更加贴近于城市生活方式，但其生活和职业"双重边缘化"处境反而使得他们感受到的生活压力较少，他们在社会态度上兼容城乡两种特点，与新生代城市工人和新生代白领存在共同之处，也具有一定差别。这些都说明，新生代农民工兼有新生代阶层和农民工阶层两种特质，那么进而要分析的是，新生代农民工经济地位、生活压力和社会态度之间存在什么样的关系？新生代人群和农民工阶层两个特质中哪一个方面更能够对新生代农民工的社会态度起到决定性的作用？

为了解决上面提出的问题，本章将个人收入对数作为代表经济地位的指标[①]；将社会问题带来的压力程度作为生活压力指数[②]；将公平感指数[③]、

---

① 这里指个人全年总收入的对数。

② 社会问题带来的压力指数 = $\sum$（社会问题$_i$ × 压力大小$_i$）。数值越低，压力越小；数值越高，压力越大。

③ 公平感指数 = $\sum$公平感程度$_i$。数值越低，倾向越公平；数值越高，倾向越不公平。

冲突感指数①和安全感指数②作为社会态度的指标。将收入对数、生活压力和社会态度作为因变量带入模型，模型分析人群界定为有收入的、18 岁以上的、60 岁及以下的被调查对象。另外，参照甘满堂的观点，将社会阶层笼统地划分为城里人、农民和农民工三个大的阶层（甘满堂，2001）。表4—5 是因变量的描述性分析。

表 4—5　　　　　　　　　　**不同人群主要因变量得分情况**

	新生代农民工	新生代城市工人	新生代白领	老一代农民工
收入对数	9.2	9.5	10	9.1
生活压力指数	5.3	6.4	5.6	7.6
公平感指数	30.5	31.6	32.7	30.3
冲突感指数	5.1	4.1	4.7	5.6
安全感指数	19.4	19.2	19.6	19.8

由于需要观察代表历史逻辑的"代际"，代表结构逻辑的"阶层"，以及是否存在两者共同作用的特殊影响，所以，将"代际""阶层"和"代际与阶层交互项"三个变量作为自变量放入。考虑到还要观察收入、生活压力和社会态度之间的关系，因而收入对数和生活压力指数既是方程的因变量，也作为方程的自变量。

分析发现，在模型一中只放入代际、阶层和代际与阶层交互项三类自变量的情况下，个人收入回归分析中，代际影响不显著，说明在控制阶层的独立作用后，新生代和老一代之间收入差异不显著；而阶层影响是显著的，与城市人口相比，农民工和农民的收入更低。但两者交互项影响不显

---

① 冲突感指数是将因子分析值转化为 0—10 的标准化值；数值越低，越倾向于可能发生冲突。

② 安全感指数 = ∑ 安全感程度；数值越低，倾向越不安全；数值越高，倾向越安全。

著（参见表4—6）。

生活压力指数回归模型中，代际影响是不显著的，阶层存在一定的影响，农民工比其他阶层所感到社会问题带来的压力更大。代际与阶层的两个交互都是显著的，新生代与农民工的交互项是负值，说明新生代农民工比其他人群遇到社会问题所感到的压力更小；与新生代农民工相反，新生代农民比其他人群遇到社会问题所感到的压力更大。代际与阶层交互项影响显著，说明在扣除了代际和阶层的独立影响之后，代际和阶层产生合力作用。

对公平感的感知在新生代和老一代之间差异不显著，这说明代际因素对公平感的影响并不明显；城市人、农民工和农民阶层之间存在一定差异，但差异并不显著。代际与阶层交互项影响不显著，说明在扣除了代际和阶层的独立影响之后，代际和阶层并没有产生合力作用。

表4—6　　　新生代农民工收入、生活压力和社会态度影响因素的
相依回归（SUR）模型一

	收入对数	生活压力	公平感
常数项	9.400***	6.928***	30.909***
	(0.025)	(0.102)	(0.166)
代际（以老一代为参照）			
新生代	-0.112	-0.311	0.651
	(0.071)	(0.291)	(0.474)
阶层（以城市人口为参照）			
农民工	-0.521***	0.514*	-0.514
	(0.055)	(0.226)	(0.368)
农民	-1.329***	0.087	0.202
	(0.036)	(0.149)	(0.244)
交互项（以新生代与城市人口为参照）			

续表

	收入对数	生活压力	公平感
新生代与农民工交互项	−0.082	−1.579 ***	−0.568
	(0.120)	(0.495)	(0.807)
新生代与农民交互项	−0.064	1.483 **	−0.753
	(0.136)	(0.557)	(0.909)
R^2	0.2155	0.0060	0.0012

注：***表示 $P < 0.001$，**表示 $P < 0.01$，*表示 $P < 0.05$。

综合三个回归方程结果，阶层对收入的影响更为有效，阶层对社会问题带来的压力有一定影响，但代际和阶层两者共同作用的影响更大。而对公平感，无论是阶层、代际，还是两个的交互项都没有显著影响。这里本章验证了假设一和假设二是部分成立的，即代际和阶层的独立作用与交互作用的影响对部分分析对象是显著存在的。

模型二在模型一的基础上加入性别、受教育年限、社会经济地位自评、劳动技能和地区等作为控制变量，其中社会经济地位自评和收入对数之间存在较强的相关性，所以，将两者的交互项也带入方程。此外，在加入生活压力变量后，收入对社会态度的影响程度和显著性都会发生一定变化，因此，分别建立两个以公平感、冲突感和安全感三个社会态度因变量，用以观察在控制生活压力后，收入对社会态度的影响变化。最终，在模型中包含八个方程，为了方便起见，本章只列出模型的最终结果，并予以解释。

在收入决定方程中，性别、受教育年限、经济社会地位自评、劳动技能、地区、代际和阶层对收入对数均有显著的影响。性别、受教育年限和劳动技能，主要代表的是人力资本对收入的影响，从分析结果来看，男性比女性的收入更高；受教育年限、劳动技能和收入之间呈正相关关系，即受教育年限越长，劳动技能水平越高的人，收入水平越高。

代际、阶层、代际与阶层的交互项是重点观察的内容，分析发现，代际、阶层对收入有独立的影响，新生代收入水平要低于老一代，其中应当包含工作经验对收入的影响；城市人口的收入最高，农民工收入水平居中，农民的收入水平最低。代际和阶层的交互项影响并不显著，这说明在控制代际、阶层的独立影响后，两者共同作用没有形成新生代城市人口、新生代农民工和新生代农民之间显著的差异。

第二个方程的因变量是生活压力指数。在生活压力的影响因素中，性别、受教育年限两个因素对生活压力的影响均不显著，半技术半体力劳动者遇到的生活压力要大于技术劳动者。收入与生活压力呈负相关关系，收入水平越高的人，生活压力越小；社会经济地位自评对生活压力的影响不显著，而两者的交互项却有显著影响，这说明生活压力来自于客观的收入状况，而非主观的经济状况判断。

代际的独立影响在 0.05 的水平上仍然是显著的，说明新生代人口的生活压力要低于老一代；阶层的影响并不显著；但代际和阶层的交互项存在显著的影响，新生代农民工生活压力低于城市人口，新生代农民的生活压力要高于城市人口。在社会问题所带来的生活压力上，代际和阶层产生"化学反应"，形成共同作用的影响，甚至阶层变量的独立影响消失。

每一个社会态度指数都有两个方程，区别在于后一个方程中增加了生活压力作为自变量，来观察控制生活压力后，收入对社会态度影响的变化。分析发现，在安全感和公平感作为因变量的方程中，没有加入生活压力的情况下，收入在 0.05 水平下影响是显著的；在加入生活压力变量后，收入影响不再显著，而方程的解释力增强。在冲突感方程中，生活压力的影响是显著的，而收入的影响始终不显著，这说明生活压力是真正影响社会态度的因素。

代际、阶层和两者交互项对社会态度三个方面的影响多不显著，只有新生代农民在安全感和公平感方程中显著高于城市人口，不存在代际和阶层显著的共同作用。其他变量对社会态度三个方面的影响没有呈现一致的规律性。

综合模型分析结果，有两个主要发现：第一，在控制其他变量的情况下，新生代农民工的收入分别受"代际"和"阶层"两个因素的独立影响，两者交互变量的影响不显著。但就新生代农民工所遇到社会问题带来的生活压力而言，"代际"和"阶层"的独立影响均不显著，两者交互变量的影响却是显著的，这说明"新生代"和"农民工"两种特质在新生代农民工身上混合在一起，产生显著区别于原有"代际"和"阶层"独立影响的特殊作用。换句话说，在新生代农民工的收入决定上，结构逻辑（阶层位置）和历史逻辑（年龄段）都发挥着独立的显著作用；在生活压力上，历史逻辑和结构逻辑产生交融，新生代农民工由于其年富力强，在现实中生活压力相对较小。第二，新生代农民工的社会态度会受到各方面因素的影响，而这些影响因素所能够发挥的作用带有不确定性，比如，性别对安全感影响显著，受教育程度能够改变人们对冲突的感知。但不确定性的背后，也有一些带有共性的特点，即生活压力指数是收入水平和社会态度的中介变量；即收入水平高低能够间接影响到人们的社会态度，但这种影响是通过改变人们遇到社会问题所带来生活压力的大小而实现的。所以，假设三和假设四均被证明。

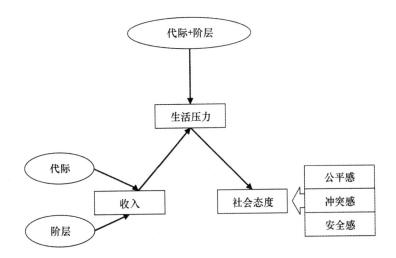

图4—2　新生代农民工收入、生活压力和社会态度模型验证结果示意图

表4—7　　新生代农民工收入、生活压力和社会态度影响因素的相依回归（SUR）模型二

	收入对数	生活压力	公平感1	公平感2	冲突感1	冲突感2	安全感1	安全感2
常数项	10.627***	9.633***	30.575***	33.067***	5.493***	6.208***	17.593***	18.846***
	(0.084)	(2.132)	(3.459)	(3.423)	(1.099)	(1.090)	(1.621)	(1.601)
性别（以男性为参照）								
女性	-0.376***	0.159	-0.992***	-0.951***	0.117	0.129	-0.304**	-0.283*
	(0.027)	(0.149)	(0.242)	(0.239)	(0.077)	(0.076)	(0.113)	(0.112)
受教育年限	0.037***	0.039	0.054	0.064	-0.100***	-0.097***	-0.044*	-0.039*
	(0.004)	(0.023)	(0.038)	(0.037)	(0.012)	(0.012)	(0.018)	(0.017)
社会经济地位自评	-0.238***	-0.208	-0.404	-0.458	0.193	0.177	0.426	0.399
	(0.015)	(0.542)	(0.880)	(0.868)	(0.279)	(0.276)	(0.412)	(0.406)
劳动技能（以技术劳动为参照）								
半技术半体力劳动	-0.261***	0.650**	-0.266	-0.098	-0.014	0.034	0.094	0.179
	(0.042)	(0.225)	(0.366)	(0.361)	(0.116)	(0.115)	(0.171)	(0.169)
体力劳动	-0.535***	-0.042	-0.402	-0.413	0.175	0.172	0.064	0.059
	(0.043)	(0.234)	(0.379)	(0.374)	(0.120)	(0.119)	(0.178)	(0.175)
地区（以东部为参照）								

续表

	收入对数	生活压力	公平感 1	公平感 2	冲突感 1	冲突感 2	安全感 1	安全感 2
中部地区	-0.315***	-0.233	-0.319	-0.380	0.664***	0.647***	0.499***	0.469***
	(0.032)	(0.175)	(0.284)	(0.281)	(0.090)	(0.089)	(0.133)	(0.131)
西部地区	-0.492***	0.773***	-1.100***	-0.900	0.427***	0.485***	-0.104	-0.003
	(0.036)	(0.200)	(0.324)	(0.320)	(0.103)	(0.102)	(0.152)	(0.150)
代际(以老一代为参照)								
新生代	-0.141*	-0.661*	0.081	-0.090	-0.241	-0.290	-0.136	-0.222
	(0.060)	(0.324)	(0.525)	(0.518)	(0.167)	(0.165)	(0.246)	(0.243)
阶层(以城市人口为参照)								
农民工	-0.173***	0.429	-0.350	-0.239	0.152	0.183	0.323	0.379
	(0.052)	(0.278)	(0.451)	(0.445)	(0.143)	(0.142)	(0.211)	(0.208)
农民	-0.912***	-0.299	1.065**	0.988**	0.268*	0.246	0.919***	0.880***
	(0.041)	(0.229)	(0.372)	(0.367)	(0.118)	(0.117)	(0.174)	(0.172)
交互项(以新生代与城市人口为参照)								
新生代与农民工	-0.069	-1.640**	-0.543	-0.967	0.014	-0.107	-0.112	-0.325
	(0.107)	(0.571)	(0.926)	(0.915)	(0.294)	(0.291)	(0.434)	(0.428)

续表

	收入对数	生活压力	公平感 1	公平感 2	冲突感 1	冲突感 2	安全感 1	安全感 2
新生代与农民	-0.127	1.731**	-0.345	0.103	-0.110	0.018	-0.695	-0.470
	(0.108)	(0.578)	(0.938)	(0.926)	(0.298)	(0.295)	(0.439)	(0.433)
收入对数		-0.717**	0.656*	0.470	0.039	-0.014	0.396*	0.303
		(0.228)	(0.370)	(0.366)	(0.118)	(0.117)	(0.174)	(0.171)
收入对数与经济社会地位自评交互项		0.127*	-0.110	-0.077	-0.024	-0.015	-0.089	-0.073
		(0.061)	(0.099)	(0.097)	(0.031)	(0.031)	(0.046)	(0.046)
生活压力指数				-0.259***		-0.074***		-0.130***
				(0.024)		(0.008)		(0.011)
R^2	0.4939	0.0553	0.0436	0.0680	0.0813	0.1003	0.0351	0.0633

注: *** 表示 $P<0.001$, ** 表示 $P<0.01$, * 表示 $P<0.05$。括号内为标准误。

虽然新生代农民工由于年富力强，与老一代农民工相比生活压力较小，但他们却具有比父辈更强的民主意识，更强调个人的权利。同时，新生代农民工在发生劳动纠纷时，处理方法的选择上比老一代农民工更为激进，手段也更加多元化。首先，新生代农民工面对劳动纠纷时，选择"无可奈何，只好忍了"和"没有采用任何办法"的比例为 11.54% 和 19.23%，明显低于老一代农民工 34.78% 和 28.26% 的比例，这说明新生代农民工没有像老一代农民工那样消极应对劳动纠纷。其次，新生代农民工采用了老一代农民工没有使用的处理劳动纠纷的方法，比如暴力反抗和找媒体帮助，虽然比例很小，却明确反映出新生代农民工处理劳动纠纷的方法更加多样化。最后，新生代农民工更善于借用政府的力量来捍卫自己的权利。在发生劳动纠纷时，选择上访或者向政府有关部门反映的比例为 30.77%，远远高于老一代农民工 8.7% 的比例。我们的问卷调查，没有想到新生代农民工竟然会以终结生命的激烈方式与企业抗争。从富士康的连续自杀事件和 2010 年连续发生的罢工事件来看，新生代农民工对劳动关系纠纷已经不再像老一代农民工那样选择忍耐和无奈，而是对抗方法更加多样，更加激进。

表 4—8　新生代农民工和老一代农民工在发生劳动纠纷时的处理方法比较

发生劳动纠纷时的处理方法	新生代农民工	老一代农民工
打官司	7.69	10.87
与对方当事人/单位协商	34.62	39.13
上访/向政府有关部门反映	30.77	8.70
找关系疏通	7.69	8.70
暴力反抗	3.85	0.00
找媒体帮助	3.85	0.00
罢工/静坐/示威	7.69	6.52
无可奈何，只好忍了	11.54	34.78
没有采用任何办法	19.23	28.26

注：因为是多选题，故百分比累计超过 100%。

◇ 第五节 研究发现对创新社会治理的 启示和政策建议

新生代农民工作为当前中国社会变迁中快速形成的一个庞大社会群体，是中国社会转型过程中破除城乡二元结构，加快推动城镇化和工业化进程的关键人群。通过本章的分析可以看到，新生代农民工虽然在文化程度、工作技能等方面比老一代农民工有较大提高，却仍然处于整个社会结构的底层，游离于城市制度之外。

本章从新生代农民工在工作收入、消费方式、生活压力、社会态度等方面的特征入手，分析新生代农民工与新生代城市工人、新生代白领和老一代农民工之间的共性与差异，发现新生代农民工在工作收入、生活方式、社会态度等特征上，兼具新生代城市工人和老一代农民工的特点。在工作技能和收入水平上接近于新生代城市工人；在消费方式上，与老一代农民工存在较大差异。在社会态度的冲突感方面，新生代农民工表现出对管理者和被管理者之间冲突的强烈感知，这与其他社会阶层有明显的差异；在生活水平变化判断上，新生代农民工选择生活水平在过去5年和未来5年"上升很多"的比例都是最高的，说明他们带着美好的生活预期；在公平感方面，虽然新生代农民工总体上并没有表现出比其他社会阶层更高的不公平感，但在工作和就业机会以及城乡居民之间享有的权利和待遇两个方面，则明显表现出比老一代农民工更高的不公平感；在安全感方面，新生代农民工最突出的特点，就是比其他社会阶层表现出更大的对劳动安全的忧虑。

新生代农民工除了像城市人一样对房价、就业等问题高度关注，也表现出与老一代农民工一致的对城乡差距和农民工待遇的不满。他们在工作收入、生活方式和社会态度上的"半城市化"状态只是表征，其深层次的原因还需要归结于来自历史逻辑的代际和结构逻辑的阶层两个方面的影响。当然，还可能存在新生代农民工所特有的来自历史逻辑和结构逻辑交互作用的影响，这也是本章分析的重点所在。

本章在两个方面有新的发现：

第一，以往的研究主要关注结构逻辑（结构位置、阶层归属）对农民工行为取向和社会态度的影响，本章加入了对历史逻辑（地位变化、代际归属）的考察，发现新生代农民工在社会问题所带来的生活压力中，存在着代际与阶层交互变量的显著影响，这意味着"代际"与"阶层"在新生代农民工身上的作用并非仅仅是两个变量的独立影响，而是存在区别于代际和阶层的合力影响。代际与阶层交互变量影响的存在，说明历史逻辑（代际）和结构逻辑（阶层）在新生代农民工身上产生了一种特殊效应，这种特殊效应在未来会随着新生代农民工年龄的变化和社会处境的变化而变化，在很大程度上决定着新生代农民工的生活压力变化，并进而对新生代农民工的社会态度和行为取向产生重要影响。这给予我们重要的警示：新生代农民工与其他人群相比，一方面他们有美好的生活预期，另一方面他们暂时没有遭遇到更为显著的生活压力，这使得新生代农民工实际上处于一种乐观的"青春期"状态。但是，随着年龄和阶层地位的变化，如果生活压力不断壮大，而美好生活预期破灭，那么新生代农民工社会态度变化的激烈和显著程度将比其他社会阶层更大。分析还发现，新生代农民工比老一代农民工的民主意识和个人权益意识更强，因此，他们在遇到劳动纠纷等事件时，采取的应对方式会更加多样，也会更加激烈。

第二，在以往的研究中，人们一般假定，收入地位会直接影响人们的社会态度，但我们的研究表明，收入地位必须经过某种中介变量才能对人们的社会态度和行为取向产生影响，这个中介变量在本章的分析中是"生活压力"，但在其他情境下也许是其他因素。本章发现，在没有控制生活压力指数变量情况下，收入对社会态度的影响可能是显著的，而控制生活压力指数变量后，收入影响的显著性消失，这说明生活压力指数是收入水平和社会态度的中介变量，收入水平高低对社会态度的影响，是通过改变人们遇到社会问题所带来生活压力的大小变化而实现的。进一步分析还发现，在控制收入变量后，新生代农民工社会问题指数与公平感指数的偏相关系数明显高于其他人群，意味着，一旦遭遇到社会问题带来的生活压力，他们对社会不公平感知的强烈程度要远远高于其他人群。生活压力指数是收入影响社会态度的中介变量，但并不意味着收入是决定生活压力指数的唯一变量。

从我们以上的研究发现中，可以引申出以下几点政策建议。

第一，加强对新生代农民工的权益保护。新生代农民工较之老一代农民工，具有更高的受教育水平，他们的消费方式与老一代农民工相比有了很大差别，更多地使用手机和互联网等现代媒体获得信息，也具有更高的维权意识。要依法保护他们的合法权益，使他们具有合法维权的制度化渠道。新生代农民工的生活压力，有可能并不直接来自物质生活本身，而是来自合法权益的相对剥夺、实现生活预期的焦虑，等等。

第二，加快消除新生代农民工转变成市民的制度化障碍。通过分析可以看到，生活压力是影响新生代农民工社会态度的关键中介变量。新生代农民工对未来发展前景的预期，与他们对生活压力的感知密切相关，而这种生活压力的强烈感知，又可能造成他们的社会公平感低、安全感差、冲突预期强烈。他们几乎没有农耕经验，也不可能再像老一代农民工那样，在打工之后回家务农；但留在城市，面对种种制度化障碍和生活压力，他们似乎看不到生活出路。要把新生代农民工转变成市民作为城市化战略的重要选择，加快制定各种相关政策。

第三，改进农民工的劳动关系。富士康事件之后，该企业的主要应对措施就是宣布较大幅度提高工资水平。但从我们的分析结果来看，新生代农民工与老一代农民工以及其他社会阶层的一个显著差异，就是他们对管理者和被管理者的冲突具有非常强烈的感知。加薪只能看作缓解问题的辅助手段，更为重要的是改善劳动关系，包括加强劳动保障、完善沟通机制、控制加班时间、健全工会组织、丰富业余生活、关心精神需求、关切他们未来发展，等等。

第 五 章

新青年一代的崛起与社会治理体制创新

青年被看成是一个人生命周期中从儿童到成年的转型阶段，这种转型包括职业、社会和文化的转型，其中最主要的标志是从离开学校到获得稳定职业的转型，其要点在于青年的经济独立、思想成熟并实现自我管理。然而当今世界的年轻人教育年限的延长、工作的不稳定，使得原先的界限变得模糊不清，影响整个生命模式的青年转型期正在延长。

中国青年"群体"备受关注的是"80 后"和"90 后"群体，他们是伴随着改革开放的推进而成长起来的一代，他们的状况代表着我国的未来。从他们的成长历程来看，经济体制转轨、社会结构转型和人口结构转变对当代青年的影响是潜移默化的。经济体制转轨改变了当代青年的就业结构，越来越多的年轻人进入市场化就业领域；社会结构转型将当代青年分化为不同社会利益群体，导致青年向多元化社会阶层发展；人口结构的转变降低了整个社会的生育水平，催生了独生子女青年群体。

除了经济体制转轨、社会结构转型和人口结构转变等因素外，全球化的影响也是不可忽视的。2005 年联合国的《世界青年报告》讨论了全球化给青年人生活带来的四种影响：一是就业机会分配，全球化改变了就业市场，青年作为劳动力市场的新来者成为"最脆弱"的群体；二是全球化带来国家内以及国家间的移徙，而青年人在移民中占有相当的比例；三是全球化对青年文化造成多重影响，媒体的扩展导致全球消费主义的出现；四是全球公民身份和活动潮流。

在全球经济、消费主义以及信息高度一体化的时代，全球青年遭遇许多共同的风险、问题和挑战，加之后现代社会带来了个体化、个人的自由和责任、选择、机会的开放性、传统纽带的崩溃等概念，对未来的不确定性和风险的承担成为当今青年生活的一部分。尤其是当前中国社会正处于一个剧烈变迁的时期，经济社会矛盾在短期内大量显现，如大学生就业难问题、青年农民工自杀问题、高房价问题、社会不平等问题以及通货膨胀和生活成本上升等问题"浓缩"在生命周期的青年阶段，使部分青年人的不满情绪和偏激态度有所增强。虽然由相似的社会环境所形成的一个代际单元是这代人中独一无二的，但是要看到不同生存境况的同代群体之间的差异正在逐渐加大，因此，代际更替对青年价值观的影响不能越过社会不平等与分化的基本事实。

当前，大多数"80后"和"90后"青年人已经步入社会，在各个领域十分活跃，他们独特的思考和行为方式日益引起主流社会的关注，他们的社会态度与行为是人们关注的焦点。作为中国改革开放的同龄人、独生子女的第一代，他们被称为"幸运的一代"，也被指责为"垮掉的一代"，他们在媒体和大众中被塑造成一个"另类"的形象，遭到主流社会很多负面的批评。可以说，当代青年与处在主流社会中心的上一代之间存在着无法弥补的代沟。同时，他们善于通过网络和媒体表达意见，时常影响整个社会舆论。尤其是小部分青年群体在网络论坛中发表过激烈言论，或对政府部门进行激烈批评，从而在网络上形成了"愤青""仇富""仇官"等现象，这种倾向的进一步发展，有可能影响社会政治稳定。

总而言之，青年的成长还与全球化现代性问题紧密联系在一起，与中国社会现代化紧密联系在一起，与中华民族复兴、和平崛起紧密联系在一起，必须把当代青年的境遇与全球化时代经济和社会结构的变迁趋势结合起来，深化对当代中国青年境遇的理解，并进行深入的剖析和研究，方能未雨绸缪，防微杜渐，为当代青年成长、成才、成功塑造良好前景和未来。

◇ 第一节　我国青年发展的现状和趋势

青年是祖国的未来，是经济建设和社会发展的主力和骨干，应该对社会主义建设发挥积极的推动作用。当代青年不仅仅承担着民族复兴的希望，而且承担着为中华文明进步作贡献的艰巨任务。作为伴随着改革开放成长的一代青年，他们具有全新的时代特征；在剧烈的社会变革中，他们又是承担社会压力最大的一代人。因而，了解当代青年现状是深入了解当代青年，规划未来青年发展战略的关键一环。

一　青年独生子女化，总体规模接近峰值

自 20 世纪 70 年代以来，随着计划生育政策的持续执行，独生子女数量不断增加。根据国家统计局公布的数据，独生子女数量已经超过 1 亿人。在青年人口中，独生子女的比例也不断增加。据 2005 年 1% 人口抽样调查数据初步估算，在 1975 年之后出生的年轻人中，"70 后"青年独生子女比例尚不及 15%；"80 后"青年群体中独生子女比例超过 19%；在 "90 后"青年群体中，独生子女比例接近三分之一。随着独生子女占青年人口比例的不断增加，独生子女已成为青年中不可忽视的人群。

生育水平变化还直接影响到人口年龄结构的变化。从人口出生队列来看，1990 年处于 15—34 岁的青年人口数量为 4.164 亿，2000 年处于 15—34 岁的青年人口数量为 4.425 亿，2010 年处于 15—34 岁的青年人口数量为 4.25 亿。根据相关人口预测，按照现行生育政策估计，中国青年人口规模已从峰值开始下降，在未来较长一段时间内，处于青年年龄段人口规模将出现持续下降的态势。

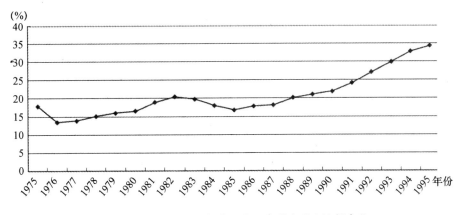

图5—1　1975—1995年出生人口中独生子女比例变化

二　高等教育普及化，80后青年获益最大

1999年高等教育扩招以来，中国每年新录取大学生数量快速增加。从1998年的108万人，增加到2012年的685万人，高等院校招生规模扩大了6.3倍；从高考的录取率来看，从1998年的34%快速增加到2012年的75%，高考录取率也提高了2.2倍。一般来说，高等教育毛入学率在15%以下时属于精英教育阶段，15%—50%为高等教育大众化阶段，50%以上为高等教育普及化阶段。在部分地区，如北京、上海等地，高等教育的录取率超过了90%，甚至有人认为未来中国高考录取率可能达到100%，这意味着高等教育已进入普及化阶段。

一般而言，一个国家和地区高等教育从精英化转移至普及化通常需要用25—30年的时间，但中国实际上仅用了短短18年的时间，越来越多的青年更容易有机会接受高等教育，其中"80后"是获益最大的群体。从参加高考的年龄推算，"80后"青年是第一拨受到高等教育扩招影响的青年群体，其进入大学的几率也远远高于之前的"70后"青年，其就业也处于中国经济社会快速发展的阶段。因而，无论从上学，还是就业而言，"80后"青年受益良多。

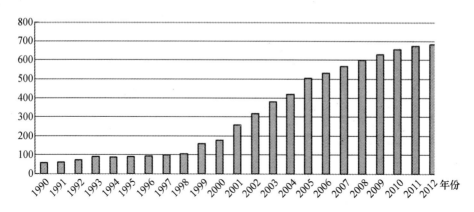

图 5—2　1990—2012 年高考录取人数变化

表 5—1　　　　　　　　不同年龄段人口的受教育程度比较　　　　　　　（％）

出生年份	年龄段	未上学	小学	初中	高中	大专	大本	研究生	总计
1991—1995	15—19	0.47	6.53	45.2	39.64	4.79	3.37	—	100.00
1986—1990	20—24	0.53	6.82	46.58	20.72	13.77	10.97	0.61	100.00
1981—1985	25—29	0.76	8.56	52.18	17.92	11.07	8.28	1.23	100.00
1976—1980	30—34	1.08	12.87	53.28	17.56	8.76	5.66	0.79	100.00
1946—1975	35—64	4.07	29.92	45.47	13.74	4.31	2.25	0.24	100.00
1945 年以前	65 岁及以上合计	26.37	49.13	15.67	5.49	1.87	1.44	0.03	100.00

数据来源：依据第六次人口普查数据整理计算。

　　通过表 5—1 可以看出，2010 年 15—19 岁青年人口，也就是出生于 1991—1995 年的人口，等到 6 岁上小学的时候，正是 1997 年，这时九年义务制教育的覆盖率已经大大提高。不管是六三学制（小学 6 年初中 3 年），还是五四学制（小学 5 年初中 4 年），他们也都完成了小学和初中阶段的教育。这就大大降低了"未上学"人口的比重——年龄段越小的组，"未上学"者所占比重越低。在"小学"那一列，年龄越大的组，只达到"小学"文化程度的比重也越高。

　　这就是说，因为受制度变革的影响，年龄越小的青年人口同期群，会接受到更多的教育。当然，家庭子女数的减少，也为父母亲支持子女完成学业提供了必要条件。尤其是在城市，独生子女政策的实施，几乎使每一对城镇户口夫妇只能够有一个孩子。所以，家庭经济的支持，也使这一代青年人有条件接受更多的教育。

由此，教育不公平问题，就转化为这样两个问题：第一，地位较低阶层的子女，能否进入中等教育阶段完成学业？是否有机会进入高等教育接受教育？第二，即使地位较低阶层的子女有机会接受中等教育和高等教育，还需要考量其进入重点大学和非重点大学的比率——在就业与高等教育质量密切相关的今天，人力资本的高低就不能简单用是否接受过大学教育或在大学接受教育的时间长短来度量，而应该以是否接受过重点大学教育来分析。

在教育扩张的前提下，由人口，尤其是由劳动力人口所形成的教育分流问题会长期存在。如果"十二五"末期高等教育毛入学率达到35%，则每年大学招生的数量还会继续上升，即由2011年的682万人继续攀升——不管攀升的速度如何，只要这个数量保持增长的态势，则大学生的"就业难"问题就不可避免。与此同时，大学内部（尤其是本科生与研究生比例的变化）研究生招生数量的上升，导致研究生的就业压力也会与日俱增。所以，高等教育对劳动力的分流渠道已经形成，但市场创造的劳动岗位与招生数量的迅速增长之间的矛盾，会影响人们的教育收益率。在这种情况下，农民工的"招工难"与大学生的"就业难"现象，会长期存在。

三　青年就业市场化，非公企业成为主渠道

伴随着社会主义市场经济的确立和高等教育普及化的影响，青年就业模式由过去的政府行为过渡为市场行为，传统国家分配的就业模式已经不复存在，青年就业渠道市场化局面日趋明朗。整体上来看，公有制单位就

业人口所占份额逐年减少，目前国有和集体所有制单位占城镇就业人口的比例只有 18.8%，而在 90 年代，这一比例超过 80%。同时，青年就业也摆脱了国家制度的制约和家庭背景的影响，就业空间大为扩展，就业选择更加强调主体性感受，按照自己的意愿选择有兴趣的职业，通过市场化的双向选择，实现用人单位的用人标准和青年自身才能的优化组合。

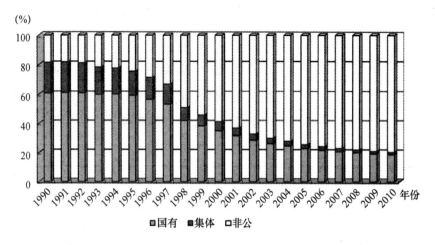

图 5—3　1990—2010 年不同单位性质的就业人口比例变化

青年人从离开学校到获得稳定职业的转型也迫切需要寻找到合适的就业岗位，而在市场经济体制下，大量的非公有制中小企业快速成长，经营范围也几乎涉及所有行业和领域，它们提供了大量新增就业岗位，需要大量高素质人才和年轻劳动力。故而，大量非公有制企业成为青年就业的主渠道，根据 2005 年 1% 人口抽样调查统计数据，16—35 岁年轻人在业人口中在公有制单位就业的不足 15%，其他多在非公有制单位就业。

四　婚恋观念发生变化，家庭形态和模式多元化

婚恋观念的变革直接影响到青年人的家庭形态和家庭模式，多代共处的大家庭模式不再普遍，大部分青年都处于夫妻核心家庭之中。传统家庭

生儿育女的功能不再获得普遍的认同，不愿意生育养育子女的丁克家庭在大城市中也较为常见，甚至出现了一些连婚姻也不要的单身一族。同时，家庭破裂更为常见，2006 年 15—35 岁曾婚人口中离婚人口所占比例为 13.26‰，2007 年为 14.16‰，2008 年为 15.24‰，2009 年为 16.26‰，2010 年进一步增加到 16.51‰。婚姻和生育等被传统社会视为人生必然要经历的生命事件，在当代青年人的眼里却是"宁缺毋滥"的选择，离婚也不再完全是家庭的悲剧，而是对生活方式的重新抉择。

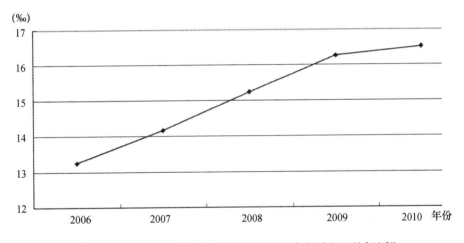

图 5—4　2006—2010 年 15—35 岁曾婚人口中离婚人口所占比例

青年人口的平均初婚年龄，主要取决于法定结婚年龄和结婚适龄人口平均受教育时间的延长。除此之外，人口的流动与生活成本的上升等，也会推迟某一时代青年的平均初婚年龄。

1950 年的第一部《婚姻法》规定的法定结婚年龄是男 20 周岁，女 18 周岁；为实行计划生育政策，20 世纪 70 年代后期各地事实上强制实行的结婚年龄是所谓的"晚婚年龄"，即男 26 周岁，女 23 周岁（有些地方女 25 周岁或男女平均 25 周岁）。但在改革开放之后，于 1981 年修订的《婚姻法》规定的法定结婚年龄是男年满 22 周岁，女年满 20 周岁。2001 年修订的《婚姻法》维系了男不得早于 22 周岁、女不得早于 20 周岁的规定。因此，15—34 岁青年人口的结婚率，在某种程度上也取决于法定结婚年龄的变化。在新中国成立初期进入婚龄时期的青年的结婚率比较高，但在"文革"时期，为响应计划生育政策提出的"晚婚晚育"，政府在结婚登记的时候，一般以完婚年龄准予登记，这就在一定程度上推迟了人们的初婚年龄，也降低了 15—34 岁青年的结婚率。

但在新的历史时期，伴随劳动力市场的变动与生活成本的上升，也伴随人均受教育年数的延长，青年人口的结婚率也随之降低。从表 5—2 可以看出，在有配偶的人口中，人们的受教育程度越低，结婚年龄就越小；受教育程度越高，结婚年龄也就越大。

表 5—2 　　　　　　　　　不同受教育程度人口的结婚年龄　　　　　　　　　（％）

受教育程度	19 岁以前结婚	20—29 岁结婚	30—39 岁结婚	40 岁以上结婚
未上过学	35.97	58.59	4.61	0.83
小学	24.21	70.62	4.54	0.63
初中	14.75	81.39	3.56	0.30
高中	6.90	87.36	5.33	0.41
大学专科	3.50	89.06	7.00	0.44
大学本科	1.80	88.77	8.92	0.51
研究生	1.02	84.23	14.11	0.64

数据来源：依据《中国 2010 年人口普查数据资料》表 5—3 计算。

比如说，在"19 岁以前结婚"的人中，未上过学的人占比高达35.97%，小学达到 24.21%，而初中文化程度的人就降低到 14.75%，高中也仅仅达到 6.90%。虽然绝大多数人选择在 20—29 岁结婚，但大学专科的人占比最高，达到了 89.06%。本科和研究生之所以在该列较低，其中的主要原因是高学历组在 30—39 岁结婚的比例增加了。比如说，选择在 30—39 岁结婚的大学专科是 7%，大学本科是 8.92%，而研究生则达到了 14.11%。

另外，从表 5—3 也可以看出，即使在同一年龄段中，比如在 15—19 岁的早婚人口占比中，受教育程度越低，早婚的概率越大；受教育程度越高，早婚的概率就越小。在 25—29 岁的有偶率中，"未上过学"的人口是 62.34%，小学是 76.72%，初中是 77.26%，但在高中却下降为 65.82%，在大学专科下降为 57.50%，在大学本科下降为 50.73%。

这就是说，在人均受教育程度的上升中，青年人口的初婚年龄会进一步推迟。未来，30 岁以上才结婚的人口会越来越多。

表5—3　　　　　不同年龄段、不同受教育程度人口的婚姻状况　　　　（%）

未上过学				小学			
年龄组	未婚	有偶	离婚	丧偶	年龄组	未婚	有偶	离婚	丧偶

年龄组	未婚	有偶	离婚	丧偶	年龄组	未婚	有偶	离婚	丧偶
15—19	92.29	7.51	0.12	0.09	15—19	91.76	8.15	0.07	0.01
20—24	60.78	38.01	0.82	0.39	20—24	53.52	45.81	0.57	0.10
25—29	35.27	62.34	1.60	0.80	25—29	21.59	76.72	1.40	0.29
30—34	23.80	73.08	1.93	1.19	30—34	10.17	87.43	1.88	0.53
35—39	17.03	79.52	1.70	1.75	35—39	5.82	91.46	1.83	0.88
40—44	12.33	83.22	1.56	2.89	40—44	3.77	92.83	1.71	1.69
45—49	9.12	84.89	1.27	4.72	45—49	2.92	92.49	1.52	3.07
50—54	6.42	84.60	1.04	7.94	50—54	2.53	90.90	1.29	5.28
55—59	5.17	82.45	0.84	11.54	55—59	2.18	89.03	1.02	7.76
60—64	4.57	75.58	0.72	19.13	60—64	2.01	84.65	0.86	12.48
65 岁及以上	2.31	46.04	0.53	51.13	65 岁及以上	1.71	66.76	0.65	30.88

初中				高中			
年龄组	未婚	有偶	离婚	丧偶	年龄组	未婚	有偶	离婚	丧偶

年龄组	未婚	有偶	离婚	丧偶	年龄组	未婚	有偶	离婚	丧偶
15—19	97.94	2.04	0.02	0.00	15—19	99.81	0.19	0.00	0.00
20—24	62.82	36.85	0.30	0.03	20—24	82.96	16.93	0.09	0.01
25—29	21.51	77.26	1.11	0.11	25—29	33.28	65.82	0.84	0.06
30—34	7.42	90.41	1.89	0.27	30—34	9.82	87.84	2.18	0.16
35—39	3.31	94.03	2.13	0.53	35—39	3.94	92.47	3.28	0.32
40—44	1.73	95.09	2.15	1.03	40—44	1.95	93.53	3.83	0.70
45—49	1.20	94.82	2.17	1.81	45—49	1.09	93.83	3.72	1.36

初中				高中			
年龄组	未婚	有偶	离婚	丧偶	年龄组	未婚	有偶	离婚	丧偶
50—54	1.09	93.61	2.14	3.16	50—54	0.80	93.68	3.15	2.37
55—59	0.96	92.53	1.78	4.73	55—59	0.66	93.60	2.13	3.61
60—64	0.81	90.03	1.27	7.89	60—64	0.60	91.73	1.53	6.13
65 岁及以上	0.93	79.55	0.82	18.71	65 岁及以上	0.73	82.43	1.01	15.83

大学专科				大学本科			
年龄组	未婚	有偶	离婚	丧偶	年龄组	未婚	有偶	离婚	丧偶
15—19	99.85	0.15	0.00	0.00	15—19	99.96	0.04	0.00	
20—24	92.44	7.53	0.03	0.00	20—24	97.44	2.55	0.01	0.00
25—29	41.97	57.50	0.51	0.03	25—29	48.97	50.73	0.28	0.02
30—34	10.55	87.56	1.78	0.10	30—34	11.95	86.74	1.25	0.06
35—39	3.72	93.09	2.96	0.23	35—39	3.89	93.60	2.35	0.16
40—44	1.74	94.24	3.56	0.47	40—44	1.82	94.92	2.97	0.30
45—49	0.92	94.70	3.62	0.76	45—49	1.04	95.37	3.10	0.49
50—54	0.69	94.78	3.10	1.44	50—54	0.88	95.05	3.07	1.01
55—59	0.56	94.67	2.40	2.37	55—59	0.78	95.06	2.48	1.68
60—64	0.47	93.49	1.72	4.32	60—64	0.56	94.17	1.85	3.43
65 岁及以上	0.54	85.96	1.03	12.47	65 岁及以上	0.52	87.34	1.17	10.97

数据来源：依据《中国2010年人口普查数据资料》表5—3计算。另外，研究生文化程度的人口数量很少，这里不再专门列出。

青年初婚年龄的推迟，以及青年离婚率的上升，会使社会上的单身家庭人数与比重迅速上升。虽然作为单身而存在的青年人口，现在主要集中在大城市，但伴随现代化程度的加深与初婚年龄的长期推迟，单身家庭所占比重会持续上升。因为受教育程度越高的人的婚姻匹配要求也越高，所以，受教育程度的提升，还会增加受教育者的单身概率——即受教育程度越高的人，在30岁之前结婚的概率就越低。美国2011年人口普查发现：男性在25—29岁从来都没有结过婚的人数占比为57.2%；在30—34岁未婚的人数占比为 33.5%；在 35—39 岁未婚的人数占比为 21.4%。女性在 25—29 岁从来都没有结过婚的人数占比为 64.0%；在 30—34 岁未婚的人数占比为 38.7%；在 35—39 岁未婚的人数占比为 24.0%。在单身作为法律意义的家庭组成方式存在的同时，同居现象将越来越普遍。我们社会的家庭支持政策也应该随之覆盖到所有人身上。

五　生活方式网络化，草根媒介融入生活

随着网络的普及，互联网的应用已经深入人们的工作和生活。截至 2010 年年底，中国青少年网民规模达 2.12 亿人，占网民总体的 46.3%，中国青少年互联网使用普及率达到 60.1%。按 CNNIC 公布的汇总数据估算，"80 后"网民约占网民总体的 38% 左右，也即是 1.84 亿人，据此可以估计"80 后"群体中触网比例应在 73% 以上。可见，当代青年的生活与网络密不可分，他们将网络作为社会活动的助手，与互联网相关的活动在人们生活中占据重要内容。

互联网应用从最开始的电子邮件和 BBS 发展出越来越多的类型。搜索引擎、及时通信、网络购物、博客、微博等应用依次萌生并得到迅猛发展。越来越多的人从网络获取信息，发表个人意见，保持人际交流，享受休闲娱乐。尤其是以博客、微博为代表的草根媒体，颠覆了以往大众媒体或专业报道机构垄断新闻源的局面。这种新的新闻传播样式，以论坛、电子邮件、手机、MSN 或 QQ 群为沟通工具，成为青年群体日常生活中最为喜闻乐见的互动形式。

六　时尚消费年轻化，消费习惯与国际同步

全球化效应更使得人们的消费心理、观念和模式都受到发达国家的影

响，生活在大都市的青年正处于20—30岁的生命阶段，也是对流行时尚最敏感、最向往的时期。目前研究数据和媒体报道普遍显示，中国时尚品牌和奢侈品消费者的平均年龄偏低，一大重要消费群体是25—40岁的年轻人，并且规模正在快速增长。而在西方发达国家，40—70岁的中老年群体是奢侈品消费的主力，年轻化是中国时尚品和奢侈品消费者的特点。

随着中国社会消费升级和消费结构的转变，年轻富裕阶层的兴起和商业力量、现代传媒的推广，使得人们的消费观念在不断变化。我国年轻人奢侈品消费主要集中在服装、配饰、皮具、化妆品、香水等小件个人用品上，注重个人炫耀，这一特点与欧美成熟消费者有较大差别。尤其是年轻消费者对品牌、品质、潮流的追求逐步与国际接轨，他们的生活方式、消费习惯正在与国际同步。

七 公民意识显性化，新爱国主义理性崛起

从2008年奥运会、"5·12"汶川地震，到2011年的中日钓鱼岛冲突等一系列社会政治事件，青年人作为主要参与群体，以全新的面貌展现在世人面前。从2012年中国社会科学院社会学所"80后"青年课题组大学在校生和毕业生网络调查数据来看，有8%的被调查者对政治有关的事情很感兴趣，有48%认为比较感兴趣，只有3%认为完全没有兴趣。在这些社会政治事件的参与过程中，青年人参与有两个显著特征：一是公民意识的凸显。青年在参与社会运动时，体现出很强的公民主体意识和责任精神，他们积极自发动员参与国家政治生活和社会生活，能够以发展国家、维护民族利益为己任，自觉维护公共利益。

二是理性的新爱国主义崛起。80后和90后青年在社会运动中以"爱国者"姿态登上历史舞台，他们富有激情，而且更加理性。青年人的爱国行为不再完全是民族主义甚至是狭隘极端的民族主义所驱动，而是出于对中

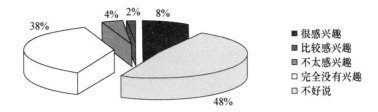

图 5—5　2012 年大学生对政治有关的事情感兴趣的情况

华民族复兴、祖国日益强大的自豪感和责任感，而且青年能够用更开阔的视野，更加理性的心态，在稳定社会秩序的前提下，使用合法手段为表达方式，成熟、自信地实现爱国目的。

◇ 第二节　青年发展中存在的问题

作为与改革开放几乎同龄的当代青年人，"80 后"和"90 后"青年成长和生活在一个中国经济社会快速变迁的时代、一个多元价值观并存的时代，这决定了与上一代人相比，他们文化素质更高、国际化视野更为宽阔、思想更为开放、更加强调自我、更渴望成功，同时具有积极的社会参与意识，对社会不公平具有强烈感知，并作出激烈的反应。这些特点既与中国社会变革的时代特征有关，又与青年人所处的人生阶段相联系。正因为如此，在时代变革和人生转折的关键时期，他们还面临着一些比较明显的社会问题。

一　青年群体分层明显，经济社会地位分化加大

当代青年所处的是中国经济快速增长、人民生活水平迅速提高的时代，同时也是人们贫富差距逐渐拉大、经济社会地位不平等现象越来越突出的时代。在这样的时代背景下，我们既能够看到随着劳动力市场的日渐成熟和旧有社会制度控制力的减弱，中国社会的社会流动性逐渐增强；还能够

看到"富二代""官二代"这样具有典型封建社会影子的称谓。不同职业群体之间的收入、消费、生活方式、阶层认同和社会态度之间都存在比较明显的差异。

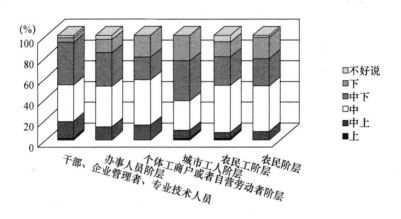

图5—6　不同职业群体经济社会地位的自我认同

青年群体是第一代鲜有计划经济体制下总体性划分印记的社会人群，从他们的成长环境和过程来看，经济社会地位的决定逻辑或社会分层的基础越来越向工业化社会靠拢，自致因素的作用更为普遍，巨大规模的、向上的社会流动也印证了社会的开放性，以职业为基础的社会分层体系能够清楚、可靠地验证青年在中国社会结构的层次性，也说明在青年群体中经济社会地位的分化正在加大。从"80后"职业群体的经济社会地位自评来看，干部、企业管理者、专业技术人员职业群体自认为是上和中上阶层的比例最高，两者合计为17.7%，他们很少认为自己属于社会的下层，其他群体中认为自己处于下层的比例都在10%以上，最高的是城市工人，有23.8%的人认为自己属于下层（见图5—6）。

二　制度壁垒仍然存在，新生代农民工难以融入

农民工群体在经历20多年的演化之后，出现多样性、个性化变化，不

再是同质化的群体。多数新生代农民工不同于老一代农民工，他们并没有真正的务农经历，在他们身上除了农村户籍外，很难找到农民的痕迹。这意味着他们不可能像老一代农民工一样，经历多年务工经商生涯后，落叶归根重回农村务农。相反，他们融入城市社会的愿望更为强烈，追求与"城里人"同等待遇的要求更为迫切。

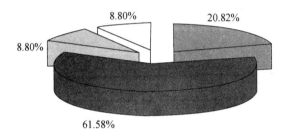

8.80%　　20.82%

8.80%

61.58%

■农村人和外地人　■农村人和本地人　□城里人和外地人　□城里人和本地人

图5—7　新生代农民工的身份认同

新生代农民工是中国社会转型过程中破除城乡二元结构、加快推动城镇化和工业化进程的关键人群。但是，在以户籍制度为代表的社会制度壁垒的区隔下，现行社会政策虽然对农民工在城市融入方面有所改进，但没有从根本上解决农民工融入城市社会的问题，新生代农民工阶层仍然处于整个社会结构的底层，游离于城市制度之外。根据中国社会状况综合调查2011年数据，在城镇居留的新生代农民工中只有8.8%既认为自己是城里人，也认为自己是本地人（见图5—7）。

三　教育结构性问题突出，与就业需求存有矛盾

中国教育改革和就业市场化之后，高等教育人才培养与劳动力市场需要信息不对称，教育供给与就业需求之间结构性矛盾突出。一方面是高等教育培养的人才的方向偏离社会需求，高校专业设置明显滞后于社会发展

需要；另一方面是产业结构升级缓慢，就业机会仍然集中在低端劳动岗位，从而导致青年劳动力要素配置效率低下，劳动力市场竞争激烈，甚至部分专业毕业生过剩。

从就业需求来看，一些企业盲目提高用人标准，尤其是一些福利待遇较好的垄断企业，导致人才高消费现象，不仅造成人才资源的浪费，也挫伤了其他青年就业的积极性。与此同时，中小企业劳动力岗位供给由于福利、待遇和劳动条件的差距，难以提供给青年良好的企业培训、职业规划和晋升机会，无法吸引青年就业。加之，一些青年自我定位不清，高不成低不就，更加剧了就业供求之间的矛盾。

四　婚姻情感质量要求高，"80后"家庭稳定性下降

在婚姻关系缔结的过程中，情感是最为重要的因素之一。与以往相比，当代青年受教育年限更长，进入婚姻年龄更晚，交友恋爱的机会更多，婚前性行为和婚前同居现象更为普遍，这意味着青年人在婚姻家庭之外有更多的选择，故而，他们不再拘泥于婚姻形式，更加注重婚姻情感质量，对婚姻的亲密度和忠诚度要求越来越高，感情的结合是婚姻双方之间互爱、平等和信任的基础。

正是因为情感要素在家庭婚姻中的重要性提高，一旦出现情感破裂，青年家庭则难以为继。此外，现代社会中生活压力不断增加，独生子女青年对他人的包容性不足，青年对自我价值的看重，也更注重内心世界对婚姻的感觉，尤其是，当前社会对离婚的宽容程度不断增加，离婚手续越来越简化，所以导致离婚已经不再是为人所不齿的事情。这些原因都导致"80后"青年家庭出现婚姻解体和家庭破裂的可能性增大，家庭稳定性下降。

五　青年人口占比缩小，养老压力加大

　　人口普查数据应该是最准确的数据。但尽管如此，因为种种原因，这些数据也难以做到尽善尽美。普查时间的不同，普查所面临的困难也会不同，普查所造成的数据偏误程度与特点也会不同，普查所面临的挑战和难点也会不同（《人口研究》编辑部，2002；王谦等，2010）。

　　比较第五次人口普查和第六次人口普查就会发现：在10—14岁组，第六次人口普查到了7490万人，但第五次人口普查才登记了6897万人；在15—19岁组，第六次人口普查到了9988万人，但第五次人口普查才登记了9015万人；在20—24岁组，第六次人口普查到了1.274亿人，但第五次人口普查才登记了1.254亿人；在25—29岁组，第六次人口普查到了1.01亿人，但第五次人口普查却登记了1.03亿人；在30—34岁组，第六次人口普查到了9714万人，但第五次人口普查才登记了9457万人。如果第五次人口普查各个年龄段人口数据准确的话，则在一定死亡率的影响下，第六次人口普查得到的10年后的人口数量，应该稍低于第五次人口普查登记的人口数量。但在经历了可能存在的死亡人口的影响后，第六次人口普查却在青年人口中登记到了更高的数据——与人口变化规律不一致的矛盾数据。这至少可以让我们得到这样两个互相矛盾的推断：

　　其一，第五次人口普查低年龄组存在较大的漏登问题；

　　其二，也可能是第六次人口普查低年龄组存在较大重复登记问题。实情到底如何，还需要继续观察。

　　但不管怎么说，两次人口普查都给我们显示了一个相对稳定的人口趋势，那就是——年龄越小的人口同期群，其人口的绝对值也相对较小。比如说，从第六次人口普查数据可以看出，0—4岁人口为7553万人，5—9岁人口为7088万人，10—14岁为7491万人，15—19岁为9989万人，而20—

24 岁人口则高达 1.274 亿人，25—29 岁人口则为 1.01 亿人，30—34 岁人口为 9714 万人（见表 5—4）。这就是说，如果按照年龄推移，未来的青年人口比现在青年人口的数量缩减了很多。如果以 20—24 岁人口的 1.274 亿人计，则 0—4 岁人口比其少了 5000 多万人。这就是说，在现在的 0—4 岁人口进入青年时期时，这个 5 岁组的人口会比现在相应年龄段人口大幅度缩减，从而造成人口金字塔的收缩，进而形成倒金字塔结构。

表 5—4　　　　　　　　　　青年人口在总人口中所占比重　　　　　　　　　（人，%）

	2010 年第六次人口普查数				2000 年第五次人口普查数			
	合计	男	女	占比	合计	男	女	占比
全国总人口	1332810869	682329104	650481765	100.00	1242612226	640275969	602336257	100.00
0—4 岁	75532610	41062566	34470044	5.67	—	—	—	—
5—9 岁	70881549	38464665	32416884	5.32	—	—	—	—
10—14 岁	74908462	40267277	34641185	5.62	—	—	—	—
15—19 岁	99889114	51904830	47984284	7.49	90152587	48303208	41849379	7.26
20—24 岁	127412518	64008573	63403945	9.56	125396633	65344739	60051894	10.09
25—29 岁	101013852	50837038	50176814	7.58	103031165	52878170	50152995	8.29
30—34 岁	97138203	49521822	47616381	7.29	94573174	47937766	46635408	7.61
35—39 岁	118025959	60391104	57634855	8.86	—	—	—	—
40—44 岁	124753964	63608678	61145286	9.36	—	—	—	—
45—49 岁	105594553	53776418	51818135	7.92	—	—	—	—
50—54 岁	78753171	40363234	38389937	5.91	—	—	—	—

续表

| | 2010 年第六次人口普查数 | | | | 2000 年第五次人口普查数 | | | |
	合计	男	女	占比	合计	男	女	占比
55—59 岁	81312474	41082938	40229536	6.10	—	—	—	—
60—64 岁	58667282	29834426	28832856	4.40	—	—	—	—
15—34 岁人口	425453687	216272263	209181424	31.92	413153559	214463883	198689676	33.25

注1：第五次人口普查的漏登率为 1.81%，第六次人口普查的误差率为 0.12%。

注2：表中数据是根据普查登记数据直接汇总而来，比普查的公报数据小，下文同。

注3：表中 2000 年"五普"时人口数据为 0—24 岁相应年龄段人口数。

注4：第五次人口普查数据来源于《中国 2000 年人口普查资料》光盘版表 3—1，第六次人口普查数据来源于《中国 2010 年人口普查数据资料》表 3—1[①]。

　　如果将六次人口普查的数据放在一起比较还可以看出：1953 年第一次人口普查时，15—34 岁青年人口在总人口中的占比为 31.44%；1964 年第二次人口普查时在总人口中的占比为 30.25%；1982 年第三次人口普查时占比为 36.38%；1990 年第四次人口普查时占比为 38.41%——达到最大值；但在 2000 年第五次人口普查时占比就缩小为 33.25%——有了很大幅度的下降；2010 年第六次人口普查时占比为 31.92%——占比继续缩小。

　　当我们将青年人口在历史横断面上视为 15—34 岁的人口时，则在历时态意义上，这个群体人口的多寡，就主要决定于少儿人口（0—14 岁人口）的增长或减少数量。所以，在生育率比较高时，少儿人口所占比重大，每年进入 15 岁年龄组的人口就逐步增长，则 15—34 岁青年人口的数量也会趋于增长。但当 0—14 岁人口趋于下降时，青年人口的数量亦会逐步下降。正因为如此，在 1964 年第二次人口普查时，0—14 岁人口在总人口中占比最大，为 40.69%。因此，到 1982 年第三次人口普查时，15—34 岁人口占比

---

　　① 国务院人口普查办公室、国家统计局人口和就业统计司：《中国 2010 年人口普查数据集》，中国统计出版社 2012 年版。

则迅速上升了——由 1964 年的 30.25% 上升到 1982 年的 36.68%，再上升到 1990 年的 38.41%。在实行计划生育政策尤其是在 20 世纪 70 年代实行世界上最为严格的计划生育政策之后，从 1982 年到 2010 年，0—14 岁人口持续缩小：2000 年 0—14 岁人口占总人口的比重为 22.89%，但到 2010 年第六次人口普查时，则进一步缩小到 16.60%。由此可以推断出：未来青年人口的绝对数量与相对比重都会继续缩小，从这里也可以看出中国人口金字塔底部紧缩的趋势。但在青年人口向成年人口转变的过程中，到 2000 年，35—64 岁的成年人口则转变为占比最大的人口，达到 36.90%；到 2010 年进一步增至 42.61%。

表 5—5　　　　　　　青年人口在总人口中所占比重降低的趋势　　　　　　（%）

年龄段		1953	1964	1982	1990	2000	2010
青年人口	15—19 岁	9.11	8.94	12.49	10.63	7.26	7.49
	20—24 岁	8.17	7.32	7.41	11.12	10.09	9.56
	25—29 岁	7.45	7.26	9.22	9.23	8.29	7.58
	30—34 岁	6.71	6.73	7.27	7.42	7.61	7.29
0—14 岁人口		36.28	40.69	33.59	27.67	22.89	16.60
15—34 岁人口		31.44	30.25	36.38	38.41	33.25	31.92
35—64 岁人口		27.87	25.5	25.12	28.35	36.90	42.61
15—64 岁人口		59.31	55.75	61.5	66.76	70.15	74.53
65 岁及以上人口		4.41	3.56	4.91	5.57	6.96	8.87

注：第六次人口普查相关数据来源于对《中国 2010 年人口普查数据资料》表 3—1 的计算。

根据图 5—8，我们会发现：

第一，中国人口长期以来处于"年轻型"人口阶段。虽然出生率很高，但死亡率同样也很高。在这种情况下，65 岁及以上老年人口在总人口中的占比一直很低。所以，15—64 岁劳动力人口的老年负担系数一直不高。即使在改革开放以后的 1982 年，65 岁及以上老年人口在总人口中所占比重也仅仅为 4.91%。但伴随老龄化程度的加深，在 65 岁及以上老年人口占总人口比重增加的同时，35—64 岁人口的占比也随之迅速增加了，这预示着未来中国劳动力人口中年龄较大的部分会增加，未来劳动力人口的平均年龄还会上升；未来老年人口占总人口的比重会增加，未来劳动力人口的老年负担系数也会上升。

所以，中国人口的老龄化既表现为金字塔顶部的老化——由人口寿命延长所表现的老年人口数量相对增加所造成的老化，也表现为金字塔底部的老化——由少儿人口出生率下降所造成的少儿人口数量相对减少所造成的老化。

第二，在出生率持续下降的过程中，青年人口的后备军（即将转化为青年人口的少儿人口）占比比重的急剧下降预示着未来中国人口金字塔底部还会收缩。如果现行计划生育政策不变，如果城市的生活成本与育儿成本仍然上升或保持现在的水平不变，则未来少儿人口下降所导致的 15—34 岁青年人口也会急剧下降。因为 15—34 岁青年人口在 1990 年之后开始收缩了，这意味着未来劳动力人口占总人口的比重会降低，青年一代的老年抚养率也就会迅速上升。

青年人口在总人口中所占比重的降低，是伴随工业化与后工业化人口生产和再生产特点而必然出现的社会现象。但中国青年人口所占比重的下降，则既是经济发展和社会发展的结果，也是严格的计划生育政策控制的结果，所以，中国从成年型社会转变为老年型社会的时间很短①。如果中国社会结构转变速度在未来加快，则社会结构转型和人口转型所发生的合力，会使中国成为世界上人口转变速度最快的国家。

---

①　国际上一般将 0—14 岁人口占总人口的比重在 40% 以上的社会叫做年轻型社会，占 30%—40% 的社会叫成年型社会，占 30% 以下的社会叫老年型社会或老龄化社会。进入老年型社会之后，所有人口的年龄中位数会超过 30 岁。

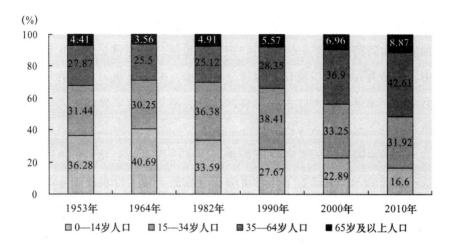

图5—8　青年人口与其他年龄别人口所占比重的历史变化

数据来源：由六次人口普查相关数据计算。

　　但中国人口年龄结构的变化，也带来了当前劳动力人口（整个15—64岁人口）占比从1964年开始逐步上升，到2010年已经达到历史最高点，为74.53%。这是一个非常独特的年龄结构现象，也预示着中国人口红利已经达到了历史最高点。在计划生育与社会经济这两方面因素的作用下，人口红利的维持时间不会太长，一旦人口红利消失，则青年人口的养老负担会迅速增加。分析15—34岁青年人口在过去五十多年中的变化趋势就会发现，其在总人口中的比重已经在波动中趋于降低了。

　　所以，人口红利的迅速上升与人口红利的迅速下降的道理是一致的——由少儿人口的迅速下降所造成的人口红利，会在老年人口的迅速增加过程中逐渐消失，那时，中国的发展就只能依赖人力资本的提升。

六　互联网综合症泛滥，网络依赖引发种种问题

　　青年阶段正处于一个人的人生观、世界观、价值观形成的关键时期，

而互联网世界是一个庞大的信息系统，但法律约束较为宽松，不正确、不健康信息泛滥。长期接受不正确、不健康信息的情况，可能对个人人生观、世界观、价值观产生深层次的危害。除了心理层面的危害外，过度使用网络还可能导致青年人产生生理上的障碍，比如由于辐射、荧屏闪烁、久坐、注视疲劳等造成的生理疾病。

由于网络已经渗入到日常生活的方方面面，青年人敏感、好奇、自制力不强，对互联网构建出的虚拟世界表现出了极高的认同度和参与热情，容易使用网络成瘾，产生对网络的依赖，甚至导致在网络之外真实社会中的人际关系障碍等。有研究认为，国内大学生网络依赖在3.6%到9.6%之间，中学生网络依赖在6.6%到14.8%之间。网络依赖导致年轻人推理能力与支配性差，内向孤独，焦虑抑郁，以及警觉、冲动、反社会性等特征。

◇◇ 第三节　青年未来发展面临的挑战

当代青年人不单单要面对社会生活中的现实问题，也面临着全球化、现代化和信息化社会带来的挑战。中国未来经济发展和社会变革的不确定性，包括人口结构变动、产业结构升级、代际关系变化、网络时代冲击和政治参与热情的增加等，均成为科学、合理规划青年未来发展迫切需要解决的重大挑战。

一　青年人口规模缩减，劳动力可能相对短缺

严格控制出生人口规模的计划生育政策在20世纪70年代末开始实行，加之现代社会人们生育意愿的下降，导致人口生育水平下降，这直接影响到当前青年人口规模的变化。在2005年前后，青年人口规模达到峰值，

15—34 岁年龄段人口规模大约 4.5 亿人，并开始逐年缩减。根据以往年份出生人口数量来判断，未来较长一段时间青年人口规模将持续下降，但总体规模仍将处于 3.5 亿人口以上。

青年人口规模的缩减，一方面有效缓解了青年人口增长带来的社会压力，比如教育资源分配、就业岗位供给等，减少了人口快速增长带来的种种负担；另一方面也意味着中国每年新增劳动力数量的减少——从出生人口规模来判断，70 年代末期，每年出生人口超过 2000 万人，而 90 年代中后期每年出生人口不足 1500 万人。新增劳动力数量的减少意味着与过去 20 年相比，中国劳动力供给可能在短期内处于相对短缺的状况。

二 产业升级速度加快，青年就业创业亟待转型

中国经济发展步入快速成长期，经济结构调整取得初步成效，产业结构升级步伐加快，电子信息、互联网、新材料和新能源等相关知识经济产业发展尤为迅猛，相关领域人才需求较大。但目前对青年的教育结构模式仍然停留在"学历化"教育阶段，人才培养机制明显滞后于新兴产业发展的要求，导致培养出来的青年人口难以适应新兴产业所需要的、掌握新技术新知识的人才特点。

在产业结构快速升级的带动下，青年就业机制和创业模式亟待转型。从就业机制来看，必须强调教育模式适应产业发展的需要，改变教育理念和教育内容与市场需求相脱节的状况，在强化高等教育质量的同时，大力发展城镇职业教育，加强农村青年的职业技能培训。从青年创业机制来看，在特定新兴领域应设立专项创业基金，给予青年更为宽松的创业政策，改变为了解决就业而支持创业的现象。

三　家庭养老负担沉重，导致代际关系紧张

受到家庭少子化和人口预期寿命延长的影响，中国家庭内部青年数量减少，而需要供养的老龄人口数量增加。比如在夫妻双方都是独生子女的家庭，他们不仅需要供养夫妻双方父母，而且还需要养育自己的下一代子女，出现所谓的"四二一"家庭结构。当代青年养老负担还体现在人口抚养比上，根据相关人口预测，中国总的抚养比将从目前的35%左右，达到2020年的40%、2030年的45%、2050年的64%。

考虑到社会资源的有限性和稀缺性，青年负担过大可能进一步引发代际之间的矛盾和冲突。比如，中国现收现付制的养老保险体系是使用当代人缴纳的养老金来支付已经退休的上一代人的养老金，人口年龄结构变动给现收现付制的养老保险体系带来了巨大的支付压力，导致收支平衡难以维持，甚至有报道称2013年将存在18.3万亿元的养老金缺口，从而不得不降低老年人的养老金水平，或者提高青年人的支付率，这势必将引发代际冲突。

四　网络信息时代到来，独立思考能力有待提高

随着全球化和信息技术的发展，信息交流以时效性、范围广、同步化、互动性等特点改变着社会。早在20世纪70年代，美国社会学家阿尔文·托夫勒就提出了"信息超载"的概念，但网络信息时代更准确的表述应该是"信息爆炸"的时代。信息社会中的青年主动性减少更多时候是被动地接纳着来自外界的信息，被信息爆炸冲击头脑，可能在短时间内被灌输某种思想，引发不正确的社会行为。

网络信息可以帮助青年人接触不同来源的大量信息，成为跨文化、跨

地域社会传播的催化剂，但也有可能成为弱化青年独立思考能力、潜移默化影响青年失去或偏离人生目标的腐蚀剂。尤其对思想尚未完全成熟的青年人群来说，充分接触信息的年轻人更容易受到他人思想的影响，对事物也更有可能套用他人不正确，或有失偏颇的观点。从一些群体性事件中青年网民的反应来看，当代青年人从众特点明显，独立思考能力有待提高。

五　政治参与热情高涨，社会参与空间相对不足

2008 年汶川大地震抗震救灾和奥运会圣火传递中，青年人不仅表现出极大的爱国热情，而且展现出极高的政治参与热情。当代青年的政治参与热情高涨，但不再提出和拥护不切实际的政治口号，而是以现实、自律、理性和务实的态度积极参与到政治活动之中，参与到中国社会主义事业的发展过程之中。

但考虑到青年政治观尚不成熟、政治理性尚不完备，在参与政治热情高涨的情况下，容易被西方势力和恶势力利用。比如在什邡事件中，青年人也是参与的主要群体之一。青年人善于通过网络新媒体表达政治观点和政治态度，但信息的不对称也可能扭曲青年人的政治参与行为。对于青年的政治参与，不应该压制和泯灭他们的热情，而是应该拓宽青年政治参与的渠道，给予他们更为广阔的政治参与空间，培养他们的政治参与理性，引导他们有序、合法地参与国家政治和社会生活。

◇ 第四节　促进青年发展，创新社会治理

在快速发展和崛起的中国，青年人不但是肩负期望的明日栋梁，也是怀揣梦想的追梦者。在纷繁复杂的社会变迁中，他们的生活和未来面临诸

多挑战。国家和政府有义务也有责任根据青年人的现状、问题和未来挑战，出台相应的政策对策，塑造有利于青年人成长的环境，帮助青年顺利渡过人生的转折点，早日成才，承担起人民赋予的重托，实现中华民族的伟大复兴。据此，我们提出以下几点促进青年发展、创新社会治理的对策建议。

一 增加青年的社会参与

在深入了解青年现状的基础上，认识到青年人的积极作用，将其作为经济社会发展中不可或缺的组成部分，尊重青年人的权利和愿望，推动青年参与各个层次的决策制定过程，以增加青年在中国社会中的影响力。政府部门应当为青年发展提供更多的经济支持和政策扶持，特别是要将青年视为掌握了新知识、新技术的主要人群，他们有能力成为引领中国不断进步的推动力量。

二 深化教育体制改革

继续加大教育经费投入，建立和完善教育经费与经济发展、财政收入的同步增长机制。进一步深化教育体制改革，变革与经济社会发展不相适应的教育结构和教育模式，加快教育资源优化配置，创新青年人才培养机制。加强职业教育和继续教育，推广面向就业的教育培训机制，增加已就业青年的职业技能，适度调整职业教育培训内容，确保青年能够适应快速变化的产业发展要求。

三 化解青年就业中的结构性矛盾

通过就业指导和职业培训，加强人才培养，不断提高青年素质，化解青年劳动者与就业市场之间的结构性矛盾。推进就业机会公平，改革现有与就业市场需求不协调、不一致的户籍制度、就业制度、干部人事制度。落实各项鼓励青年创业的优惠政策，为青年创业提供相应的资金支持，营造有利于青年在新兴产业、新技术行业创业的社会氛围。关注青年失业和不在业人群，多渠道开发就业岗位，促进充分就业。

四　着重解决社会公平和青年民生问题

在经济社会转型的过程中，在社会结构变动、利益关系多元化的带动下，青年群体不断分化，在社会生活的各个领域都还存在着不同程度的社会不公平现象。要坚持社会公平正义，着力促进青年平等获得发展机会，逐步建立以权利公平、机会公平、规则公平、分配公平为主要内容的社会公平保障体系。尤其要注重消除青年参与经济发展、分享经济发展成果方面的障碍，着重解决青年人的教育、就业、住房等民生问题。

五　合理引导青年人的政治参与热情

当代青年凭借自身在奥运会和汶川地震救灾中的表现，赢得了"新爱国一代"的美誉。要充分发挥青年对国家政治和社会活动的参与热情，引导他们合法、有序地参与到常规的政治生活中，拓宽他们的政治参与渠道，增加他们的政治参与空间。推动中国社会主义民主政治进程，增强青年民主权利意识，充分发挥青年乐于创新、敢于改革、善于创造的精神，推动中国社会主义民主政治的进一步发展。

社会心态变化与社会治理体制创新

第 六 章

社会心态变化与社会治理体制创新

　　社会心态是在一定时期的社会环境和文化影响下形成的，社会中多数成员表现出的普遍的、一致的心理特点和行为模式，并成为影响每个个体成员行为的模板。对于处于转型期的中国社会来说，社会心态由于社会环境的变化而表现出相当的动态性，又因为全球化大背景下中西文化的交汇和冲撞而表现出相当的复杂性，这使得社会心态研究难度异常大。我们采取的社会心态研究策略包括三个方面：一是社会心理、社会心态的测量、调查；二是对社会生活的观察、体验；三是对典型社会事件的深入分析。

　　要系统描述、分析和揭示社会心态，就应该对社会心态的结构进行探索，就目前社会心态研究现状来说，借鉴心理学认知、情感、意志的分类方式，结合文化、社会研究成果和近年来我们的社会心态研究实践，我们认为从社会认知、社会情绪、社会价值和社会行为倾向四个方面考察社会心态是具有较好解释力的。

　　社会心态包含的内容纷繁复杂，我们把焦点放在社会心态与社会变迁的内在联系上，着眼于社会心态的核心内容，重点关注构成社会心态的社会认知、社会情绪和社会价值观中的社会共识、社会主导情绪和社会核心价值观念这些核心内容。

　　以下是基于中国社会科学院社会学研究所社会心理研究中心、社会心态蓝皮书课题组最近对社会心态特点的分析和归纳，我们也对社会心态的发展态势和社会心态反映的社会问题进行了分析，并从社会治理的角度提出了我们的建议。我们的社会心态研究始终把促进社会整合、社会和谐、社会成长和社会进步作为总的目标和方向。

◇ 第一节 现阶段我国社会心态的特点

一 生活满意度

生活满意度广受重视，有许多调查，包括一些国际机构做的断续调查，如世界价值观调查（WVS）、盖洛普（Gallup）调查、亚洲民主动态调查（Asia Barometer，AB）和皮尤全球态度调查（Pew），由于这些不是连续调查，反映出的居民生活满意度趋势不太一致，皮尤调查表现为生活满意度上升，世界价值观调查表现为下降趋势，盖洛普调查表现为波动状况。国内持续比较久的居民生活满意度调查是零点研究咨询集团完成的，从1997年起每年都有，调查结果显示居民生活满意度从90年代表现为下降趋势，然后变化平缓，之后又缓慢波动上升，见图6—1（Easterlin，Morgan，Switek and Fei，2012）。

新近的更大规模的抽样调查显示，2012年居民生活满意度比2011年略有下降，在2011年全国人大财经委民生指数课题调查结果中，居民生活满意度为3.46，2012年为3.41，标准差均为0.92（王俊秀、全静，2012）。

这两次调查均发现生活满意度存在很大的地域差异，西部地区生活满意度高于东部地区。在北京市的调查显示，居民对生活不同方面的满意度差异很大，对生活中个人性的家庭关系、身体健康满意度最高，对介于个人与社会之间的工作状况满意度较高，对生活的社会性方面满意度较低，特别是对食品安全和物价满意度最低。具体结果为，对家庭关系的满意度为85.53（满分为100分），对身体健康的满意度为72.13，对工作状况的

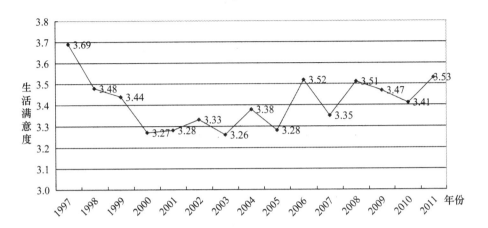

图6—1　零点研究咨询集团历年城市居民生活满意度

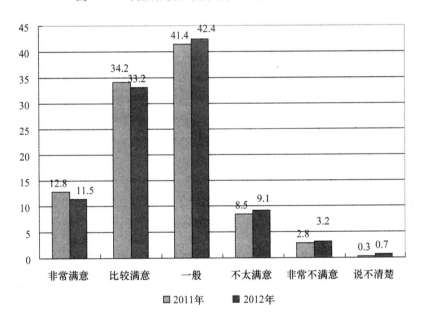

图6—2　全国人大财经委民生指数课题组生活满意度调查

满意度为 61.28，而对公共安全的满意度为 58.48，对医疗条件的满意度为 53.43，对教育的满意度为 52.43，对交通的满意度为 52.13，对家庭收入的满意度为 48.9，对住房条件的满意度为 43.75，对食品安全的满意度为 36.95，对日用消费品价格的满意度为 36.13（陈珊，

2012）。

2012 年我们在杭州市中心的一个老社区调查的居民总体生活满意度与全国样本接近，生活满意度均值为 5 点量表的 3.43，稍高于全国样本的平均值。在调查中发现，居民生活压力主要来源中，压力排在最前面的分别是子女教育费、赡养老人和个人技能/学历提高的压力，均值分别是 5 点量表的 3.31、3.07 和 3；接下来的七项压力源和均值分别为：城乡身份问题均值为 2.85，工作压力均值为 2.81，住房条件均值为 2.67，自己或家人就业均值为 2.66，医疗支出均值为 2.58，婚姻均值为 2.58，不敢信任外人均值为 2.53。

二　心理健康

1989 年世界卫生组织（WHO）对健康作了新的定义，"健康不仅是没有疾病，而且包括躯体健康、心理健康、社会适应良好和道德健康"。心理健康、社会适应成为健康的重要内容。社会成员心理健康直接关系到健康社会心态的形成。

国内全国性的心理健康调查比较少，2011 年度北京居民心理健康调查课题组在北京市进行的大规模市民心理健康自评测验可以在一定程度上反映社会成员的心理健康状况。这次调查的自测健康评定量表包括三方面的测量内容，即生理健康、心理健康和社会健康，并以总分衡量健康状况。调查结果显示，北京市民心理健康状况不容乐观，尽管居民自测的生理健康、心理健康、社会健康和总体健康量表平均分分别为 85.56、80.88、78.87 和 82.14；但有 20.3% 的北京居民在自测测验中表现为心理健康不良倾向，22.5% 的北京居民表现为社会健康不良倾向，7.0% 的北京居民表现为生理健康不良倾向，自测心理和自测社会健康水平欠佳的人数比例，大于自测生理健康水平欠佳的居民比例，12.0% 的北京居民在总体自测健康中表现出健康不良倾向（陈珊，2012）。

三 社会安全感

2012 年民生指数课题组的全国样本的调查中，社会治安安全感均值为 2.73，略高于 2011 年的 2.66，食品安全满意度为 3.06，高于 2011 年的 2.86。我们在 2012 年的调查中对交通、食品、医疗、劳动、财产、隐私、人身和环境的安全感进行了调查，结果显示，除了食品安全、隐私安全低于 2006 年和 2008 年外，其余各项均高于前两年的结果，但由于这两次调查的样本范围和调查形式均不同，结论也只可作为参考（高文珺、杨宜音、赵志裕、王俊秀、王兵，2012）。但有一个现象值得注意，2006 年和 2008 年的安全感调查中，不安全的排列顺序由高到低是食品、医疗、交通、财产、劳动、人身和隐私安全；2008 年依次为交通、食品、医疗、劳动、财产、隐私和人身安全，而 2012 年的调查中不安全的顺序是食品、隐私、环境、医疗、交通、劳动、人身和财产安全。对比一下，食品安全始终居于前列，人身、财产安全感相对较高，而隐私安全逐年大幅下降。

表6—1 **2012 年安全感调查和 2006 年、2008 年对比**

	2006 年	2008 年	2012 年
交通	2.74	2.74	3.24
食品	2.68	2.76	2.36
医疗	2.72	2.84	3.11
劳动	2.97	2.97	3.39
财产	2.95	2.98	3.77
隐私	3.09	3.02	2.79
人身	3.02	3.04	3.75
环境	未调查	未调查	3.05

注：2006 年、2008 年为中国社会科学院社会学所全国调查，2012 年为网络调查。

四 社会公平感

曹颖等人的调查发现，北京市居民的社会公平感不高，在回答"您觉得目前的社会公平吗？"这个题目时，平均得分为7点量表的3.87，低于量表的中间值4，处于较低水平（曹颖、陈满琪、徐姗姗，2012）。调查中有12.6%的人认为分配问题是当前严重的社会问题，而对未来5年的预期中，有16.4%的被调查者认为分配问题仍是严重的社会问题，比例更大，公众预期未来的分配不公将更加严重。在这次调查中，19.2%的人认为不公平是自己生活状况与周围人差距的原因，其中自我归因占36.1%，社会提供的机会不足占12.8%。

陈辉、杨宜音在北京、广东、江苏、浙江和四川五个省市的250名进城农民工的调查中，回答社会是否公平（非常不公平1分，比较不公平2分，比较公平3分，非常公平4分）的均值为2.2，为了与上一调查结果比较，转化为7点量表得分为3.85，两个调查结果接近，农民工公平感略低；有25.7%的农民工回答"非常不公平"，38.3%的农民工回答"比较不公平"，30.2%的农民工回答"比较公平"，5.9%的农民工回答"非常公平"。在回答外出打工期间是否受到不公平对待时（非常多1分，比较多2分，比较少3分，根本没有4分），这一题目的公平感均值为2.4，转换为7点量表的得分为4.2。在对外出打工期间自己受到的不公平对待的回答中，有14.9%的农民工回答"非常多"，30.2%的农民工回答"比较多"，50.7%的农民工回答"比较少"，2.3%的农民工回答"根本没有"（陈辉、杨宜音，2012）。

我们在杭州市一个专门的外来务工人员社区的调查显示，在回答"杭州市民和我们外来务工人员在社会待遇上毕竟不一样"的题目时，31.4%的人选择"不太符合"，15.9%的人选择"很不符合"，有28.6%的人选择"不确定"；在回答"外来务工人员所遭受的不公正对待很难改变"的题目

时，23.6%的人选择"不太符合"，9.6%的人选择"很不符合"；在回答
"总的来说，外来务工人员很难进入受尊重的领域内工作"的题目时，
25.2%的人选择"不太符合"，12.5%的人选择"很不符合"，28.4%的人
选择"不确定"，23.3%的人选择"比较符合"；在回答"人们对外来务工
人员有偏见"的题目时，26.3%的人选择"不太符合"，18.9%的人选择
"很不符合"，30.4%的人选择"不确定"（白文璐、石向实，2012）。

农民工在受到不公平对待时，多数人采取消极逃避的方式应对，杭州
调查中35.7%的人选择离职，21.3%的人选择忍气吞声，陈辉、杨宜音在
北京、广东、江苏、浙江和四川五省市调查中发现，59.6%的人选择离职或
忍气吞声，两项调查的比例基本相当；杭州调查中10.5%的人选择自己找
人私下解决，五省市调查中14.9%的农民工选择找人私下解决；杭州调查
中3.5%的人选择把怨气发泄到物品上，2.1%的人选择把怨气发泄到不相
关的其他人身上，五省市的调查中9%的农民工选择把怨气发泄到不相关的
人或物上；两个调查中采取正规途径维权的比例也比较接近，杭州调查中
11.2%的人选择求助社区，10.8%的人选择求助政府机关（白文璐、石向
实，2012），五省市的调查中，14.0%的农民工会求助国家机关（陈辉、杨
宜音，2012）。

五　社会支持

北京市居民社会支持调查结果显示，亲属、朋友、同学、同事依然是
居民社会支持的主要来源，这和2011年《社会心态蓝皮书》中刁鹏飞的
《中国城乡居民的生活压力及社会支持》中的结果一致（王俊秀、杨宜音，
2011）。在2006年和2008年的全国调查中均发现，非正式支持是支持的主
要来源，其中亲属关系是主导的支持来源，由社区组织、政府部门、党群
组织等提供的正式支持的数量较少，覆盖面亟待提高。

北京市居民社会支持调查结果显示，1.6%的居民感受到的社会支持处于低度水平，73.5%的居民感受到的社会支持属于中等程度，24.9%的居民感受到充分的社会支持。学生、未婚居民和20岁以下居民中低社会支持水平的比例较高。

调查显示，北京居民在遇到急难情况时，得到的经济支持和解决实际问题帮助的来源依次为：配偶、其他家人、亲戚、朋友、同学或同事，选择率分别为40.52%、36.65%、35.73%、33.95%和16.69%；而居民从工作单位、党团工会和宗教等处得到支持的选择率较低，分别为6.77%、1.42%、0.12%；有0.9%的居民表示没有得到过上述任何方面的经济支持和解决实际问题的帮助。

调查结果显示，北京居民在遇到困难时，曾得到安慰、关心等心理支持的主要来源依次是配偶、朋友、其他家人、亲戚、同学或同事，选择率分别为43.45%、42.48%、39.00%、39.00%和22.18%；来自工作单位、党团工会和宗教的支持的选择率较低，分别为7.66%、1.82%和0.18%；0.5%的居民表示没有得到过安慰和关心。

我们在杭州市一个专门的外来务工人员社区进行的调查显示，农民工获得的社会支持程度较高的首先是家庭，其次是朋友，然后是同事、领导和亲戚，三者的平均值依次是3.79、3.66和3.42，且两两之间的社会支持存在显著差异。来自企业、社区和政府部门的正式支持薄弱（白文璐、石向实，2012）。

六　社会尊重与认同

自尊是个人对自己的价值和作用的评价和情感体验，自尊的建立离不开来自社会对个体行为的评价和反应，同时，一个人的自尊影响着其心理和行为。心理学关心青少年成长中自尊的建立。对于一个社会来说，一些群体在他们的生活状态发生变化后也面临着自尊的重新建立。我国城市化程度不断提高，大量农村居民进入城市，社会融合成为非常值得重视的社会问题。为了了解农民工的城市融入，我们对杭州市进城务工人员的自尊状况做了调查。调查采用罗森伯格的自尊量表，量表把自尊区分为自我肯定和自我否定两个维度，自我肯定得分高的人倾向于认为自己是一个有价值的人，对自己持肯定的态度，而自我否定得分高的人则倾向于认为自己是一个失败的人，自认为不如别人。调查发现，农民工自尊总体平均分数为33.40，与同龄的大学生相比偏低，自我否定程度偏高，自我肯定程度偏低（段志慧、郑莉君，2012）。

农村居民进入城市工作成为城市居民，但他们不再满足于农民工这样的候鸟迁徙的生存状态，他们希望成为真正意义上的城市人，这种城市人的认同倾向越来越明显。对杭州农民工的认同调查发现，多数农民工倾向于"新杭州人"认同，在回答"成为新杭州人中的一分子，我感到很高兴"的题目时，表示"很符合"和"比较符合"的比例占60.5%，回答"不太符合"和"很不符合"的分别是15.3%和4.8%。在回答"作为新杭州人，这一身份有许多令我觉得自豪的地方"时，有42.1%的人回答"很符合"和"比较符合"，17.2%的人回答"不太符合"，8.6%的人回答"很不符合"。在回答"我准备在这里工作几年，并不准备真的作'杭州人'"时，49.2%的人回答"很不符合"和"不太符合"，有17.1%的人回答"很符合"和"比较符合"，有33.7%的人回答不确定（白文璐、石向实，2012）。

七　社会信任

我们的调查发现社会总体信任水平进一步降低。2010年10月中国社会科学院社会学所社会心理学研究中心与北京美兰德信息公司合作，在北京、上海、广州三个城市对1171名居民进行了社会信任调查，结果显示，社会总体信任程度得分为百分制的 62.9 分,刚过 60 分的及格线(杜军峰、饶印莎、杨宜音,2011)。2011 年 12 月中下旬,这一调查的城市扩展到七个,对北京、上海、郑州、武汉、广州、重庆和西安 1943 名居民的社会信任状况进行了调查。结果发现,社会总体信任程度得分为 59.7 分,低于及格线。"非常信任"的比例在 2010 年和 2011 年分别是 4.1% 和 3.9%,"比较信任"的比例分别为 53% 和 49.3%,"一般"的比例分别为 34.8% 和 35.6%,"不太信任"的比例分别为 9.1% 和 6.4%,"非常不信任"的比例分别为 1.6% 和 2.2%(饶印莎、周江、田兆斌、杨宜音,2012)。

调查还发现,城市居民的人际信任由近及远分别是亲属关系、亲密朋友、熟人和陌生人。家庭成员的信任程度最高,2010 年三个城市调查的得分为 94(杜军峰、饶印莎、杨宜音,2011),2011 年七个城市调查得分为 90.6,亲密朋友两次调查得分分别为 79.9 和 79.3,一般熟人为 62.8 和 65.3,单位同事为 60.4 和 62.4,一般朋友为 60 和 63,单位领导为 58.4 和 61.1,邻居为 57.6 和 59.4,陌生人为 22.5 和 30.3,网友为 19.1 和 24.4(饶印莎、周江、田兆斌、杨宜音,2012)。

我们在另一项调查中采用了一般社会信任量表来测量社会信任,该量表包含了 6 个测量大多数人的可信程度、待人公平和乐于助人三方面的题目,将各题目总均分作为人们一般信任的指标,得分越高,信任感越强。结果发现,一般社会信任的均值按 5 点量表计分为 3.5,高于中值 3,处于比较信任水平。分别考察可信程度、待人公平和乐于助人三个方面发现,人们比较愿意相信大多数人愿意乐于助人,不会只顾自己,平均 72.3% 的人选择了比较赞同或非常赞同;对于"社会上大多数人可信"、"和别人交往时不需要小心提防"这两个题目而言,只有平均 49.6% 的人选择了比较赞同或非常赞同,体现出人们最怀疑的是大多数人的可信程度;而对于大多数人会待人公平和不会想着占别人便宜这两个题目来说,平均有 57.6% 的人选择了比较赞同或非常赞同,表明人们对于大多数人会公允待人的相信程度居中（高文珺、杨宜音、赵志裕、王俊秀、王兵，2012）。

八　社会情绪

情绪是每一个社会成员在日常生活中内心状态的反映，而社会群体的情绪也是社会心态的重要内容。曹颖等调查了北京市民的情绪状态，选取了满意、不愉快、怨恨、不安、平和以及怀有希望6种基本情绪状态，其中，两个正向情绪为满意和怀有希望，三个负向情绪为不愉快、怨恨和不安，一个中性情绪为平和。情绪评定采用7级量表，1表示"非常不强烈"，7表示"非常强烈"。调查发现：虽为现在情绪状态但指向未来的"怀有希望"均值最高，为4.88分，其次是中性情绪"平和"，为4.65分，正向情绪"满意"得分为4.19，负向情绪"不愉快""不安"和"怨恨"得分最低，分别为3.69、3.32和3.20。

从居民选择不同程度情绪分布的比例看，"怀有希望"一项选择非常强烈的有22.1%，表示不强烈的仅有4.7%；分为高、中、低三部分来看：中值4以下的比例占16.1%，中值4占28%，高于中值的占55.9%。正向情绪"满意"中表示非常强烈的占8.4%，非常不强烈的占7.7%，选择中值4的最多，占34.4%，低于中值的比例占26.8%，高于中值的比例占38.8%。中性情绪"平和"一项选择非常强烈的比例为15.1%，非常不强烈的比例为4.5%，中值占比最多，为34.6%，低于中值的比例合计为17.5%，高于中值的比例合计为47.9%。负向情绪中，"不愉快"的选择分布中，中值占36%，低于中值占38.9%，高于中值占25.1%，高低两个极端选择不多，分别为4.8%和9.2%。另两个负向情绪分布相似，"不安"和"怨恨"两项选择非常强烈的比例分别为3.3%和3.5%，选择非常不强烈的比例分别为19%和20.1%，选择中间值4的比例分别为28.2%和30.6%，低于中值的比例合计分别为49.7%和52.3%，高于中值的比例分别为22.1%和17.1%。

总的看来，"怀有希望"高于中值的比例占大半；"满意"的选择比较平均接近三成，高于中值的略多，低于中值的略少；"平和"一项高于中值的比例较大，近五成；负向情绪分布上低于中值的比例更高，分别在四成和五成左右。概括起来就是正向情绪分布在高处聚集，中性情绪分布比较平均，负向情绪在低处聚集。

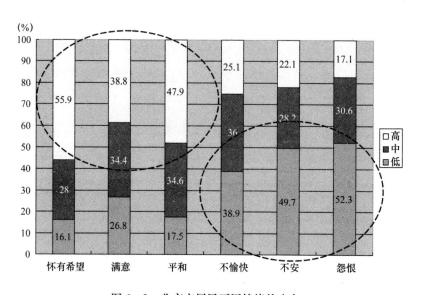

图6—3　北京市居民不同情绪的分布

◇◇ 第二节　社会心态的变化态势和问题

一　多层次、高标准的民众需求挑战民生工作

近年来，国内许多省市提出把民众幸福作为政府执政的理念，纷纷提出打造"幸福XX"的口号；各级政府也编制了一系列的政绩考核指标，出现了许多的幸福指数、指标体系，这些指标体系经常把百姓生活满意度作为重要的考核内容。但是，令许多政府官员苦恼的是，政府民生工程的推

进很难有效提升民众的生活满意度或幸福感。

如果按照心理学中经典的马斯洛需求层次理论来看的话，人的需求是不断提高的，从生理需求满足、安全需求满足、爱与归属等社会性需求满足、尊重需求的满足，一直到自我价值实现的满足是一个不断满足、不断提出新的需求的过程。这个理论给我们的启示是，生存需求是更基本的需求，这些需求满足后社会性需求会成为紧迫需求。这一理论的提出是基于个体，对把社会整体作为研究对象的社会心态中的社会性需求，该理论的解释力有限，它忽视了不同需求的标准提高问题，也没有注意到低阶需求未完全满足前高阶需求已经很迫切。目前，经过改革开放30多年的努力，多数民众的生理需求已经基本或部分得到满足，但满足了温饱问题的民众对生理需求满足的标准提高了，洁净的空气、无污染的水、改善的住房条件、保障健康的医疗条件、宜居的自然环境等，成为新的需求；同时，安全的食品、安全便捷的交通、安全的生产环境、有效的灾害防范等这些安全需求与生理需求同时出现，每一项都不容迟缓。从近年来的调查看，安全的需求成为民众反映最强烈的需求，同样，安全需求也需要更高标准的满足。安全感调查中，人身、财产安全已经成为安全基本保障，食品安全成为最受关注的内容。这些年来，社会性的安全食品焦虑、环境污染焦虑成为全社会普遍的情绪。同时，民众对于隐私安全、环境安全的要求进一步提高，可以看到，近年来发生的许多群体性事件都是由环境污染事件引发的。

随着中国改革开放的不断推进，中国全球化进程的不断深入，信息化步伐的不断加快，民众接触新知识、新理念的机会加大，民众的民主意识、权利意识、政治参与意识增强。加之，经过几十年发展，社会已经差异化，不同群体的需求也差别化，尊重与认同需求、个人发展需求已经成为新的必须满足的需求，这些原本属于马斯洛理论中更高层级的需求已经普遍化，虽然可能在程度上会有不同表现，但这些更高层级的需求与那些提高了标准的低阶需求会同时出现，如果不能很好地满足，矛盾就会不断爆发。多层次、更高标准的社会性需求将给未来政府的民生工作提出新的挑战。

二 社会不信任的扩大化成为社会矛盾的温床

调查显示，社会的总体信任进一步下降，已经跌破及格线，出现了一些新的发展态势。

社会信任的一个特点是人际不信任的扩大化。只有不到一半的人认为社会上的大多数人可信，不需要小心提防，但如果这个人是陌生人，信任的比例则减少到只有2成到3成。弗朗西斯·福山在《信任：社会美德与创造经济繁荣》中提出信任是造成经济成就差距的根源，他认为，"一个民族的福利及其竞争力取决于文化特性，即这个社会固有的信任程度"（福山，2001），福山把中国围绕家庭维系的信任关系归入低信任度社会。我们不同意福山把信任归于一种文化的结果，但我们必须接受，对于多数人的不信任使得每个人都生活在谨慎和不安的相互提防中，这种相互的不信任正逐渐固化为我们社会的性格，长久下去将成为一种被不幸言中的不信任文化。"小悦悦事件""南京彭宇案"引发的老人跌倒要不要扶的热议，甚至刘翔奥运会摔倒后的质疑，对击毙的是否真实周克华的质疑，等等，都成为社会信任恶化的注脚。

社会信任的另一个特点是群体间的不信任加深和固化，表现为官民之间、警民之间、医患之间、民商之间等许多主要社会关系之间的不信任，也表现在不同阶层群体之间的不信任。近年来的社会信任调查中，民众对政府机构、政法机关的信任度不高，对广告业、房地产、食品制造、药品制造、旅游和餐饮等行业的信任度极低，很大原因是由于一些政府官员的不作为、乱作为或贪污腐败，一些司法机关执法者不严格执法或违法乱纪，一些不法商人和医生见利忘义等等。根据对发生的舆情事件的分析，地方政府的粗暴强征、强拆成为网络排在第一位的维权事件，涉警涉法事件紧随其后。仅近期出现的在全国范围造成相当消极影响的事件就有：四川成都唐福珍自焚事件、江西宜黄强拆自焚事件、湖北武汉老妇阻拆迁遭活埋案、浙江乐清钱云会案、辽宁盘锦拆迁枪案等（刘璇、卢永春、段金志、祁祎博，2012）；刘志军、薄熙来、广州城管中队长王宝林、陕西安监局长杨达才等腐败案件；广州越秀区委常委方大国殴打空姐等事件；律师李庄案、王立军案件，湖南永州唐慧为被迫卖淫、惨遭轮奸的女儿上访申冤被判劳教事件等；以及"7·23"动车追尾事故，上海地铁追尾事故，故宫失窃案，双汇瘦肉精事件，"毒胶囊"事件等。这许许多多的事件使得本已陷入困境的社会信任更是雪上加霜。不同社会关系下的信任也扩展到跨越这些关系的不同社会阶层之间的不信任，特别是贫富之间的不信任。药家鑫案件发生背后一个重要的因素就是不信任，药家鑫在撞人之后的第一反应就是穷人难缠，害怕被讹，作为一个没出校门的学生拥有这种观念说明这已经成为社会的一种普遍认识。

社会信任的第三个特点就是社会不信任导致社会的内耗和冲突加大。普遍的社会不信任已经成为许多社会性事件发生的培养基。公共权力机构往往担心信息公开会在社会上造成不良影响，或者为了掩饰他们工作中的失误和错误掩盖一些事实或不惜以公权力的失信为代价，编造事实，常常编制出一些可笑的、强词夺理的证据和解释，如司法机关对采用非法手段对待犯罪嫌疑人或罪犯致死的多起案件的解释死亡原因就有五花八门的令人啼笑皆非的"躲猫猫""喝凉水""俯卧撑""做噩梦"和"发烧"等。这些虽然是某些司法机关工作人员的个别行为，但已经损害了整个司法从业群体的信誉，使得民众对司法机关的信任度降低。2012 年 8 月，经过长时间跨省追捕的公安部 A 级通缉犯周克华被击毙，但许多人怀疑这一事实，由于得不到公安机关明确的证据展示，这种怀疑较长时间依然存在。2012年 3 月 23 日，哈尔滨医科大学第一附属医院发生的患者家属刺死一名医生、刺伤三名医生的血案也是由于患者对医生的不信任引起的。更严重的是持这样看法的人并非少数，天涯社区对这一事件的网络调查显示，有近半数人认为"医生不值得同情"（刘璇、卢永春、段金志、祁祎博，2012）。例如，2011年的"郭美美事件"，这个"蝴蝶"翅膀扇起的微风却掀起了巨澜，给中国红十字会这艘巨轮以重重的一击。杀伤力有多大，元气什么时候能回复，谁也无法预料。这完全是由于组织的社会信任根基不稳造成的。

社会的不信任导致社会冲突增加，社会冲突又进一步强化了社会的不信任，社会信任陷入恶性循环的困境中。

三 阶层意识成为社会心态和社会行为的重心

每个人都很在意自己在社会中的地位，在意自己属于哪一个阶层，每个人都有向上流动的愿望。虽然随着社会发展、社会财富的积累，个人生活水平都有所提高，但每个人属于哪个阶层却并非仅仅是一个统计学上的归类，更重要的是人们对阶层的自我认同，他自己感觉到的在社会中的位置。近年来，我们发现存在比较普遍的底层认同、弱势群体认同现象，也就是阶层认同向下层移动，这其中包括一些按照经济收入和社会地位衡量应该归属于更高阶层的人。2012年的调查虽然是网络调查，样本选取可能会出现比以往的全国抽样调查更趋中的结果，但依然可以看出底层认同的存在（表6—2中2002—2008年的数据为中国社会科学院社会学研究所的全国抽样调查，2012年为我们所做的网络调查）。

表6—2　　　　　　　　　历年阶层认同比例　　　　　　　　　（%）

阶层	2002	2006	2008	2012
上	1.6	0.5	0.6	—
中上	10.4	6.1	7.1	7.9

续表

阶层	2002	2006	2008	2012
中	46.9	39.5	39.3	47.9
中下	26.5	28.7	30.4	40.2
下	14.6	24.3	21.3	4.0

曹颖在北京市的调查发现，36.7%的人倾向于认为自己是弱势群体，36.3%的人认为自己不是弱势群体，其余27%的人没有倾向（曹颖、陈满琪、徐姗姗，2012）。

对不同阶层认同居民的社会心态特点对比发现，底层认同成为影响其社会心态和行为的关键因素。图6—4为不同收入居民的社会安全、社会信任、社会公平感和社会支持感的特点，虽然经济收入是社会阶层认同的重要因素，经济收入的高低也基本决定了上述社会心态的特点，但在某些项目上并没有明显的趋势。图6—5为不同社会阶层认同的居民表现出明显的社会心态趋势，都明显存在所认同社会阶层越高，安全感、信任感、公平感和社会支持感也越高的特点（高文珺、杨宜音、赵志裕、王俊秀、王兵，2012）。

也就是说，自认为底层的民众感到不安全感、不公平感更高，社会信任程度更低，感到获得的社会支持也更低。而这一较高比例的底层认同和弱势认同群体就可能是一个社会隐患。

四　社会群体分化导致群体冲突增加

改革开放以来广受关注的问题是贫富分化，也就是阶层的分化，但由于中间阶层薄弱，以及本属中层的群体倾向于更低阶层的自我认同，从而中国的社会阶层表现出异常庞大的底层。而共同的底层认同使得网络或民

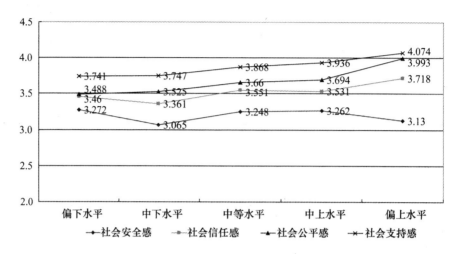

图6—4 不同收入居民的社会安全感、社会信任感、社会公平感和社会支持感

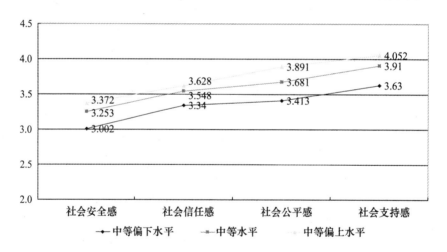

图6—5 不同阶层认同的社会安全感、社会信任感、社会公平感和社会支持感

间总是出现一边倒的声音，或一边倒的行为。社会心理学把群体决策更容易冒险激进称为群体极化，而这种底层认同也导致群体心理和行为的极端化。

近年来，在这种占主导的群体极端化下，又开始分化为不同的群体，这些群体大多是由利益凝聚的，多数是短暂的、松散的、无组织的、无目标或有暂时目标的群体。从近两年的一些影响比较大的群体性事件可以看出，这种共同利益聚合的群体又分为累积型和事件诱发型两种形式，累积型聚合利益群体如为了土地的抗争团结在一起的坎村村民，贵州安顺、浙江杭州、四川成都等多个城市的出租车司机罢运的行动群体，以及多地发生的工厂工人停工的群体。这些利益受损的群体为了他们的利益，通过松散程度不同的组织，希望达成他们的暂时目标。事件诱发型聚合利益群体如温州动车事故受难家属，一些杀人案件、城管打人事件等引发的既无组织也无目标的群体性事件行为群体，以及像厦门和大连 PX 事件所导致的松散但有明确目标的"散步市民"群体。

虽然这些事件体现为群体行动，但不属于群体冲突，而是群体向政府管理者诉求的表达。群体冲突是在两个群体之间发生的，冲突的引发是因为利益冲突、观念态度冲突、身份认同等引起的，如湖州织里镇发生的抗税事件是发生在当地人和外地人之间，富士康一线工人与保安人员暴力冲突，以及民族地区发生的暴力冲突等。从重庆"唱红打黑"到薄熙来被双开，始终存在所谓"左派""右派"之间的思想冲突甚至暴力冲突，再如保卫钓鱼岛反日活动中也同样有所表现。

随着社会的进一步分化，相同利益、身份、价值观念的群体也会不断分化出来，这些具有相同群体特征的人们在表达他们的诉求，保护或争取他们的利益时会越来越多采取群体形式，群体之间的摩擦、冲突也会相应增加。

五　社会负向情绪值得警惕

社会转型中社会矛盾和冲突不断凸显，深入分析这些矛盾和冲突，社会情绪是其核心。一方面，社会矛盾的表现是激烈的社会情绪爆发；另一方面，社会情绪成为这些矛盾、冲突的动力成分。因此，清楚地认识社会情绪，对于政府行为决策非常重要。心理学认为，个人的情绪是外界情境、个人处境与主观意愿之间关联后发生的，情绪基本上可以分为正向和负向两种，个人意愿得到满足是正向体验，得不到满足则是负向体验。人的情绪虽然复杂多样，但最基本的是高兴、愤怒、悲哀和恐惧等几种，其他都可以看作是基本情绪的复合。而基本情绪中正向的只有一种，其余为负向情绪。我们更应该关注社会的负向情绪，因为情绪具有动力特性，也称为"情绪能量"，社会负向情绪的积累可能对社会产生破坏性影响。在个人和个人的互动中，在群体内和群体之间，以及国家、社会内部和国家、社会之间都会引发人们表现出共同的情绪体验，群体成员共享的感受，这就是社会情绪。我们研究发现，近期社会心态中社会情绪具有如下一些特点。

第一个特点是，社会情绪总体的基调是正向为主，但一些不利于个人健康和社会和谐的负向情绪基调不容乐观。我们的调查显示，民众在过去一年生活中平和、怀有希望、坚强、热情、开心、有兴致、内心坚定、活跃的、享受的、兴奋的、感激的、受鼓舞的和自豪的等情绪最为强烈，平均情绪强度为"中等"以上到"比较强烈"之间；而负向的情绪，如警觉的、心烦的、无奈的、精神紧张的、郁闷的、担心的、易怒的、烦躁的、不安的、失望的、悲伤的、愤怒的等情绪平均程度介于"比较轻微"和"中等"之间；而内疚的、恐惧的、羞愧的、怨恨的等情绪平均程度略低于"比较轻微"水平。

从社会事件来看，过去一年多时间里发生了许多令人愉快、令人感动的事情。比如：2012年5月8日晚，黑龙江省佳木斯第十九中学女教师张丽莉为救学生自己被卷入车轮下，双腿粉碎性骨折，高位截肢。2012年5月29日，杭州司机吴斌在高速公路被一块数公斤重的铁片击碎挡风玻璃，刺入腹部，在肝脏破裂、多根肋骨折断的情况下完成了靠边停车、拉手刹、打开双闪灯等保障安全的动作，挣扎着站起来疏导24名乘客安全离开，后抢救无效去世。2011年7月2日，一个两岁女童从10楼坠落，吴菊萍奋不顾身地冲过去用左臂接住孩子，致其手臂骨折。这些事迹令全社会感动，在全社会各种媒体中大量传播，人们称他们为"最美教师""最美司机"、"最美妈妈"。

第二个特点是负向情绪的引爆点降低，爆发激烈，指向性明确。我们也可以看到许多负向社会情绪的表现，在影响比较大的社会事件中都有激烈的情绪反应，如"什邡事件""启东事件"中大批民众的愤怒，"7·23"动车事故引发的全社会悲愤，湖南"永州事件"中民众对唐慧及其女儿的同情和对当地司法机关的愤怒，反日示威中一些人对无辜者表现出的仇恨，湖州织里镇当地人和外地人之间的敌意，以及较为频繁的食品安全问题带来的社会普遍的焦虑，对政府官员贪污腐败长期不能得到有效遏制的怨恨，等等。而且，这些社会性事件的累积使得负向情绪在事件未发生时已经处于较高水平，一旦出现诱发因素，情绪强度迅速升高，成为社会事件的情绪能量，并在事件发生后不断升级，激烈爆发，常常出现群体情绪失控，从而导致事件失控，产生极其消极的后果。也就是说，大量的社会性事件导致社会情绪的耐受性和控制点降低，社会事件的引爆点也就随之降低。

社会中的正向情绪更有可能给人激励，使得正向情感进一步增加，社会更加团结；而负向情绪可能会激发更多的负向情绪，造成社会的矛盾和冲突，不利于社会的凝聚。

一些负向情绪有明确的指向性，如仇恨、愤怒、怨恨、敌意，而社会的这些负向情绪与前面讨论的需求不能满足、不信任、社会阶层和群体分化都有密切的关系。调查发现，不同性别、年龄民众的情绪水平并没有显著差异，但收入水平与正向情绪呈显著的正相关关系。月收入4000元及以上者比4000元以下者显示出积极情绪倾向。公务员和大专以上人群的怨恨情绪更少（曹颖、陈满琪、徐姗姗，2012）。

任何社会都不可避免存在大量的负向社会情绪，而且负向社会情绪也具有双面性，可能成为决定社会结构形成的力量，也可能成为摧毁社会结构和变革社会文化的集体行动的动力来源。因此，社会情绪，特别是负向社会情绪必须引起社会管理者的足够重视。

第三个特点是出现了一些"社会情绪反向"现象。所谓"社会情绪反向"是指近期一些社会事件中表现出的令人费解的现象，其情绪反应比较反常，本该引起大家同情的事，却有很多人表现出欣喜，本该是人所共愤的事情，却有人在赞美和钦佩，本该谴责的行为看到的却是社会性冷漠。比较突出的例子有，哈尔滨医科大学第一附属医院患者家属刺死一名医生、刺伤三名医生的血案报道后，人民网在当天对网友读后心情进行调查，在对表情图案选择的 6149 人中，表示高兴的最多，达到了 4018 人，占65.3%，回答感动的 81 人，回答新奇的 113 人，回答搞笑的 57 人，回答流汗的 333 人，而表达同情、难过、愤怒的人数分别是 258 人、410 人和 879人，这些可以理解的情绪合计仅占 25.2%。2004 年以来的 8 年中，周克华共涉案 9 起，夺 10 条人命。当周克华被击毙后，一些人的反应却令人震惊，从带点尊称、恶搞意味的"爆头哥"称谓，到一些人甚至带有同情地表达有点"劫富"的痛快，及对他能够长时间和公安机关周旋怀有对像"侠客"一样的敬意，还有许多人表现出的是冷漠。这种"社会情绪反向"是值得全社会深思的。这种现象产生的根源与社会普遍存在的"群体性怨恨"有关，这种社会不断累积的对于"贪官""为富不仁者""不作为的官员"的不满情绪在泛化。而这种现象与社会极化，基层、群体之间的不信任有关。弱势群体认同下，感觉自己身处社会不公平之中，许多人的是非判断是以其所倾向的社会地位为出发点的，他们选择同情和支持与自己相同、相近地位的人。

六 社会共识难以达成

社会心态最核心的内容应该是社会价值观念，人们的社会认知、社会情绪和社会行为都是社会价值观念影响和决定的。社会价值观念也是社会心态中最为复杂、最为内隐的，而且与文化密切相关，相对稳定，因此，社会价值观念的特点和变化也最不容易研究。根据近年来我们社会心态的调查和对社会事件的观察与研究，社会价值观念在一些方面已经有明显的变化。这在我们的一些调查和研究中也有所反映，比如：青年人择偶价值观的变化，比如"性贞洁"观念和"传宗接代"观念有所淡化，更加重视家庭幸福而不是事业成就，更加重视与配偶交流和分享内心世界等（张建新、张镇、王治国、屠莺，2012）。此外，家庭亲情价值取向出现新的特点，表现为重义轻利取向、个人功利取向、权利至上取向及价值权衡取向四种特点；亲情的价值追求意义由单一的义利纠结转向多元，亲情的需求满足意义由遮蔽状态转向公开，亲情的价值度量由无价转向权衡（陈午晴，2012）。

社会价值观念也反映在人们的公民意识、政府和国家观念上，从我们对国家认同的对比研究和 2012 年伦敦奥运会民众行为的研究，对北京奥运会刘翔退赛与伦敦奥运会刘翔摔倒民众反应的观察，两次奥运会人们对待金牌的态度到民众对奥运运动员培养的举国体制的讨论中，所透出的社会大众对于国家、集体和个人关系的认识已经明显不同，民主代议制理论中关于公民、公共权力代理人的观念被越来越多的人接受。

社会价值观念的另一个新特点是民众的权利意识增强，从舆情和群体性事件的分析看，维权成为目前社会性行动和事件出现最多的目标。所发生的群体性事件中，维权的群体几乎涵盖了所有主要人群，包括学生、工人、农民、出租车司机、知青、商户、学生家长、退役军人、市民等。维护权利诉求包括反对环境污染、要求提高待遇、反对食堂涨价、反对管理费提高、反对征地拆迁等等。

社会价值观变化的一个突出表现是价值观念更加多元，你可以听到对一个事情来自不同人的不同声音，以及来自不同理论和社会思潮的支持。

例如，日本钓鱼岛国有化引发许多城市中国民众的抗议活动，与几年前发生的一些城市的"抵制日货"活动有共同的地方，但也有很大的不同，在微博言论中既有激愤的、偏激的表达，也有各种理性的辩论，表达出清晰的不同以往的国家、企业、个人关系的理念。这轮反日风潮从行动、不行动的方式中也体现了这些价值观的差异。

社会价值观多元一定意义上源于不同社会阶层、不同文化背景、不同生活环境下人们的不同利益、不同需求、不同的知识体系、不同信息接触和周围社会环境的影响，这是正常的，也是社会转型中过去单一价值体系解体后一个必然的结果。但这种价值观念多元化背后也存在着另一个突出问题，就是共享价值观念缺乏，缺乏基本的大家共同认可的社会核心价值观念。以如何看待权利为例，每个人对权利都有不同的理解，许多人更多从自身角度去看待权利，而不考虑他人的权利。比如，最近广州和北京地铁分别发生了乘客因为座位之争而发生血战及因争吵疾病发作死亡的事情。个人权利的越界，公权力的越界引发了许许多多的纠纷和冲突。

如果社会无法形成共享的价值观念，没有每个社会成员都会遵守的核心价值，社会的道德体系就会失守，社会就会没有底线。薄熙来权力集团所导演的一系列令人震惊的事件正说明了这个问题，权力膨胀下肆意妄为，颠倒黑白，杀人掠货，包庇叛逃，贪污腐败，作风败坏，在这样的亚文化下，价值观完全是扭曲的，这种扭曲的价值观扩展的范围惊人，直到现在依然有人在为这个集团的行为辩护。

没有共享的核心价值体系，社会的互信就无法实现，社会的共识就无法达成，社会进步也无从谈起。

◇ 第三节　社会心态与社会治理

通过以上对社会心态特点的分析和社会心态存在问题的判断，我们从创新社会治理体制角度提出如下几点建议。

一　民生工作要重视社会性需求

"十二五"规划以推动民生工作优先，明确提出"十二五"期间基本公共服务体系建设的范围和重点，包括公共教育、就业服务、社会保障、医疗卫生、人口计生、公共文化、基础设施、住房保障、环境保护九个方面。但如何推进民生，这九大方面以怎样的次序推进，如何突出民生工作的重点？民生工作要考虑到民众的意愿，了解民众的需求，才能切实提高民众生活的满意度。调查显示，与生活满意度相关因素密切的因素依次是：家庭收入、身体健康、住房条件、工作状况、医疗条件、家庭关系、教育、日用消费品价格、公共安全、食品安全和交通等。

要考虑到民众各层次需求的提高和基本需求标准的提高，对属于最基本需求的干净的饮用水、安全的食品、无污染的空气等要下大力气优先保障。政府部门不仅仅要把民生工作看作是对衣食住行这些基本需求的满足，也要从民众的社会性需求入手，在社会上营造不同群体互相接纳、认同、尊重的社会气氛，通过高效、廉洁的公共服务体系切实保障民众各方面的基本权益。

二　建立制度层面的社会信任机制

无论是人际信任、组织信任、媒体信任还是对公共权力的信任，都需要一个保护信任的机制，而这个机制必须通过制度层面来解决。在一定意义上，和谐社会的建构必须从信任重建开始，要从这样的高度来认识社会信任对于社会的重要性。人们的信任虽然从过去和当下的经验中来，但指向未来，社会失去信任就是失去未来。

社会信任重建既包括人际信任、媒体信任、商业组织信任等水平信任的重建；也包括对公共权力的垂直信任的重建，在一定意义上，垂直信任的重建更为关键，也直接影响到水平信任的建立。一方面是因为人际不信任增加的是人际交往的成本，商业不信任降低了经济效益，媒体不信任损失的是社会成本，而公共权力执行者和公共权力机关的失信不仅仅是成本的增加，而且意味着社会普遍规则的失灵，社会交易将可能无法进行，政权也会受到威胁；另一方面，公共权力是建立社会信任机制的核心。因此，社会信任能否重建关键在于公权力信任的重建。我们建议，从以下三个方面提高社会信任水平。

公共权力信任的重建应该以推动权力的公开透明运行为基础，消除公共权力执行者权力的滥用，提高公共权力的诚信度。

切实做到信息公开和有效的舆论监督，鼓励民众的公共参与和社会监督，让权力在监督下运行，通过信任民众获得民众的信任。

打击背信、失信的组织行为和个人行为，让不诚信的商家、组织和个人付出高昂代价，鼓励守信行为，建立信任奖惩机制，健全相关法律，确立政府公信力在社会、经济活动中的中立、公正地位，形成信任良性运行机制，提高组织和个人信誉的回报率，使社会信任回归良性运行。

三　保障中低社会阶层的权益

阶层意识已经成为决定社会心态和社会行为的决定性因素，底层认同、弱势群体认同普遍存在。底层认同群体的不良社会认知，更强的不信任、更多的负向情绪已经成为社会不稳定的因素。因此，要关注社会阶层意识，关注社会中低层认同群体的心态和处境，切实保障他们的权益。

经济收入是底层认同的一个因素，但并不是唯一的因素，在提高中低层收入者生活水平的同时，更要为弱势群体提供应有的社会支持，使他们得到尊重和接纳，获得社会性需求的满足，使他们获得公平的教育、医疗、就业机会，获得公平的向上流动机会。

关注不同群体、身份、民族、阶层等的认同问题，研究化解群体矛盾、民族矛盾、阶层矛盾和身份地位矛盾的有效策略，避免群体和社会冲突的发生，避免社会的割裂。

把维护公民利益摆在首位，把维护民众的权利作为政府执政的基础，改变目前维稳的定势，以维护民众权益实现真正的稳定。

四　消解负向情绪

社会情绪是多样化的，但人们习惯把社会情绪分为积极、正向的情绪和消极、负向的情绪，在成熟、健康的社会中主导的情绪应该是积极、正向的。社会情绪具有调节作用，积极的社会情绪有助于调节社会心态。此外，社会情绪具有信号功能，社会情绪是社会运行状况的指征，是晴雨表。因此，要关注社会情绪，特别是关注社会负向情绪，尽量消解那些不利于社会良性运行的负向情绪。

要消解负向的社会情绪就要依靠对正向情绪的激励，要靠切实满足民众的基本需求，建立公平有序的社会秩序，提高民众对社会的满意度。发挥社会情绪的动力机制，实现社会团结。美国社会学家特纳指出，"情感是把人们联系在一起的'黏合剂'，可生成广义的社会与文化结构的承诺"（特纳、简斯戴兹，2007），是避免"社会疏离"、实现"社会整合"的核心要素。团结的、和谐的社会需要每个社会成员共同努力，共同承担责任，而社会责任的培养正是建立在对人的尊重、情感支持基础上的。没有正向情感能量的感受也就不会有正向情感能量的释放，没有情感也就没有良心的刺痛，社会责任也就无从谈起，社会就会逐渐失去底线。因此，应该努力营造一种鼓励社会成员正向情绪能量释放的氛围。

五　建立共享价值观和社会共识

从社会认知到社会态度，进而形成社会价值观念，这是一个渐进的过程，在这一过程中已经形成的社会价值观念影响着社会认知、社会态度，也产生着相应的社会情绪体验，因此，社会价值观念处于核心的地位。在一定的时期社会会形成一定的社会共识、社会主导情绪和社会核心价值观念，这些社会心态核心要素构成的体系就决定着社会的行为，也在一定程度上决定着这个时期个体的行为。就目前的社会心态来看，中国民众的价值观念越来越多元，在社会发展的经验和教训下，社会在学习形成基本的价值判断，社会应该鼓励提倡和正向激励那些对社会有利的基本价值观念，引导他们逐渐固化为全体成员的核心价值，成为社会稳定的坚实基础。

同时，社会的有机团结需要以共同价值体系维系的社会共识的达成，而社会心态研究把社会的思考能力、反思能力看作是社会成长和成熟的标志，思维社会是健康社会应该具有的心态。

社会政策体系改革与
社会治理体制创新

第 七 章

完善社会政策体系,创新社会治理体制

社会政策是伴随着人类社会的进步,特别是伴随着工业化、城市化的发展而形成的国家对公民制定的有关福利和民生的政策。

◇ 第一节　中国社会政策的发展阶段与特征

一　中国社会政策的发展阶段

到目前为止,中国的社会福利体系经过了创建、破坏和调整及再结构改革三个阶段。

1. 中国福利体系的创建（1949 年以后）

新中国成立后,中国开始了社会主义建设,首先要建立一个社会主义的工业强国。在计划经济思想指导的体制下,有步骤地优先发展工业,因此国家制定了城乡二元结构下的经济社会发展制度和福利体系,导致城乡社会福利制度完全不同。这种体制一直持续了 20 多年。

城乡二元结构下中国的社会福利体制是:在城市,建立由国家负责的、单位组织提供的包括养老、医疗、住房,甚至取暖、交通等在内的全面覆盖的福利制度。社会福利基于工作单位管理,国家负责大包大揽的社会福利，即"单位小社会"。农村则是在土地保障的基础上，开展基础义务教育，建立社会救助（包括自然灾害和贫困救助）制度、五保制度、农村合作医疗体系，以及建立集体经济下的集体福利。

2. 市场经济改革后社会福利体系遭遇破坏与调整（20 世纪 70 年代以后）

20 世纪 70 年代末，国家开始了市场导向的经济改革。中国经济社会发生了根本的变化，原有的社会福利体系开始瓦解。在城市，企业生产单位变成独立的经济法人，福利功能转交给社会，并开始探索社会保险，即社会福利社会化。农村采用家庭联产承包责任制代替集体生产方式，而集体福利随着集体经济的解散而衰落。劳动社会保障部、民政部等政府有关部门开始探索建立适应市场经济体系的社会福利制度，城市社会保险得到发展，而农村的社会保障体系一度遭遇停顿。

3. 社会福利体系的再结构（2003 年以后）

国家对社会福利体系的发展探索一直没有停止，地方也不断创造新的经验。2003 年，中国共产党十六届三中全会提出"以人为本，全面可持续发展"的科学发展思想；2004 年，十六届四中全会明确提出了"构建社会主义和谐社会"的概念。中国从经济发展走向社会发展和社会建设。社会福利体系趋向国家、社会和个人共同负责，各项福利项目在以前探索的基础上进行了扩展，如城乡养老保险制度、城乡合作医疗制度等。一些新形势下的问题，如流动人口的问题、留守老人和留守儿童等问题，开始得到关注，公共服务等领域的话题也开始进入政策视野。

二 我国社会福利体系建设的三个宏观背景

1. 从计划经济到社会主义市场经济

如前所述，随着中国从计划经济到市场经济的转变，城乡社会福利结构都经历了瓦解和调整的过程。此时，在向市场经济转型的过程中，强调了社会福利的社会化和个人责任。城市从单位小社会的福利改变到发展社会福利和社区服务；农村则是联产承包责任制下集体经济的解散。造成的结果是，在个人收入增长的同时，国家在教育、医疗卫生、养老、住房和社会服务等各个方面让市场机制大幅介入，国家福利体制遭到破坏，贫富差距和城乡差别增大。

2. 从封闭生产到经济全球化

全球化的到来把中国带入到一个国际经济发展环境中，并加快了中国经济的发展速度。当中国走向市场经济时，需要社会保障护航，即需要建设一个适应改革新形势的社会福利体系，这是发达国家早有的经验。但是，当经济全球化袭来中国的时候，也把新自由主义思潮带入了中国，它影响甚至妨碍了中国社会福利体系的确立。全球化需要去国家化，需要在投资环境中，把保障的费用降到最低，来创造所谓的友好投资环境，保护投资者的利益。当西方国家遭遇全球化时，其市场经济较为完善，国家的社会福利体系也比较健全。但是，中国的市场经济仅仅在起步阶段，此时，最需要社会福利体系对市场经济中遭遇不幸的公民提供保护，需要建立一个适合市场经济的社会福利体系。在中国旧的社会福利体系瓦解而新体系尚未确立之时，去福利化的思想阻碍了中国社会福利体系的建立和发展。

3. 从短缺经济到有了一定的物质基础

经历了三十多年的改革开放，中国已经有了经济条件并且积累了一定的物质基础来重构社会福利体系。第十一个五年计划期间，中国人均国民总收入提高很快。在2009年达到3650美元，是2005年的1.1倍。中国的GDP在2010年达到397983亿元，居世界第二位，比2005年提高了69.9%。这些都为中国社会福利体系的重构提供了较强的经济基础和物质条件。

◇ 第二节　中国社会政策取得的成就

中国涉及社会政策的社会福利体系包括以下几个方面：一是社会保障体系：医疗保险、养老保险、工伤保险、失业保险等；二是社会救助体系；三是社会服务体系；四是教育制度体系；五是医疗制度体系；六是住房制度和其他基本公共福利设施建设等。

一　社会保障（社会保险）体系

中国将社会保障作为以改善民生为重点的社会建设的重要内容，坚持"广覆盖、保基本、多层次、可持续"的方针，出台了多项法规、政策和措施。

1. 医疗保险体系

我国医疗保险体系包括基本医疗保险、城镇职工基本医疗保险、城镇居民基本医疗保险和新型农村合作医疗四个部分。截至 2011 年年底，基本医疗保险实现全覆盖，城镇职工基本医疗保险、城镇居民基本医疗保险和新型农村合作医疗（以下简称新农合）制度体系覆盖全国所有县，参保人数合计超过 13 亿人，比 2005 年增长 2.77 倍，其中 189 个县合并实施了城乡居民医疗保险。

城乡大病医疗保险制度初步建立。2012 年 8 月 30 日，国家出台城乡居民大病保险新政策。大病保险保障对象为城镇居民医保、新农合的参保（合）人。

2. 养老保险体系

养老保险体系包括基本养老保险、企业职工基本养老保险、新型农村社会养老保险和城镇居民社会养老保险。

基本养老保险覆盖面迅速扩大，企业职工基本养老保险已覆盖全国所有县，新型农村社会养老保险（以下简称新农保）已覆盖81.50%的县，城镇居民社会养老保险（以下简称城居保）已覆盖75.30%的县，参保人数合计6.22亿人，比2005年增长2.86倍，其中683个县合并实施了城乡居民养老保险；失业、工伤和生育保险与企业职工基本养老、城镇职工基本医疗保险同步开展，参保人数分别达到了1.42亿人、1.70亿人和1.22亿人。

此外，为探索建立统账结合制度，国务院决定开展做实企业职工基本养老保险个人账户试点，到2011年年底，试点省份已达到13个。

3. 工伤保险

2003年4月国务院颁布了《工伤保险条例》（以下简称《条例》）。《条例》包括总则、工伤保险基金、工伤认定、劳动能力鉴定、工伤保险待遇、监督管理、法律责任和附则。为进一步推进工伤保险，各项政策措施不断完善，相继出台了《工伤认定办法》《因工死亡职工供养亲属范围规定》《非法用工单位伤亡人员一次性赔偿办法》等一系列政策措施。为切实推进农民工的参保工作，2004年6月，劳动保障部发出了《关于农民工参加工伤保险有关问题的通知》，提出了切实有效的政策措施。2006年11月底，全国参加工伤保险人数达到10030万人，成为继养老保险、医疗保险、失业保险后又一个参保人数过亿人的社会保险险种。2011年全国工伤保险参保人数已达到1.7亿人。

4. 失业保险

1999年，国务院颁布施行了《失业保险条例》，对失业保险制度作了重大调整。失业保险的参保范围是城镇企业事业单位及其职工。省级政府还可以决定将民办非企业单位及其职工、社会团体及其专职人员、有雇工的城镇个体工商户及其雇工纳入范围。城镇企事业单位招用的农民合同制工人应当参加失业保险。《失业保险条例》颁布实施后，失业保险工作取得较快发展。2011 年年末全国参加失业保险人数达 1.4 亿人。

中国《失业保险条例》在保障失业人员基本生活和促进就业方面发挥了积极作用。失业保险也可以是社会救助制度的一部分，国家不断完善就业援助制度，建立零就业家庭就业援助动态管理的长效机制，做到随时出现、随时安置。

二　社会救助制度

中国已经建立了包括基本生活救助、灾害救助、专项救助和慈善事业在内的社会救助制度。全国城乡普遍规划建立起以城乡居民最低生活保障制度为核心，辅之以教育、医疗、住房等各方面专项救助制度和临时救助构成的社会救助体系。

2011 年救助城市最低贫困人口 2276.8 万人，农村 5313.5 万人。2011 年，国家灾害救助支出 104.3 亿元。国家为社会困难群体集中募捐善款 65.9 亿元。福利彩票销售 1278.0 亿元。截至 2012 年 6 月，全国共有县级以上慈善会 1923 家。过去五年，慈善会捐赠接受总量整体呈上升态势。2011 年全国慈善会系统接受捐赠款物总额达 203.89 亿元，其中，中华慈善总会接受捐赠款物折合人民币约 65 亿元。

三　社会服务制度

中国社会福利事业应该包括老年人、残疾人、儿童和妇女以及全体国民应该享有的福利服务事业。

《中华人民共和国妇女儿童权益保护法》于 1992 年颁布。后来，随着社会进步及法律的完善，该法分为妇女权益和未成年人权益两部分。

2005 年国家颁布的《妇女权益保障法》对妇女的政治权利、文化教育权益、劳动和社会保障、财产权益、人身权利和婚姻家庭权益提出保护，并提出了相应的法律责任。

2006 年 12 月国家颁布的《未成年人保护法》，明确了家庭保护、学校保护、社会保护、司法保护和法律保护等责任和措施。

1996 年国家颁布的《老年人权益保障法》，确定了家庭赡养与扶养、社会保障等条款。2012 年 8 月，《中华人民共和国老年人权益保障法》（修订草案）颁布，明确增加了社会服务等条款，并提出国家建立以居家为基础，社区为依托，机构为补充的新型养老服务体系。

中国政府于 2008 年颁布的《中华人民共和国残疾人保障法》，对残疾人的康复、教育、劳动就业等作出了明确规定。

另外，残疾人《无障碍环境建设条例》于 2012 年 8 月 1 日起施行，并将对进一步保障残疾人权益发挥积极作用。

根据 2012 年中国社会服务业统计公报，2011 年，中国社会服务业总支出 2726.5 亿元，提供社会服务的机构 41364 个，收养床位数为 367.2 万张，平均每千人 2.75 张。

2011 年，为全体居民提供的社区服务设施总数达到 147966 个。登记的社会团体达到 25.3 万个，民办非企业 20 万个，基层自治组织村委会 59 万个，居委会 8.9 万个。

四　中国教育制度

2006 年，国家颁布了《中华人民共和国义务教育法》，中国实施九年义务教育。近年来,我国把义务教育经费全面纳入公共财政保障范围,城乡近1.6亿适龄青少年享受九年制免费义务教育,对贫困学生免收书本费;同时,国家在农村和边远地区建设了8300多所寄宿制学校,为1100万困难家庭的寄宿生提供生活费补助。2011年,全国共有小学24.12万所,小学学龄儿童净入学率达到99.79%。在学前教育方面,全国共有幼儿园16.68万所,学前教育毛入园率达到62.3%。全国中等职业教育(包括普通中等专业学校、职业高中、技工学校和成人中等专业学校)共有学校13093所,招生813.87万人,占高中阶段教育招生总数的48.89%。初中和高中阶段毛入学率分别达到约99%和79%。

全国各类高等教育总规模达到3167万人,高等教育毛入学率达到26.9%。全国共有各级各类民办学校(教育机构)13.08万所,招生1400.88万人。

五　中国医疗制度

计划经济体制下,我国建立了城市由国家负责的公费医疗和由单位包办的劳保医疗并行的医疗保障制度,在农村建立了由集体经济负责的合作医疗,城乡分割的三元构架医疗保障体系,虽然制度间差距较大,但几乎覆盖了所有的城乡居民,基本满足了人民的医疗保障需求(郑功成,2008:189)。

改革开放以来,农村集体经济几近崩溃,城镇国企改革导致劳保医疗难以为继。经过多年对医疗制度的探索,特别是2003年以来,国家加大了医疗卫生事业的投入,现在基本形成了城镇职工基本医疗保险、城镇居民基本医疗保险和新型农村合作医疗的新三元构架制度。

六　中国住房制度

改革之前，中国实行"统一管理，统一分配，以租养房"的公有住房实物分配制度。这种制度模式在当时较低水平的消费层次上，较好地满足了职工的基本住房需求。但旧的福利分房制度，租金低廉，为了维持正常的房屋维护，政府背负了沉重的财政负担。

1978 年起，中国对福利分房制度做了改革，公房出售。1994 年起，国家正式启动城镇住房商品化、社会化的改革。1999 年开始，住房市场化全面启动。把住房实物福利分配的方式改变为以按劳分配为主的货币工资分配方式；建立以中低收入家庭为对象、具有社会保障性质的经济适用住房供应体系和以高收入家庭为对象的商品房供应体系；同时，建立住房公积金制度，建立政策性和商业性并存的住房信贷体系。

经过多年改革，目前我国城镇住房实物分配的福利体制已经基本终止，货币化住房分配、市场化和社会化供给体系也已大体建立。2005 年起，房地产宏观调控。2009—2011 年年底，城镇保障房开工建设 2100 多万套，基本建成 1100 万套[①]。至此，国家有关文件宣称"我国基本形成了市场供给与政府保障相结合、以市场供给为主的城镇住房政策框架，初步建立了住房保障制度"。

七　基本公共福利设施建设

近年来，中国政府在基础教育、公共卫生等方面加大了公共财政投入，

---

① 温家宝，达沃斯论坛的讲话，天津，2012 年 9 月。

加强统筹城乡人力资源公共服务体系建设，为人力资源开发的可持续发展提供了基本保障。

同时加强基本公共福利设施建设，例如，公路、图书馆、电网和水利等。

最近几年，中国新增铁路营业里程 1.35 万公里，新增公路里程 37.6 万公里，其中高速公路 2.46 万公里；城市轨道交通、农村电网线路等基础设施明显改善，完成了 7000 多座大中型和重点小型水库除险加固等[①]。

◇◇ 第三节　中国社会福利制度面临的问题

中国的社会政策和福利体系建设取得了很大成效，有了相应的规划，在许多领域制定了相应的政策。但是，在就业、收入分配、社会保障、医疗、养老、教育、住房、社会服务等方面，许多城乡居民的基本需要仍得不到满足，面临着诸多问题。

一　社会福利制度的需求问题

1. 教育福利需求问题

教育资源没有做到合理配置，影响教育的公平公正。优质教育资源过于集中在大城市的少数地方和学校，使得学校与学校之间的差距不断拉大，出现了严重的择校和大班额的问题。择校入学除了考试之外，还需要资金赞助。

---

① 温家宝，达沃斯论坛的讲话，天津，2012 年 9 月。

教育市场化导致教育分化，一边是教育的贵族化，许多重点学校办成了贵族学校和精英学校，有些学校甚至成为出国预科班。另外一些边远山区的农村学校，则缺少教师、教室破烂，学生们要走很远的路，甚至要自带桌椅去上学。

不同城市、地区、不同社会阶层的孩子享受教育的机会并不均等。西部地区与东部沿海城市比较，农村和城市比较，边远地区的少数民族学生和中心地区的学生比较，他们接受的教育有差距，他们升入高等教育的机会也有差距，同时高等教育的入学比例和录取学校的名次都有明显差距。师资质量、教育投资、高中数量少等直接造成了教育的不均等。教育的起点、过程和最终的结果目标都存在着不平等。

社会分层和贫困问题也导致许多贫困家庭的孩子上不起学，并放弃接受各种教育特别是高等教育的机会。异地教育的问题还没有解决，农民工子女进城上学依旧有问题。

农村九年义务教育面临很多难题，比如教学环境差，设备简陋，教职员工待遇低等。教育市场化还导致许多地方的教育以盈利为目的，在教育领域内巧立名目收费，存在多种变相收费，比如赞助费、入学费、专科费和补课费等。这些变相收费玷污了教育的崇高宗旨，远离了教书育人的目的。

2. 医疗福利需求问题

看病依旧是许多普通中国人头疼的一件事情。许多人看病就医难，发愁到医院看病。

第一，医院资源分配不公。不仅仅是医务工作者的资源分配不均衡，硬件设施资源也配备不均衡。许多好医院集中在大城市，许多人排在大医院门口挂号，或者是半夜挂号，甚至有的科室最近三四个月的号已经挂空。许多住在贫困偏远地区的人们，没有就近的便利医疗服务。偏远地区的医务工作者收入低，待遇差，很难留住人才。

第二，许多医院缺少为患者服务的思想。在有些大医院就医，即使患者排到了号，就医程序也很繁琐，科室之间手续繁多，给患者造成了很大麻烦。没有科学地从患者方便就医的角度设计医院的部门和医院内部的就医格局。

第三，医院过度追逐利润。许多医院在利润驱使下给患者做项目繁多的检查，开进口的价格昂贵的药物，造成了患者对医院的不信任。

第四，医疗服务的缺乏。国家缺少对慢性病人和老年病人的服务护理机构。

第五，医疗保险不到位，或者说在医院过度逐利的情况下，患者难以支付医疗费用。人们普遍反映，目前的医保可报药品少，超过封顶均不报销，地点限制多，兑现难。许多普通家庭患慢性病、大病的病人，不去医院，因为支付不起高额的药费。同时，还有相当程度的人有病"扛着"或慢性等死。权威医学杂志《柳叶刀》发布信息：2011 年有 1.73 亿中国人因大病陷入困境。

3. 住房福利需求问题

中国大规模大面积地发展住房建设，无疑会造成中国成为世界上人均住房面积最大的国家之一的趋势。但是，住房建设的结果是，在失去大量土地的同时，城市也出现了相当多的房屋空置、无人居住，而另一些人住房窘迫的状况。

离谱的高房价让相当数量的居民买不起房。另外，一些人购买了多套房屋，房屋成为资本。政府对住房的宏观调控政策，仍难以控制房屋价格和房屋囤积的现状。同时，限价房、廉租房、保障房等住房政策，仍不完善。

农村也在大面积地搞住房建设。据专家统计，未来 3—5 年，农村至少会建设 1 亿套住房，而 70% 的住房将没有人住。只有让所有农村的房屋，成为名副其实的"家"，才能减少农村的空巢家庭，使老人、妇女、儿童都有一个完整的家。

4. 社会服务需求问题

我国目前还不能保障老年人需要的社会服务。目前我国有 1.31 亿老人。2010 年，中国老年人口占世界老年人口的 23.4%。城镇空巢老人比例占 54%，农村空巢老人约为 46%。他们心理孤独、生活上需要帮助，与社会存在较大的脱节。但是，仅仅在部分发达地区，有一些老人自发组织活动，有时社区或社会组织也会提供部分设施并组织老人活动，而大部分地区的大部分老人得不到基本的生活、医疗和心理需要的满足。尤其是高龄失能失智老人的照护服务严重匮乏。服务机构、服务资金、服务人员都有很大的缺口。仅从养老社会服务一点来说，我国老年人口已经超过一亿人。从民政部获悉，仅护理人员队伍，缺口就有 1 千多万。全国仅有护理人员 30 万人，而这 30 万人中，拿到证书的才 3 万人。

残疾人服务。残疾人的一些特殊需求，如康复（身体、心理健康）、融入社会与自我实现（工作、出行）、残疾人就业、社区康复、无障碍设施等都存在很多问题。涉及残疾人的社会服务福利项目还很少，特别是市场经济改革后许多救助支持措施反而减少了，比如国家为了残疾人融入社会而建立的社会福利工厂，在市场竞争的条件下因难以生存而纷纷关闭。现在大多数残疾人所得到的福利保障项目少、水平低，一些残疾人甚至处于"保障缺失"状态，在基本生活、康复教育与就业等方面都面临着许多困难，尚未充分公平地共享到改革开放的成果。

其他的艾滋病病人社会服务，慢性病病人的社会服务，对妇女、儿童的服务以及对全社会有困难、有需求的人的基本社会服务，目前都没有能够在社区的社会服务领域得到圆满解决。

社会工作的现状问题。社会工作教育已经开展了 20 年，但是，社会工作者的机制建设还不完善，在目前社会工作者大面积短缺的情况下，数量有限的社会工作毕业生大部分反而没有选择社会工作岗位，原因是社会工作的机制有问题。比如，国家没有把国家财政向社会服务领域转移。社会工作缺乏良好的运作机制，社会工作者收入很低，同时社会工作者的科学、职业、专业地位没有得到确认和保障。

二 现有福利制度存在的问题

1. 社会福利覆盖面低，资源分配不合理

现有的社会福利制度没有涵盖全体人民，还有许多公民被排斥在现有社会福利保障之外。各种保险的覆盖面小，有的保险仅仅覆盖了很小部分人口。医疗保障制度存有城乡差距，职工医疗保险只适用于城市部分职工，而没有应用到非农业人口等所有就业者。虽然国家提出要建立适度普惠的社会福利制度体系，但是国家提供的社会服务还仅仅局限于五保老人、困难群体等。据 2000 年世界卫生报告称，在全世界 191 个国家和地区中，我国的卫生费用公正指数居 188 位，名列倒数第四名。城乡之间、大城市与贫困地区之间的人均卫生总费用差距很大，差距高达 314 倍甚至 617 倍。

2. 已有的社会保险制度交叉与遗漏并存

目前我国事实上存在着针对各种不同人群的多个社会保险体系：城镇企业社会保险制度、机关事业单位的社会保障体系（包括公务员社会保障制度和事业单位社会保障制度）、农村社会养老保险制度。

仅养老保险一项就有企业职工基本养老保险、新型农村社会养老保险和城镇居民社会养老保险；另外还有农民工的养老保险、失地农民养老保险等等，项目繁多。

并且由于多个体系和制度之间衔接的缺失以及制度的不协调与执行不力，部分社会成员（如城市非正规就业人员、大多数农民工以及其他没有就业的城市居民）至今未能被纳入社会保险体系。

3. 各种社会保险之间跨城乡、跨地区不能转移衔接

医疗保险以及养老保险城乡之间不能转移，跨地区转移接续不方便等问题直接影响了公民基本福利的获得。具体表现在：对一些退休老人非常有限的医疗报销造成了很大麻烦；农民工离开岗位时不能或很难把他们的保险带走。这也关系到社会保障制度需要在哪个具体层面上统筹的问题。

另外，各项制度在衔接上有很大问题，如何统筹也没有统一的方法。同时，我国社会保障项目体系仍然不完整，尤其是普惠型的社会福利类项目仍然有很大差距。

◇ 第四节　中国社会政策问题的原因分析

一　社会福利利润取向的误导

在市场经济驱动下，许多属于社会福利的领域被市场因素侵入，变成了营利的手段，失去了社会福利的属性。国民基本教育、基本医疗健康和基本住房保障应该是国民生存的基本保障，属于社会福利的范畴。但是，过度市场化的因素侵入造成价值观的混乱，福利性质的偏差导致现实中公民的基本社会权益没有保障。

教育的市场化导致了教育的产业化，致使学费攀升，公立学校设立各种名目赚钱，有的地方甚至把赚钱作为办学的目的。学生不再是福利提供的对象，而是赚钱和榨取的对象。教育市场化侵蚀了教育的机会均等。

随着住房商品化的导向，住房由市场调节，住房的市场化、商品化和私有化出现，趋向了住房资本化，结果导致住房贫富分化：住房布局不合理，许多人在住简陋住房、买不起房子的同时，一些人却囤积了大量房产。住房的过度市场化，导致房价攀升，与居民的收入不成比例。同时资本导向是双向的，第一是房地产商的盈利；第二是购房者盈利。住房远离了福利功能，远离了居者有其屋的本意，甚至背离了居住的消费，成了各方营利的资本，本末倒置。许多住房政策发展到今天，积累了诸多矛盾，居民住房困难的矛盾没有得到解决反而更为尖锐。

医疗行业的利润导向造成一些医院以营利为目的，偏离了促进人民健康的宗旨。

二 社会福利事业投入不足

目前国家对社会福利体系的建设重视还不够，对于解决民生的社会福利问题投入不足，用于社会再分配的资金不够，即社会支出占 GDP 的比例很低，国家投入社会福利的比例还不足 12%（郑功成，2008：47）。

我们可以从表 7—1 中清晰看出西方主要发达国家在经济取得进步以后的社会支出比例，许多西方发达国家几乎把一半的支出投在社会福利上。

第二次世界大战以后，福利国家在西方普遍建立，到 20 世纪 90 年代，半个多世纪以来社会福利的公共支出一直在增长，在 GDP 中的比重份额在不断提高。在 20 世纪 90 年代，绝大部分发达国家的公共福利支出在 GDP 中的比重都超过了 30%，最高的甚至几乎达到了 GDP 的一半。

表 7—1　　　18 个主要发达国家公共福利支出统计（1960—1995 年）

国家	年份	%GDP	年份	%GDP
奥地利	1965	22.83	1994	40.12
比利时	1960	20.78	1990	34.66
丹麦	1980	40.74	1995	44.96
芬兰	1960	16.90	1995	43.96
法国	1970	27.48	1995	39.64
德国	1960	22.40	1994	32.21
希腊	1960	12.85	1994	28.24
爱尔兰	1970	24.06	1994	30.06
意大利	1960	23.47	1990	33.66
荷兰	1960	18.11	1995	31.00
挪威	1970	25.66	1995	33.37
葡萄牙	1960	9.71	1993	30.35
西班牙	1970	14.49	1995	33.95
瑞典	1965	22.78	1994	49.98
瑞士	1960	12.70	1995	34.48
英国	1960	17.18	1995	32.03
日本	1965	12.36	1985	19.66
美国	1960	13.82	1995	23.10

注：Crouch, Colin, 1999, *Social Change in Western Europe*, pp. 482–486。

　　如果我们分析各单项具体指标，依然会发现我们国家的投入有很大的差距。在教育方面，长期以来我国公共教育支出占 GDP 的比重不足 3%，2010 年教育支出为 12550.02 亿元，占 GDP 的比重为 3.15%，2012 年达到 4%，但仍低于 4.5% 的世界平均水平，而发达国家一般超过 5%。在医疗方面，中国政府用于医疗的社会支出在 2010 年是 4804.18 亿元，为 GDP 的 1.21%。而西方发达国家，如表 7—2 所示，除美国外（1.06%），一般投在医疗卫生上的支出比重为 5%—7%。

表 7—2　　　　　主要发达国家各项福利开支占 GDP 的比重　　　　（%）

国家	年份	教育	卫生	各项福利津贴及社会服务	住房
比利时	1990	7.68	6.08	20.91	1.30
丹麦	1995	7.29	5.27	27.47	1.02
芬兰	1995	5.97	4.70	27.10	0.53
法国	1990	5.35	7.30	19.55	3.18
德国	1990	4.12	5.95	17.77	1.13
意大利	1990	4.67	5.41	17.88	1.17
挪威	1990	7.00	7.08	19.23	0.69
葡萄牙	1993	7.01	5.11	12.40	1.21
西班牙	1995	4.17	5.11	14.86	2.29
英国	1995	5.35	5.81	16.64	1.63
美国	1995	4.56	1.06	0.60	0.54

三　社会政策处于缺失和弱势地位

由于国家一直强调经济发展速度，经济发展一直处于关键地位，属于国家核心任务。而经济趋势通常是追随市场的，特别是在全球化的潮流下，经济发展需要融入国际化全球化的环境。全球化的经济常常是输入投资国的价值体系，弱化民族国家的国家保护和福利待遇，所有的一切都是为经济让路，为市场铺平道路（George and Wilding, 2002）。在经济发展的趋势面前，在全球化的大潮面前，中国社会福利事业的发展处于非常不利的地位，而国家又没有确立社会福利制度体系的明确思想。所以，社会政策一直被忽略。直到今天，在社会福利制度建设尚无宏观发展思想体系的同时，社会政策在中国作为一门学科的发展过程也历经曲折，与经济、金融等学科比较起来，仍处于非常弱势的地位。

四　社会福利政策制定缺少受众与民间的参与

现有福利政策在政策制定的时候，如前所述，多是问题导向的。在做出决策的时候，多是由各级或各领域的政府部门制定，有的参考了专家的意见。决策缺少福利的直接享有者的意见和参与，同时也缺少福利接受者意见反馈的接纳渠道。

如果人民的意愿没有疏通的渠道和达不到满足，就会出现问题。社会政策直接关系到社会的稳定。

◇◇ 第五节　完善社会政策体系、创新社会治理体制的战略选择

一　明确社会政策的战略地位

社会政策事关国家财富的再分配，因此，社会政策的发展是经济发展到一定阶段后的必然结果。然而社会政策的作用又不仅如此，它还有社会的意义和政治的潜能。社会公正是社会政策的核心，经济发展的目的是改善人民的福祉，社会公正的原则能唤起社会的凝聚力和各个阶层间的团结。

二　保障公民的基本社会权利

一个公正的社会，要真正做到以人为本、人性化的发展。所有的发展、创新、改革，都不能离开"人"这一根本，"人"既是出发点，也是目的。因此，保障公民基本的社会生活权利，是一个国家的根本原则。提高公民

和社会的福祉是社会政策的核心内容。今天国民的基本社会权利就是国家社会福利的内容，它不仅仅是社会保险，还要囊括基本的教育、健康、住房以及养老等内涵，它的对象是儿童、妇女、老年人、残疾人以及全体公民。

改革初期，邓小平说过，让一部分人先富起来。但是邓小平还说，社会主义就是要共同富裕。共同富裕就是保护国家的每一个公民拥有共同的社会权利，这是社会主义的基本原则。

三 制定长远的宏观设计，完善制度的顶层设计

对社会福利制度首先要注重顶层设计，一是站在全国全局和长远长期发展的高度，制定全国性的制度体系；二是在改革进程中注重协调全国社会保障一体化制度框架与各地和各个方面制度多样性的关系。一方面应允许各地在改革中根据本地情况创立多样化的制度模式；另一方面也应该强调各地的多样化制度模式应符合全国统一的基本制度框架，并且应该随着制度的发展而不断地将地方多样化的模式统一到全国一体化的体系中。

四 加大社会支出比例，加大转移支付力度

国家应该加大对社会福利的支出比例，加强和完善国家财税制度，确保社会支出的比重，强化转移支付的力度。推进国家的统筹与收入分配的转移，以更多的财政支出满足人民的基本福利需求。加强从中央到地方，从东部到西部，从城市到农村的财富分配转移，做到中央统筹。要明确中央政府和地方政府的比例与职责，包括中央、省、地区、县、镇等各级机构。

五　明确中央政府的主导责任

明确我国社会福利一体化建设的基本原则，即坚持社会福利发展战略的全国统筹、重视社会福利制度的顶层设计，在中央政府的统一规划下，充分发挥中央和各级地方政府的积极性。中央政府应该在总体制度设计中加强主导作用，而不能消极地等待地方零散的探索。中央和地方政府的责任关系应该是制度化的，而不是视情况而定的非制度化方式（吴信平，2011）。

制度上，应该在社会福利相关领域建立全国性的管理网络，同时建立以中央政府为主、与地方政府共同负责的社会福利经费保障体制。

六　社会福利体系的一体化整合

要从理论上和实践上认清一体化建设对于我国社会福利体制长期发展的意义。要做到社会保障体系的一体化，第一步应该有全国统一的社会保障发展规划；第二步应该尽快提升现有社会保障制度的统筹层次，并加强全国性管理体系建设；第三步应该注重对现有分立的各种社会保障制度之间（如城乡之间）加强制度协调；第四步应该在制度协调和管理统一的基础上，逐步提高各类社会保障制度的一致化水平。最终在全国范围内建成制度统一的、水平一致的和管理统一的社会保障体系（吴信平，2011）。当然，社会福利制度的一体化建设难以一步到位，需要分步骤进行。

七　社会福利体系应满足全体人民的最基本需要

要让社会福利覆盖所有的人，让福利政策满足人民住房、教育和医疗等各方面的基本需要。特别是社会保障制度，要做到制度统一，覆盖全民。

住房制度：要让住房返回其最原本的原则——居者有其屋。坚持这个原则而不是依据市场的规律放任房价上涨，达到某些人囤积资本的目的。

医疗卫生制度：让国民的基本健康有保障，提供基本的、有质量的医疗卫生服务，解决国民就医困难的问题，保障国民基本的就医权利。给老人、残疾人、慢性病人以及所有国民提供基本的医疗卫生、保健和康复服务，杜绝有害食品，保障清洁健康的卫生环境，保障国民身心健康。

教育制度：保障义务教育的基本权利，保障边远地区儿童的就学条件，包括师资和教育设施。保障教育的公平、均匀和公正。

八　建立和完善社会服务体系

在完善收入保障制度的同时，在整合各项社会保险项目条款和覆盖全体公民的同时，要建立和完善社会服务体系。

建立老年社会服务体系，让老人在晚年，在居住的社区里依旧可以参与社会，有自己的兴趣爱好和群体，可以发挥余热，生活有保障，有病可以就近治疗，在需要的时候可以得到护理和心理安慰，保障其身心健康，安度幸福的晚年。

为残疾人的身体康复、心理健康、参与社会、自我实现提供一切积极的条件。建设残疾人社区康复机制，完善无障碍设施。

为所有慢性病患者，包括精神病患者、艾滋病人等，提供心理、身体康复、基本保障等相应的服务体系。

保障妇女、儿童的权益，保障妇幼健康，保证妇女的就业权利得到保障，发展学龄前儿童的福利，避免青少年辍学，让青少年远离犯罪，健康成长。

保障公共事业的发展，保障人民群众的基本生活需要和身心健康的需要，加强图书馆、娱乐健身和文化设施的建设，改善卫生环境，保障交通道路等基础设施的便利和安全。

向农村提供公共服务与社会服务，在扩大内需的同时，保障社会福利事业和设施建设的公平，逐步解决目前社会服务和福利设施城乡存在巨大差距的问题。由国家统筹，确立基本的社会服务和设施标准。把国家的财力和资源从发达地区和大城市向农村、贫困和边远地区转移。保证城乡居民拥有基本相同的社会福利服务。

为全体有需要的人提供方便的基础服务，让居民的所有基础服务都能在社区得到满足。

要借鉴发达国家和地区的经验，在各类社会治理和公共服务部门，在社会福利、社会救助等社工集中领域，以及社区、公益性社会团体和民办社会服务等几类机构中设置社工岗位；健全社会工作职业体系，制定社会工作者职业薪酬标准，完善社会工作评价机制。

九 国家、社会、企业、社区、家庭等承担各自的责任

除了保障公民的基本社会权利外，国家要制定社会政策的宏观规划和具体规则；国家要统筹资金与资源，并且建立监督检查机制。

但是，国家也不能大包大揽，不可能成为全能政府。要充分利用各方资源，发动各方面积极有利因素建设社会福利事业。要动员社会力量、组织社会力量来投入社会服务。发挥社会组织、社会企业、社区力量、家庭、志愿者和义工的作用，建立科学有效的运行机制，探索高效、有机、能动、活力的组织架构，合理调动和组织各种资源，发挥所有部门的积极性，探索社会福利提供和居民福利保障的最佳组合方式。

十 建立科学的社会福利政策决策和评估机制

政府的政策设计一定要以人民需求为导向，在听取人民群众意见的基础上制定政策、制定标准、制定法规。在社会政策的决策上，要国家、社会组织、雇主、就业人员、服务对象一起参与，并组成专家队伍，完善政策设计、投入、产出、评估等各个环节。要确保服务提供者多家参与，政府公平公正地选择服务提供主体，选择最优有效的服务。评估服务由专业技术学会、协会完成，要由服务对象对服务结果作出评价。

参考文献

埃什尔曼（J. R. Eshleman），1991，《家庭导论》，潘允康等译，中国社会科学出版社。

埃尔德（G. H. Elder），2002，《大萧条的孩子们》，田禾、马春华译，译林出版社。

安国启、邓希泉主编，2012，《新世纪中国青年发展报告（2000—2010）》，光明日报出版社。

奥斯特罗姆，2000/1990，《公共事务的治理之道：集体行动制度的演进》，余逊达等译，上海三联书店。

白文璐、石向实，2013，《杭州新生代农民工城市融入调查与分析》，载王俊秀、杨宜音主编《中国社会心态研究报告·2012—2013》（社会心态蓝皮书），社会科学文献出版社。

贝利（Brian J. L. Berry），2008，《比较城市化：20世纪的不同道路》，顾朝林等译，商务印书馆。

边燕杰、李路路、李煜、郝大海，2006，《结构壁垒、体制转型与地位资源含量》，《中国社会科学》第5期。

蔡昉、都阳，2003，《转型中的中国城市发展——城市级层结构、融资能力与迁移政策》,《经济研究》第 6 期。

蔡昉主编,2009 年,《中国人口与劳动问题报告 No. 10:提升人力资本的教育改革》(人口与劳动绿皮书),社会科学文献出版社。

蔡禾、王进,2007,《"农民工"永久迁移意愿研究》,《社会学研究》第 6 期。

曹颖、陈满琪、徐姗姗,2013,《转型期的社会心态研究——基于公众与信访人的实证分析》,王俊秀、杨宜音主编《中国社会心态研究报告·2012—2013》(社会心态蓝皮书),社会科学文献出版社。

陈成文、彭国胜,2006,《在失衡的世界中失语——对农民工阶层话语权丧失的社会学分析》,《天府新论》第 5 期。

陈辉、杨宜音,2013,《进城农民工的社会公平感研究》,王俊秀、杨宜音主编《中国社会心态研究报告·2012—2013》(社会心态蓝皮书),社会科学文献出版社。

陈珊,2013,《北京居民社会支持和生活满意度的调查报告》,王俊秀、杨宜音主编《中国社会心态研究报告·2012—2013》(社会心态蓝皮书),社会科学文献出版社。

——,2013,《北京居民心理健康调查报告》,王俊秀、杨宜音主编《中国社会心态研究报告·2012—2013》(社会心态蓝皮书),社会科学文献出版社。

陈午晴,2013,《亲情意义的转向——基于若干房产继承纠纷案例的分析》,王俊秀、杨宜音主编《中国社会心态研究报告·2012—2013》(社会心态蓝皮书),社会科学文献出版社。

陈锡文,2012,《认真总结经验教训,促进中国城镇化,更好的实现可持续》,在 2012 中国城镇化高层国际论坛上的演讲(http://www.town.gov.cn/csph/201204/10/t20120410_ 537379. shtml)。

当代中国社会结构变迁研究课题组,2008,《2000—2005 年:我国职业结构和社会阶层结构变迁》,《统计研究》第 2 期。

丁志宏,2009,《我国新生代农民工的特征分析》,《兰州学刊》第 7 期。

杜军峰、饶印莎、杨宜音,2011,《2010 年城市居民社会信任状况分析——基于北京、上海、广州三市的调查》,王俊秀、杨宜音主编《2011 年中国社会心态研究报告》,社会科学文献出版社。

段志慧、郑莉君,2013,《杭州新生代农民工自尊调查研究》,王俊秀、杨宜音主编《中国社会心态研究报告·2012—2013》(社会心态蓝皮书),社会科学文献出版社。

费孝通,1998,《乡土中国·生育制度》,北京大学出版社。

——,1999/1948,《乡土中国》,载《费孝通全集》第 5 卷,群言出版社。

福山(Francis Fukuyama),2001,《信任:社会美德与创造经济繁荣》,彭志华译,海南出版社。

甘满堂,2001,《城市农民工与转型期中国社会的三元结构》,《福州大学学报》(哲学社会科学版)第 4 期。

高佩义,2004,《中外城市化比较研究》,南开大学出版社。

高文珺、杨宜音、赵志裕、王俊秀、王兵,2013,《几种重要需求的满足状况:基于网络调查数据的社会心态分析》,王俊秀、杨宜音主编《中国社会心态研究报告·2012—2013》(社会心态蓝皮书),社会科学文献出版社。

辜胜阻,1991,《二元城镇化战略与对策》,《人口研究》第 5 期。

顾朝林,2008,《中国城市历程、现状与展望》,中国城市科学研究会编《城市科学学科发展报告》,中国科学技术出版社。

关信平,2011,《论我国社会保障制度一体化建设的意义及相关政策》,《东岳论丛》第 5 期。

郭书田等,1990,《失衡的中国——城市化的过去、现在和未来》,河北人民出版社。

郭宇强，2009，《中国职业结构变迁研究》，首都经贸大学出版社。

郭志刚，2012，《重新认识中国的人口形势》，新时期中国人口与经济发展战略论坛会议论文。

国家应对人口老龄化战略研究总课题组，2012，《国家应对人口老龄化战略研究报告（摘要）》。

国务院课题组，2006，《中国农民工调研报告》，中国言实出版社。

黑格尔，1961/1821，《法哲学原理》，范扬、张企泰译，商务印书馆。

侯佳伟、陈卫、张银锋，2009，《改革开放 30 年：中国青少年人口发展历程及其趋势》，《青年探索》第 2 期。

黄平，2007，《当代中国农民寻求外出—迁移的潮流》，中国社会学网（http：//www. sociology. cass. cn/shxw/nmgyj/t20030829_ 0984. htm）。

怀特（Martin K. Whyte）、伊洪，2005，《中国城市家庭生活的变迁与连续性》，《开放时代》第 3 期。

景天魁，2003，《中国社会保障的理念基础》，《吉林大学社会科学学报》第 3 期。

赖德胜，1996，《论劳动力市场的制度性分割》，《经济科学》第 6 期。

李春玲，2005，《断裂与碎片：当代中国社会阶层的实证分析》，社会科学文献出版社。

李春玲等，2012 年，《80 后境遇与态度》，中国社会科学院社会学研究所研究报告集。

李东山、沈崇麟主编，1991，《中国城市家庭：五城市家庭调查双变量和三变量资料汇编》，社会科学文献出版社。

李建民，2002，《中国劳动力市场的多重分隔及其对劳动力供求的影响》，《中国人口科学》第 2 期。

李路路，2002，《制度转型与分层结构的变迁——阶层相对关系模式的"双重再生产"》，《中国社会科学》第 6 期。

李培林，1996，《农民工的社会网络和社会地位》，《社会学研究》第 4 期。

——，2001，《村落的终结》，商务印书馆。

——，2002，《巨变：村落的终结——都市里的村庄研究》，《中国社会科学》第 1 期。

——，2007，《积极稳妥地推进社会体制改革和创新》，《人民日报》1 月 15 日。

——，2011，《创新社会管理是我国改革的新任务》，《人民日报》2 月 18 日。

李培林等，2005，《社会冲突与阶级意识：当代中国社会矛盾问题研究》，社会科学文献出版社。

李培林主编，2003，《农民工：中国进城农民工的经济社会分析》，社会科学文献出版社。

李培林、李炜，2007，《农民工在中国转型中的经济地位与社会态度》，《社会学研究》第 3 期。

——2010，《近年来农民工的经济地位和社会态度》，《中国社会科学》第 1 期。

李培林、张翼，1999，《国有企业社会成本分析——对中国 10 个大城市 508 家企业的调查》，《中国社会科学》第 5 期。

李培林、徐崇温、李林，2006，《当代西方社会的非营利组织——美国、加拿大非营利组织考察报告》，《河北学刊》第 2 期。

李培林、李强、孙立平等，2004，《中国社会分层》，社会科学文献出版社。

李茜，2012，《改革开放以来中国大学生政治参与意识的演变》，《人民论坛》第 26 期。

李强，2005，《倒"丁"字社会结构与结构紧张》，《社会学研究》第 3 期。

——，2008，《社会分层十讲》，社会科学文献出版社。

李强等，2009，《城市进程中的重大社会问题及其对策研究》，经济科学出版社。

李银河，1995，《中国婚姻家庭及其变迁》，黑龙江人民出版社。

连玉明主编，2012，《中国社会管理创新报告 No.1：社会管理科学化与制度
　　创新》（社会管理蓝皮书），社会科学文献出版社。

联合国，2005，《2005 年世界青年报告》（http：//daccess-dds-ny.un.org/
　　doc/UNDOC/GEN/N04/635/82/PDF/N0463582.pdf）。

——，2006，《中国人口老龄化——事实与数据》（http：//www.un.org.cn/
　　public/resource/e7102 d15216f85e5c2e4d2e33784b72f.pdf）。

联合国人居中心，1999，《1998 城市化世界》，沈建国等译，中国建筑工业
　　出版社。

刘成斌，2008，《生存理性及其更替——两代农民工进城心态的转变》，《福
　　建论坛》第 7 期。

刘骥，2007，《阶级分化与代际分裂——欧洲福利国家的养老金政治》，《欧
　　洲研究》第 3 期。

刘精明，1999，《"文革"事件对升学入学模式的影响》，《社会学研究》第
　　6 期。

刘璇、卢永春、段金志、祁祎博，2013，《2012 年网络维权舆情事件社会心
　　态分析报告》，王俊秀、杨宜音主编《中国社会心态研究报告·2012—
　　2013》（社会心态蓝皮书），社会科学文献出版社。

刘英，1990，《中国农村核心家庭的特点》，《社会学研究》第 4 期。

刘英、薛素珍，1987，《中国婚姻家庭研究》，社会科学文献出版社。

卢汉龙等，2009，《新中国社会管理体制的改革》，上海人民出版社。

陆大道等，2006，《中国区域发展报告》，商务印书馆。

陆学艺主编，2002，《当代中国社会阶层研究报告》，社会科学文献出版社。

洛克，2007/1690，《政府论》，刘晓根译，北京出版社。

马春辉，2008，《中国城市化问题论纲》，社会科学文献出版社。

孟德拉斯（H. Mendras），2005，《农民的终结》，李培林译，社会科学文献出版社。

孟德斯鸠，1961/1748，《论法的精神》，张雁深译，商务印书馆。

米德（G. H. Mead），1988，《代沟》，曾胡译，光明日报出版社。

民政部民政事业统计年报，民政部网站（http：//www. mca. gov. cn/article/zwgk/tjsj/）。

潘家华、牛凤瑞、魏后凯主编，2009，《中国城市发展报告》，社会科学文献出版社。

彭希哲、胡湛，2011，《公共政策视角下的中国人口老龄化》，《中国社会科学》第 3 期。

仇立平、顾辉，2007，《社会结构与阶级的生产结构紧张与分层研究的阶级转向》，《社会》第 2 期。

饶印莎、周江、田兆斌、杨宜音，2013，《城市居民社会信任状况调查报告》，王俊秀、杨宜音主编《中国社会心态研究报告·2012—2013》（社会心态蓝皮书），社会科学文献出版社。

人口研究编辑部，2003，《"搭伴养老"：黄昏恋的协奏曲》，《人口研究》第 3 期。

人民日报，2010，《土地财政不可持续》，《人民日报》12 月 27 日。

汝信、陆学艺、李培林主编，2010，《2011 年中国社会形势分析与预测》（社会蓝皮书），社会科学文献出版社。

——，2012，《2012 年中国社会形势分析与预测》，社会科学文献出版社。

杉山武彦，2008，《战后日本交通基础设施发展与城市间收入差距问题研究》，《日本研究》第 3 期。

邵秦、胡明霞，1988，《中国家庭结构分析》，《中国人口科学》第 4 期。

沈崇麟、李东山、赵峰主编，2009，《变迁中的城乡家庭》，重庆大学出版社。

沈崇麟、杨善华主编，1995，《当代中国城市家庭研究》，中国社会科学出版社。

沈原等，2010，《杜绝富士康悲剧》（http://tech.sina.com.cn/it/2010 - 05 - 19/13214206671.shtml）。

世界银行，1997，《2020 年的中国：在新世纪的发展挑战》（http://documents.worldbank.org/curated/en/1997/09/694610/china - 2020 - development-challenges-new-century）。

石美遐，2007，《非正规就业劳动关系研究》，中国劳动社会保障出版社。

舒马赫（E. F. Schumacher），1984，《小的是美好的》，虞鸿钧、郑关林译，商务印书馆。

泰帕尔（Ilkka Taipale）主编，2008，《芬兰的 100 个社会创新》，洪兰译，台北天下杂志股份有限公司。

谭琳、徐勤、朱秀杰，2004，《"搭伴养老"：我国城市老年同居现象的社会性别分析》，《学海》第 1 期。

唐仁健，2010，《新生代农民工数量约一个亿》（http://www.dzwww.com/rollnews/finance/201002/t20100201_5569823.htm）。

特纳（Jonathan H. Turner）、斯戴兹（Jan E. Stets），2007，《情感社会学》，孙俊才、文军译，上海人民出版社。

田丰，2009，《改革开放的孩子们》，《青年研究》第 6 期。

——，2011，《当代中国家庭生命周期》，社会科学文献出版社。

田雪原，2000，《人口城市化驱动消费需求效益研究》，《中国人口科学》第 2 期。

涂尔干，2000，《社会分工论》，渠敬东译，三联书店。

——，2001，《职业伦理与公民道德》，渠敬东等译，上海人民出版社。

托克维尔，2007/1835，《论美国民主》（全五册），朱尾声译，中国社会科学出版社。

"外来农民工"课题组，1995，《珠江三角洲外来农民工状况》，《中国社会科学》第 5 期。

王春光，2001，《新生代农村流动人口的社会认同与城乡融合的关系》，《社会学研究》第 3 期。

——，2006，《农村流动人口的"半城市化"问题研究》，《社会学研究》，第 5 期。

王德文、张恺悌，2005，《中国老年人口的生活状况与贫困发生率估计》，《中国人口科学》第 1 期。

王俊秀、全静，2013，《2011—2012 年中国居民生活满意度调查报告》，王俊秀、杨宜音主编《中国社会心态研究报告·2012—2013》（社会心态蓝皮书），社会科学文献出版社。

王俊秀、杨宜音，2011，《2011 年中国社会心态研究报告》，社会科学文献出版社。

王梦奎、冯并、谢伏瞻主编，2004，《中国特色城镇化道路》，中国发展出版社。

王晓婷、陆迁、吴海霞，2009，《城市化水平对城乡收入差距影响的协整分析》，《生态经济》第 2 期。

王跃生，2006，《当代中国家庭结构变动分析》，《中国社会科学》第 1 期。

王正中，2006，《"民工荒"现象与新生代农民工的理性选择》，《理论学刊》第 9 期。

翁定军，1999，《公平与公平感的社会心理分析》，《上海大学学报》（社会科学版）第 2 期。

吴小英，2006，《代际冲突与青年话语的变迁》，《青年研究》第 8 期。

吴江、田小宝主编，2012，《中国人力资源发展报告（2011—2012）》，社会科学文献出版社。

武俊平，1998，《第五代人》，天津教育出版社。

希尔（Michael Hill），2003，《理解社会政策》，刘升华译，商务印书馆。

郗杰英，2008，《改革开放 30 年青年发展与趋势》，《北京青年工作研究》第 12 期。

笑东，2002，《最后一代传统婆婆》，《社会学研究》第 3 期。

薛洁，2007，《关注公民公平感——我国部分公民公平感调查报告》，《吉林大学社会科学学报》第 5 期。

杨东平，2006，《高等教育入学机会，扩大之中的阶层差距》，《清华大学教育研究》第 1 期。

杨团主编，2012，《中国慈善发展报告（2012）》，社会科学文献出版社。

杨伟民，2008，《中国特色城镇化道路的四个关键问题》，《城市与区域规划研究》第 2 期。

曾国安、王晶晶，2008，《城乡居民收入差距的国际比较》，《山东社会科学》第 10 期。

曾毅，2012，《尽快调整现行生育政策，实现二孩晚育软着陆——六普等新数据分析的启示》，新时期中国人口与经济发展战略论坛会议论文。

曾毅、王正联，2004，《中国家庭与老年人居住安排的变化》，《中国人口科学》第 5 期。

查瑞传，1996，《再论中国人口出生率转变的特征》，《中国人口科学》第 2 期。

张建新、张镇、王治国、屠莺，2013，《中国当代青年人的择偶价值观——基于 2005—2010 年网络征婚数据的分析》，王俊秀、杨宜音主编《中国社会心态研究报告·2012—2013》（社会心态蓝皮书），社会科学文献出版社。

张敏、顾朝林，2002，《农村城市化："苏南模式"与"珠江模式"比较研究》，《经济地理》第 4 期。

张翼，2003，《中国阶层内婚制的延续》，《中国人口科学》第 4 期。

——，2004，《中国人社会地位的获得——阶级继承与代内流动》，《社会学研究》第 4 期。

——，2006，《中国人口控制政策的历史变化与改革趋势》，《广州大学学报》（社会科学版）第 8 期。

——，2011，《中国社会阶层结构变动趋势研究——基于全国性 CGSS 调查数据的分析》，《中国特色社会主义研究》第 3 期。

张翼、侯慧丽，2004，《中国各阶层人口的数量及阶层结构——利用 2000 年第五次全国人口普查所做的估计》，《中国人口科学》第 6 期。

张蕴岭主编，1993，《北欧社会福利制度及中国社会保障制度的改革》，经济科学出版社。

张展新，2004，《劳动力市场的产业分割与劳动人口流动》，《中国人口科学》第 2 期。

赵联飞，2012，《大学生社会态度》，陆学艺、李培林、陈光金主编《2013 年中国社会形势分析与预测》（社会蓝皮书），社会科学文献出版社。

赵一平、周星，2002，《改革以来中国城市化道路及城市化理论研究述评》，《中国社会科学》第 2 期。

郑功成，2008，《中国社会保障改革与战略发展——理念、目标与行动方案》，人民出版社。

中国发展研究基金会编，2010，《促进人的发展的中国新型城市化战略——中国发展报告 2010》，人民出版社。

中国教育统计网（http：//www. stats. edu. cn/）。

中国教育与经济社会发展统计数据库（http：//tongji. cnki. net）。

中国指数研究院，2010，《2009 年全国土地出让金达 1.5 万亿元》（http：//www. nx. cei. gov. cn/jj sj/gtsj/201001/55627. html）。

中华人民共和国国家统计局，2011，《中国统计年鉴·2011 年》，中国统计出版社。

——，2011，《2011 中国发展报告》，中国统计出版社。

——，2011，《2010 年第六次全国人口普查主要数据公报（第 1 号）》（http：//www. stats. gov. cn/tjfx /jdfx/t20110428_ 402722253. htm。

——，2012，《中国人口和就业统计年鉴·2007—2011 年》，中国统计出版社。

中华人民共和国审计署，2012，《全国社会保障资金审计结果报告》（审计结果公告 2012 年第 34 号）（http：//news. xinhuanet. com/politics/2012 - 08/02/c_ 123513771. htm）。

周雪光，2003，《组织社会学十讲》，社会科学文献出版社。

周雪光、侯立仁，2003，《文革的孩子们——当代中国的国家与生命历程》，中国社会科学院社会学研究所编《中国社会学》第 2 卷，上海人民出版社。

周怡，1994，《代沟现象的社会学研究》，《社会学研究》第 4 期。

朱庆芳，2005，《从指标体系看老龄人口的贫困化》，《中国党政干部论坛》第 8 期。

Allardt, Erik et al. , 1981, *Nordic Democracy, Ideas, Issues, and Institutions in Politics, Economy, Education, Social and Cultural Affairs of Denmark, Finland, Iceland, Norway, and Swenden.* Copenhagen：Det Danske Selskab.

Appleton, Simon, John Knight, Lina Song & Qingjie Xia, 2002, "Towards a Competitive Labour Market? Urban Workers, Rural Migrants, Redundancies and Hardships in China", Working Paper, Institute for Contemporary China Studies. Nottingham：University of Nottingham.

Bagchi-sen, Sharmistha, 1995, "Structural Determinants of Occupational Shifts for Males and Females in the U. S. Labor Market", *The Professional Geographer* 47.

Baldock, John et al. (eds.), 2003, *Social Policy*, Oxford：Oxford University

Press.

Barr, Nicholas, 1998, *The Economics of the Welfare State*, Oxford: Oxford University Press.

Benjamin, Dwayne, Loren Brandt, Paul Glewwe & Guo Li, 2000, "Markets, Human Capital, Inequality: Evidence from Rural China", Working Paper 298, William Davidson Institute, The University of Michigan Business School.

Bian, Yanjie, 2002, "Chinese Social Stratification and Social Mobility", *Annual Review of Sociology* 28.

Blau, Peter M. & Otis Dudley Duncan, 1967, *The American Occupational Structure*, New York: John Wiley & Sons Inc.

Cai, Fang& Dewen Wang, 2003, "Migration as Marketization : What Can We Learn from China' s 2000 Census Data?", *The China Review* 3 (2).

——2005, "China's Demographic Transition: Implications for Growth", In Garnaut & Song (eds.), *The China Boom and Its Discontents*, Canberra: Asia Pacific Press.

Carlsson, G. , 1958, *Social Mobility and Class Structure*, Lund: Gleerups.

Commission on Social Justice, 1993, *The Justice Gap*, Institute for Public Policy Research.

Crouch, Colin, 1999, *Social Change in Western Europe*, Oxford: Oxford University Press.

Crouch, Colin, Klaus Eder & Damian Tambini (eds.), 2001, *Citizenship, Markets, and the State*, Oxford: Oxford University Press.

Davis-Friedmann, Deborah, 1985, " Intergenerational Inequalities and the Chinese Revolution", *Modern China* 11.

Deng, Quheng & ShiLi, 2009, "What Lies behind Rising Earnings Inequality in Urban China? Regression-based Decompositions", *Global COE Hi-Stat Discus-*

sion Paper Series 021.

Easterlin, R. A. , R. Morgan, M. Switek & Fei Wang, 2012, "China's Life Satisfaction, 1990 – 2010", PNAS, SupportingInformation (http: //www. pnas. org/content/suppl/2012/05/10/1205672109. DCSupplemental/pnas. 201205672SI. pdf # nameddest = ST1).

Elder, Glen H. , 1999, *Children of the Great Depression*, Boulder: Westview Press.

George, Victor & Paul Wilding, 1994, *Welfare and Ideology*, London: Harvester Wheatsheaf.

——, 2002, *Globalization and Human Welfare*, London: Palgrave.

Ginsburg, Norman, 1992, *Divisions of Welfare: A Critical Introduction to Comparative Social Policy*, London: Sage Publications.

Glass, D. V. , 1954, *Social Mobility in Britain*, London: Routledge & Kegan Paul.

Goldthorpe, John H. , 1987, *Social Mobility and Class Structure in Modern Britain* (2nd *Edition*), Oxford: Clarendon Press.

Hodson, Randy, 1983, *Workers' Earnings and Corporate Economic Structure*, New York: Academic Press.

Jonsson, Jan O. , David B. Grusky, Matthew Di Carlo, Reinhard Pollak & Mary C. Brinton, 2009, "Micro-Class Mobility: Social Reproduction in Four Countries", *American Journal of Sociology* 114 (4).

Knight, J. & L. Song, 1999, *The Urban-Rural Divide: Economic Disparities and Interactions in China*, New York: Oxford University Press.

Millimet, Daniel L. & Le Wang, 2006, "A Distributional Analysis of the Gender Earnings Gap in Urban China", *Contributions to Economic Analysis & Policy* 5 (1).

Mishra, Ramesh, 1981, *Society and Social Policy: Theories and Practice of Welfare*, New Jersey: Humanities Press.

O'Brien, Martin & Sue Penna, 1998, *Theorising Welfare: Enlightenment and Modern Society*, London: Sage Publications.

Pierson, Christopher, 1991, *Beyond the Welfare State*, Cambridge: Polity Press.

Pior, Michael, 1987, "Historical Perspectives and the Interpretation of Unemployment", *Journal of Economic Literature* 25 (4).

Sipilä, Jorma, 2009, "Social Policy as Social Investment?", A speech given at Zhengjiang University.

Stark, O. & J. E. Taylor, 1991, "Migration Incentives, Migration Types: The Role of Relative Deprivation", *The Economic Journal* 101: 1163 – 1178.

Svalastoga, K., 1959, *Prestige, Class, and Mobility*, Copenhagen: Gyldendal.

Szelenyi, Ivan & Eric Kostello, 1996, "The Market Transition Debate: Toward a Synthesis?", *American Journal of Sociology* 101 (4).

Taylor-Gooby, Peter & Jennifer Dale, 1981, *Social Theory and Social Welfare*, London: Edward Arnold.

Titmuss, Richard M., 1968, *Commitment to Welfare*, London: Allen and Unwin.

Wan, Guanghua, 2004, "Accounting for Income Inequality in Rural China: A Regression Based Approach", *Journal of Comparative Economics* 32 (2).

Weeden, Kim A. & David B. Grusky, 2005, "The Case for a New Class Map", *American Journal of Sociology* 111.

Whyte, Martin K. & William L. Parish, 1984, *Urban Life in Contemporary China*, Chicago, IL: University of Chicago Press.

Zhao, Yaohui, 1997, "Labor Migration and Returns to Rural Education in China", *American Journal of Agricultural Economics* 79 (November).

Zhou, Xueguang, 2004, *The States and Life Chances in Urban China: Redistribution and Stratification*, New York: Cambridge University Press.

名词索引